# 杜詩講解 ③

# 杜詩講解

③

崔年均
鄭煥鍾 講解
鄭垣杓 監修

# 『杜詩講解』 3卷을 내며

예부터 高尙之士는 泉石膏肓·煙霞痼疾을 稱하였으니 시시한 身恙은 擧論하지 않았다. 그러나 紅塵 萬丈의 俗世를 사는 우리 같은 凡人은 肉身의 疾患이 따르기 마련이다. 우리가 『杜詩鏡銓』 卷之二를 講解한지 얼마 안 돼 疲憊가 極에 달해 相如渴이 심해지고 沈約瘦에 이르른 것은 당연한 일이었다. 돌이켜보면 우리의 일이 莊生의 膏火自煎에 어찌 該當하겠는가. 다만 한가닥 釣名沽譽가 隱伏해 있었음은 否定하기 어려우니 悔恨과 自嘆이 없을 수 없었다.

太史公은 自序에서 "西伯은 羑里에 갇혀서도 『周易』을 演繹하였고 孔子는 陳·蔡에서 困厄을 만나서도 『春秋』를 지었으며 屈原은 放逐되어도 〈離騷〉를 썼고 左邱는 失明하여도 『國語』를 내놓았으며 孫子는 무릎이 도려져도 兵法을 論하였으니……" 하여 困境·禍厄에 處하여도 더욱 發憤·成就함을 말하였다.

그러나 高山은 仰止할 뿐이니 어찌 미치겠는가. 우리 같은 凡夫들은 釋氏가 喝破한 臭皮囊이요 儒家가 警戒한 行尸走肉에 不過한 것을.

二年을 攝養하였으나 效果가 없어 더 이상의 講解는 어려웠다. 旣往에 끼적거렸던 것은 敢히 斷簡殘編에 比할 수는 없지만 束之高閣하여 棄置하자니 이 또한 可惜하였다. 그래서 燕石이라는 有識者들의 嗤笑를 무릅쓰고 問世하기로 하였다. 勿論 醬瓿를 覆하기도 힘들고 廁籌로 拭하기에도 어려우니 부끄럽고 悚懼할 뿐이다.

陶淵明은 "藥石有時間, 念我意中人"이라 하였는데 우리도 藥과 침으로 차도가 있을 때에는 意中의 杜先生을 잊을소냐. 그의 詩를 읽고 또 읽을 것이다. 그러다 心得이 있으면 以前의 講解처럼 張皇하지 않고 簡潔한 注를 달아 볼 作定임을 밝혀둔다.

2014年 8月

講解者 一同

# 目 次

杜詩講解【1】

# 目 次

杜詩講解【2】

# 目 次



## 附 錄

【1】

【2】

【3】

## 1. 〈樂遊園歌〉(七言古詩)

原注：晦日賀蘭楊長史筵醉中作

樂遊古園崒森爽, 烟緜碧草萋萋長.
公子華筵勢最高, 秦川對酒平如掌.
長生木瓢示眞率, 更調鞍馬狂歡賞.
青春波浪芙蓉園, 白日雷霆夾城仗.
閶闔晴開詄蕩蕩, 曲江翠幙排銀牓.
拂水低回舞袖翻, 緣雲淸切歌聲上.
卻憶年年人醉時, 只今未醉已先悲.
數莖白髮那抛得, 百罰深杯亦不辭.
聖朝已知賤士醜, 一物自荷皇天慈.
此身飮罷無歸處, 獨立蒼茫自咏詩.

### ❖詩題

註

▸樂遊園 :『漢書・宣帝紀』에 의하면 “神爵 3年(B.C.59) 봄에 樂遊苑을 세웠다(三年, 春, 起樂遊苑).”고 한다. 위치는 漢 長安城 밖 東南에 있는데 唐 長安城 안 東南이 된다. 『杜詩詳注』에서 『西京記』를 인용하였다. “樂遊園은 漢 宣帝가 造成한 것이다. 唐 長安(則天武后 때의 年號)년 간에 太平公主가 原 위에 亭子를 짓고 遊賞하였다. 그 땅은 사방이 넓고 시원하게 트였다. 매년 3월 上巳日, 9월 重陽節이면 士女들이 모두 여기에 와 액땜하러 登高하였다. 장막이 구름처럼 펼쳐지고 車馬가 길을 메우며 색색 무지개가 빛나고

향기가 길에 찼는데 朝士와 詞人들이 詩를 읊으면 다음날 서울에 전파 되었다.(樂遊園漢・宣帝所立. 唐・長安中, 太平公主於原上置亭遊賞. 其地四望寬敞. 每三月上巳, 九月重陽, 士女咸就此祓禊登高, 幄幕雲布, 車馬塡塞, 虹彩映日, 馨香滿路, 朝士詞人賦詩, 翌日傳於京師.)"

➡ 樂遊園, 樂遊苑, 樂遊原 이 셋이 함께 쓰이는데 含意는 약간 다르다. 園은 나무와 꽃을 심어 사람들이 완상하며 놀게 하는 곳이고 苑은 물론 나무도 심지만 珍禽異獸를 길러 사람들에게 구경시키는 곳이니 옛날에는 물론 帝王과 그 주변 인물들의 전용이었다. 倭人들이 昌慶宮에 각종 새와 짐승을 길러 궁궐을 모독하고 이름도 宮에서 格下, 苑으로 하였는데 內容上 苑을 쓴 것이 맞기는 하다. 原은 寬廣平坦之地 즉 탁 트이고 넓으며 평탄한 땅을 가리키니 『詩』의 〈鄭箋〉에서도 "廣平曰原"이라 하였다. 지금 樂遊原은 높은 곳을 말하는데 原의 본뜻과는 맞지 않는다. 결국 高原의 뜻일 것이라 짐작하나 『표준국어대사전』에 의하면 보통 해발고도 600미터 이상에 있는 넓은 벌판을 고원이라 하니 그도 아닐 것 같고 소규모의 고원이라는 말인가 생각할 수도 있다. 그런데 日本의 세오 다쓰히코가 지은 『장안은 어떻게 세계의 수도가 되었나』(최재영 옮김)에 이런 기록이 있다. "(大雁塔에서) 동북쪽으로 2킬로미터쯤 떨어진 곳에 조금 높다란 작은 구릉이 보인다. 당대에는 樂遊原이라 부르던 곳이다. 성안에서 가장 높은 이곳은 사람들이 많이 찾던 행락지였다. 原이란 황토고원 특유의 탁자모형 지형을 말한다." 그렇다면 소규모의 高原이라고 할 수 있겠다. 즉 높으며 위는 평평한 땅인 것이다. 以上 園・苑・原을 따져 보았는데 中國에서는 音이 통하면 뜻도 통한다 하여 混用하는 습관이 있다. 따라서 어느 것이 꼭 合當한가 할 수는 없을 것이다.

**解說**

〈樂遊園의 노래〉

### ❖原注

▸晦日 : 그믐날이다. 그러나 여기에서는 正月의 晦日을 가리킨다. 唐代에는 正月 晦日, 三月 三日(上巳日), 九月 九日(重陽節)을 三令節이라 하여 높이 쳤다. 그러다가 德宗 貞元 5年에 正月 晦日을 폐하고 二月 一日을 中和節이라 하여 명절로 삼았다.

▸賀蘭 : 山의 이름. 寧夏의 回族自治區 西北邊境과 內蒙古 自治區의 接境에 있다.

▸長史 : 官名. 秦부터 있었는데 唐에서는 上州의 刺史의 別駕 밑에 長史 1人이 있었는데 從五品이었다.

➡ 長史란 벼슬은 물론 高官大爵도 아니고 그렇다고 微官末職도 아니나 世人들에게 꽤 익숙하다. 이유는 우선 陶淵明의 〈贈羊長史〉란 佳作도 하나의 까닭이겠지만 더 유명한 故事가 있다. 五代·孫光憲의 『北夢瑣言』에 다음의 이야기가 실려 있다. "宣宗임금은 微行을 즐겼는데 여관에서 溫庭筠을 만났다. 溫이 龍顔을 알 턱이 없어 거만하게 힐문하였다. '그대는 司馬나 長史 정도가 아닐런지.' 임금이 아니라 하니 또 말하기를 '主簿나 縣尉의 무리에 속하지 않겠는가?' 임금이 아니라 하였다. 그래서 方城고을의 縣尉로 내쳐졌다. 宣王好微行, 遇於逆旅, 溫不識龍顔, 傲然而詰之曰 : '公非司馬·長史之流?' 帝曰'非也'. 又曰 : '得非簿·尉之類?' 帝曰 : '非也.' 謫爲方城尉."

▸筵 : 의자 생활하기 전에는 바닥에 앉았다. 대나무·갈대를 엮어서 자리를 만들어 이것을 바닥에 깔았으니 바로 筵이며 왕골이나 부들같이 부드러운 풀을 짜서 고운 자리를 만들어 筵 위에 덮으니 이것이 席이다. 큰일이 있을 때 筵席을 준비하였으니 발전하여 筵席은 酒席·宴會를 뜻하게 되었다.

**解說**

正月 그믐날 賀蘭 楊長史의 酒宴에서 취하여 짓다.

### ❖제1 · 2구 : 樂遊古園崒森爽, 烟緜碧草萋萋長.

註

▸崒(줄, zú) : 높다. 험준하다.

▸森爽 : 森疏而爽豁也.(『杜詩詳注』) 森疏는 나무가 울창한 것이니 蕭滌非 先生은 園中의 喬木이 參天함이다라 하였다. 즉 큰키나무들이 하늘을 찌를 듯이 하늘에 닿을 듯이 서 있다는 말씀이다. 爽豁은 시원하고 탁 트인 것이다. 우리생각에 큰키나무들이 잎은 무성하여 우산같이 위를 덮었으나 아래쪽에는 잔가지들이 없고 관목·덩굴이 또한 없어 바람도 잘 통하고 시야가 시원하게 뚫렸다는 뜻인 듯하다.

➥ 제1구에서는 樂遊園의 특징으로 네 가지를 들었다. ① 古 즉 오래된 역사와 전통을 자랑하는 ② 崒 즉 長安城에서 가장 높은 ③ 森 즉 喬木이 잘 자란 ④ 爽 즉 바람도 잘 통하고 시야도 뻥 뚫린 것이다.

▸烟緜 : 連綿과 같다. 즉 끝없이 이어진 모양이다.

▸萋萋 : 무성하다. 우거지다.

▸長 : 平聲이면 길다는 뜻이나 여기에서는 上聲으로 韻을 맞췄으니 자라고 있다고 해야 한다. 爽·長·掌賞 等은 모두 上聲 養韻이다.

➥ 陳貽焮 敎授의 『杜甫評傳』에서는 沈文雄 先生의 『中國氣候變遷』을 引用하였는데 隋·唐때에는 아주 따뜻하여 장안에서 柑橘을 심을 수 있었으나 11世紀 이후 몹시 추워져 柑橘은 모두 죽었고 심지어 長江 下流의 太湖도 얼어 수레가 다닐 수 있었다 한다. 當時의 기후를 알면 제2구의 표현을 더 잘 이해할 수 있으리라.

解說

역사와 전통을 자랑하는 樂遊園은 우뚝 솟았는데 그곳에는 높이 자란 喬木의 잎이 무성하며 아래에는 잔가지, 키 작은 떨기나무인 灌木, 덩굴이 없어 바람도 잘 통하고 시야도 툭 트였다. 또 땅위에는 끝없이 이어진 푸른 풀이 무성하게 자라고 있다.

### ❖제3·4구 : 公子華筵勢最高, 秦川對酒平如掌.

註

▸公子 : 楊長史를 가리킨다. 公子는 본래 諸侯의 아들을 말함이나 후에는 權勢·地位있는 사람을 가리켰고 또 나중에는 부귀한 집안의 子弟를 나타냈다. 보통 貴公子 公子王孫으로 쓰였는데 젊은 사람에게 쓰지 노인에게는 안 쓰는 것이 상식이다.

▸華筵 : 豊盛한 筵席을 말한다. 한창 신이 나고 흥이 오르는데 술이 떨어지고 안주가 바닥나면 아무리 치장을 화려하게 하여도 말짱 꽝이다.

▸勢 : 地勢. 연회를 여는 곳의 地勢. 이 부분은 좀 어렵다. 楊長史의 연회를 베푼 곳이 樂遊園 중에서 地勢가 가장 높다고 蕭滌非 先生은 『杜甫詩選注』에서 풀었다. 그러나 陳貽焮 教授는 단언하지 않았으나 『長安志』를 引用하여 은연중 다른 의견을 냈다. 宋나라 宋敏求의 『長安志』는 꼼꼼하고 자상한 것으로 이름났는데 거기에서 "樂遊原은 京城의 가장 높은 자리를 차지하고 있어 사방이 시원하게 툭 트여 京城을 손바닥처럼 굽어볼 수 있다. 樂遊原居京城之最高, 四望寬敞, 京城之內, 俯視如掌."라 하였다. 눈썰미 있고 글재간 있는 이들은 樂遊園을 그릴 때에 京城之最高, 俯視如掌이라고 썼다. 3구의 勢最高는 아마 京城에서 地勢가 가장 높은 樂遊園에서 잔치를 열었다는 말이 될 것이다. 또한 앞에서 原은 황토고원 특유의 탁자 모형의 지형이라 했는데 그렇다면 園에는 높은 곳 낮은 곳이 없으리라.

▸秦川 : 『杜詩詳注』에서 강의 이름으로 보고 일명 樊川이라 한다 하였는데 빗나간 듯하다. 川에는 原의 뜻이 있으며 그렇게 쓰인 例가

여럿 있다. 崔顥의 〈黃鶴樓〉에서 "晴川歷歷漢陽樹"라 했는데 비 갠 내가 아니라 비 갠 벌판이다. 李白의 〈烏夜啼〉에서 "機中織錦秦川女"라 했는데 秦川이 강물이면 비단 짜는 여인이 人魚란 말인가? 秦川은 關中의 땅으로 沃野千里며 秦의 옛 땅이라 秦川이라 하는 것이다. 本 句에서는 長安 주위의 平原을 말한다. 생각난 김에 王維의 〈和太常韋主簿五郎溫湯寓目之作〉도 들겠다. "秦川一半夕陽開. 秦川 땅 절반이 석양 속에 펼쳐지다."

▸平如掌 : 平에는 平坦하다. 평평하다. 반반하다는 뜻이 있고 또한 보통의, 평상의, 특이할 것 없는, 만만한의 뜻도 있다. 前人 등이 이러한 표현을 이미 하였는데 南北朝時代 齊의 王僧孺는 〈登高臺〉에서 "九路平如掌. 아홉 大路 손바닥처럼 平하다"라 하였고 唐의 沈佺期는 〈長安道〉에서 "秦地平如掌. 關中平野는 손바닥처럼 平하다"라 하였다. 그런데 事實的으로 記錄한 『長安志』에 의하면 樂遊園에서는 京城안이 손바닥처럼 보인다 하였을 뿐 더 멀리 秦川은 言及하지 않았다. 誇張法을 쓰면 안 될 것이 없는데 杜先生은 여기에 對酒를 끼워 넣었다. 술을 마시면 豪放하여지고 眼界 또한 넓어지리라. 보통 "하늘이 돈짝만하다"라는 말로 기고만장한 것을 나타내는데 九萬里 長天이 돈짝만한데 기껏 千里의 關中平野가 손바닥 같은 것은 약과다. 술에 취했으니. 그리고 平하다는 말도 평평하다는 含意말고 만만하다는 뜻도 있으니 술 취했을 때의 호탕한 마음을 두루 나타냈다 하겠다.

**解說**

公子의 풍성한 잔치자리는 그 地勢가 京城 안에서 가장 높은 樂遊園이니 秦나라의 關中平野가 술 한 잔하고 보니 손바닥처럼 반반하고 만만하구나.

### ❖제5·6구 : 長生木瓢示眞率, 更調鞍馬狂歡賞.

註

▸長生木 : 『杜詩詳注』에서 『鄴中記』를 인용하였는데 金華殿 뒤에 한 쌍의 長生樹를 심었다 하였다. 『草堂詩箋』에서는 仙女가 인간세상으로 내려가는 情人에게 不老長壽하라고 長生木 바가지를 주었다 하였다. 『杜臆』에서는 『西京雜記』를 인용하였는데 漢나라 上林苑에 長生木이 있었다 한다. 『杜詩詳注』에서는 또한 晉의 嵇含이 『長生木賦』를 지었다 하였는데 『長生樹賦』가 맞으며 뒤에 소개하겠다. 간단히 말해 아주 珍奇하고 稀罕한 나무며 不老長生의 功能도 있다는 것이다. 그런데 그것을 왜 眞率이라고 했을까가 의문이다. 보통 술 마실 때 무슨 그릇을 썼나를 살펴볼 필요가 있다. ① 『禮記·曲禮上』: "玉爵으로 마시면 찌꺼기를 털어 내려고 휘두르면 안 된다. 飮玉爵者弗揮." ② 李白 〈對酒〉: "포도주를 금파라(金叵羅)로 마신다. 葡萄酒, 金叵羅." ③ 王翰 〈涼州詞〉: "맛있는 포도주를 야광배로 마시다. 葡萄美酒夜光杯." ④ 李賀 〈將進酒〉: "유리잔에 짙은 호박빛 술. 琉璃鍾, 琥珀濃." ⑤ 李商隱 〈小園獨酌〉: "마노 술잔에 조금씩 따르다. 輕斟馬腦杯." ⑥ 于武陵 〈勸酒〉: "그대에게 금굴치를 권하니 가득 채워 사양 말라. 勸君金屈卮, 滿酌不須辭." ⑦ 駱賓王 〈蕩子從軍賦〉: "앵무조개 껍질 술잔으로 더 이상 술 권하지 말게. 鸚鵡杯中休勸酒." 以上을 보면 대개 金·玉·琉璃·瑪瑙 같이 高級의 재료로 만들었고 아름답고 귀한 앵무조개 껍질까지 등장한다. 나무로 만든 잔은 물론 있었다. 漢代까지는 옻칠한 나무그릇이 盛行하였으며 술잔도 타원형에 큰 손잡이가 양쪽에 달린 이른바 大耳杯가 유행하였는데 투박하지 않고 정교하며 광채가 났다. 그러면 그렇게 珍奇하고 罕見의 長生木으로 만든 바가지를 보고 좋은 칭찬의 말을 다 놔두고 왜 眞率이라 하였

을까? 그래서 陳貽焮 教授는 이러한 고급 물건이 眞率하게 느껴질 수 있는 사람은 임금이나 최소한 楊貴妃 一族이었으리라 하며 따라서 제5·6구부터는 임금의 놀이를 묘사한 것이라고 단언하였다. 그러나 우리생각에 이 대목은 아무리 보아도 杜先生 팀에 속하지 임금에게는 해당되지 않는다고 보여진다. 楊長史는 이번 놀이에 나무바가지를 챙겨왔으니 金·玉·琉璃의 술잔은 紛失의 염려 파손의 위험이 있어 야유회에는 적당하지 않다고 판단하였으리라. 이것을 詩人은 長生木이라고 보아주었을 것이다. 예컨대 안주에 자라탕이 있으면 토끼를 용궁으로 유인하던 자라로 만든 탕 하는 식이요 복숭아를 보면 西王母의 蟠桃園에서 나는 복숭아 하는 식이다. 앞에 나온 것은 멋으로 붙이는 수식일 뿐이다. 사오십년 전 回甲宴이나 古稀宴에서 술을 마시면 의례 기생들이 勸酒歌를 불렀는데 흔한 것이 "不老草로 술을 빚어 萬年杯에 가득 부어……"였다. 이것을 보고 不老草·萬年杯가 어느 책에 나온다는 둥 무슨 서적에 등장한다는 둥 따져보아야 난센스일 뿐이며 한심한 일일 뿐이리라. 長生木瓢도 長生은 假요 虛며 木瓢는 眞이고 實이다.

▸瓢(표) : 바가지. 박의 열매로 만든 그릇이니 匏(포)와 비슷하다. 후에는 이러한 모양으로 나무를 깎아 만든 그릇도 바가지라 하였다.

▸木瓢는 생김새 크기로 보아 우리의 대포(大匏)를 연상시킨다. 대포 한잔 합시다 하면 대개 막걸리를 떠 올리게 되는데 木瓢도 濁醪 즉 탁주가 어울릴 것이다.

▸眞率(진솔) : 中國에서 "純眞坦率" 즉 순진하고 솔직하다고 풀었으며 우리의 경우 "진실 솔직"이라 하였다. 따져보면 精巧하거나 雕琢 이 玲瓏한 것 보다는 투박한 것이 이에 해당하리라. 결국 보통의 심상한 나무바가지를 묘사한 말이다.

▸調馬 : ① 말을 길들이다. 말을 훈련시키다. ② 戱馬 즉 말을 달려

즐기는 것이다. 여기에서는 술 마신 뒤 말달려 즐기는 것이니 그래서 狂歡賞이라 한 것이다. (蕭滌非 先生의 말씀) 陳貽焮 敎授는 蕭先生의 의견에 반대하여 그리하면 警蹕(즉 임금이 거둥할 때에 경호하기 위하여 통행을 금지시킴)을 犯하는 것이 되며 이것은 임금이 노는 것이라 하였다. 즉 임금에게 속하는 일이라는 것이다.

우리생각에 둘 다 아닌 것 같다. 첫째 요즈음 말로 公衆道德上 있을 수 없으며 둘째 극히 위험한 일로 불가능하다는 것이다. 지금도 해수욕장이나 유원지에서 굉음을 내며 오토바이 타고 질주하는 청소년이 있어 사람들이 놀라는데 楊長史·杜先生에게는 도저히 해당이 될 수 없는 일이다. 둘째 "乘船騎馬, 去死一分. 배타고 말달림은 죽음과 거리가 일분 즉 2~3mm다."라는 말이 있고 淸나라 趙翼의 『陔餘叢考·成語』에 "乘船走馬三分命. 배타고 말달림은 30%짜리 목숨이다."라 하였다. 또한 杜先生은 〈戲贈友〉 二首에서 말에서 떨어져 입술이 찢어지고 앞니가 빠지고 왼팔이 부러지고 얼굴이 먹빛이 된 친구를 그려냈다. 말 타는 것이 위험한데 술까지 취하여 달리며 즐기는 것이 임금이나 士大夫의 할 일이 되겠는가?

▶鞍馬 : 안장 얹은 말을 뜻하나 여기에서는 酒令이다. 施鴻保는 『讀杜詩說』에서 白樂天의 詩 原注에 鞍馬 莫走 等의 酒令(즉 여러 사람이 술 마실 때 마시는 방식을 정하는 약속)이 있다 하며 鞍馬는 酒令일 것이다 하였다. 『漢語大詞典』에서도 이 說을 따랐는데 『白居易集箋校』를 찾아보니 〈東南行一百韻寄通州元九侍御澧州李十一舍人果州崔二十二使君開州韋大員外庾三十二補闕杜十四拾遺李二十助敎員外竇七校書〉詩 原注에서 骰盤·卷白波·莫走·鞍馬는 모두 그때의 酒令이라고 하였다. 施氏는 또한 調는 調笑(즉 농담하며 놀리다)며 更은 更易(즉 바꾸다, 바뀌다)라 하였다.

▶狂 : 한껏. 마음껏. 하고 싶은 대로. 제멋대로.

▸歡賞 : ① 欣賞하다. ② 후련하다. 통쾌하다. 기분이 좋다.

解說

나무로 된 술 바가지는 아마 진귀한 長生木으로 만든 것이 아닌가 하는데 투박하다는 이도 있겠지만 내 보기에는 소박하고 구수하다. 그리하여 교대로 농담하고 놀리고 鞍馬 莫走같은 酒令에 따라 이 긴 술잔도 들고 罰酒도 마시며 마음껏 통쾌하게 논다.

### ❖제7 · 8구 : 青春波浪芙蓉園, 白日雷霆夾城仗.

註

▸青春 : 東은 木에 해당하고 青이며 春, 南은 火에 해당하고 朱며 夏, 西는 金에 해당하고 白이며 秋, 北은 水에 해당하고 玄이며 冬, 中央은 土에 해당하며 黃이다. 그래서 봄을 青春, 여름을 朱夏, 가을을 素秋, 겨울을 玄冬이라 한다. 푸르른 봄 하면 그럴듯하나 붉은 여름 흰 가을 검은 겨울은 영 맞지 않는다. 五方色의 배치에 따라 그렇게 한 것이니 번역을 해서는 안 된다. 굳이 풀이하자면 五方色의 青에 해당하는 봄이 되겠다.

▸芙蓉園 : 長安城 東南모퉁이에 있는 동산. 『杜詩詳注』와 『杜詩鏡銓』에서 張禮의 〈遊城南記〉를 인용하였다. "芙蓉園은 曲江의 西南에 있으며 그 안에 못이 있어 芙蓉池라 하니 唐의 南苑이다. 芙蓉園在曲江西南, 園內有池, 謂之芙蓉池, 唐之南苑也." 그런데 이시다 미키노스케의 『長安의 봄』에 실려 있는 淸나라 王森文의 〈漢·唐都城圖〉 中 唐 長安城 部分에는 曲江의 남쪽에 長安의 外城과 닿아서 芙蓉園이 있으며 근래 中國文化大學에서 나온 『中國歷史地圖』에는 曲江의 동쪽과 長安의 外城 사이에 있다.

▸白日 : 白晝. 대낮. 여기에서는 맑게 갠 날의 대낮으로 쓰였다.

▸雷霆 : 雷(뢰)는 우렛소리. 霆(정)은 우렛소리와 번개를 동반한 요란

한 천둥이다. 雷霆이라고 하면 격렬한 천둥을 말한다.

▸夾城(협성) : 양쪽에 높은 담을 쌓은 통행로. 『杜詩詳注』 『杜詩鏡銓』 『讀杜心解』에서 모두 〈兩京新記〉를 인용하였다. "開元二十年, 築夾城. 自大明宮夾亘羅城複道, 經通化門觀, 以達興慶宮. 次經春明·延喜門, 至曲江·芙蓉園, 而外人不知也. 開元 20년 夾城을 쌓았다. 북쪽 끝의 大明宮으로부터 長安城, 外城 안쪽의 지붕 있는 複道를 두루 다 끼고 양쪽에 담이 있는 夾城 을 만드니 — 즉 지붕만 있던 複道를 양쪽에 담까지 쌓았다. — 通化門의 樓觀을 지나 興慶宮에 이르고 다음에는 春明門·延喜門을 지나 남쪽 끝의 曲江과 芙蓉園에 이르렀는데 임금의 거둥을 외부사람들은 알 수 없었다."

▹大明宮 : 정사각형에 가까운 長安城의 동북쪽 위에 뿔처럼 나와 있는 皇帝가 常住하던 宮. 中書省 門下省의 中樞機關이 여기에 있다.

▹羅城 : 外城. 長安을 에워싼 外城이니 長安城 안의 中央 北部에 있는 皇城·太極宮을 두른 內城에 대하여 이렇게 부른다. 皇城 안에 尙書省이 있고 太極宮 안에 太子의 東宮이 있다.

▹複道 : 閣道라고도 하는데 여러 說 이 있다. ① 上下 二重으로 된 길. 윗길은 天子, 아랫길은 백성이 다닌다. 또 二重의 廊下도 이렇게 부른다. ② 건물과 건물 사이의 구름다리. ③ 비나 눈을 맞지 않게 지붕을 씌워 만든 통로.

▸仗 : 儀仗. 임금을 護衛함.

**解說**

머리 돌려 남쪽을 보면 봄날의 물결이 찰랑거리는 芙蓉園이 있는데 활짝 갠 날 대낮에 천둥처럼 울리는 소리 있으니 夾城 임금님 거둥의 호위대에서 나는 소리가 틀림없다.

### ❖제9 · 10구 : 閶闔晴開詄蕩蕩, 曲江翠幙排銀牓.

註

▸閶闔(창합) : 전설상의 天門. 『楚辭 · 離騷』에서 쓰였는데 王逸 注에서 天門이라 하였다. 후에는 都城의 城門이나 宮門을 가리켰다. 여기에서는 大明宮의 문을 말한다.

▸詄蕩蕩(질탕탕) : 『漢書 · 禮樂志』에서 "天門開, 詄蕩蕩"이라 하였고 顔師古의 注에서 如淳을 引用하였는데 "天體堅淸之狀. 天體의 굳세고 맑은 모습."이라 하였고 王先謙의 補注에서는 "天體廣遠, 言象俱忘, 故曰詄蕩蕩. 天體가 廣遠하여 말이나 형상 모두 잊을만하여 詄蕩蕩이라 한다."라 하였다. 즉 광활하여 가가 없다는 뜻이 되겠다. 『杜詩詳注』에서는 湯泆(탕일) 즉 泆宕(일탕)으로 보았고 『讀杜心解』는 蕩軼(탕일)로 보았다. 이것들은 질탕(跌宕, 佚蕩)과 같은 말인데 放蕩, 放縱이며 우리의 경우 "신이 나서 정도가 지나치도록 흥겨움, 또는 그렇게 노는 것"이라 푼다. 杜甫같은 愛國忠君의 詩人은 말할 것 없고 山林處士들도 임금에 대하여 쓰기는 좀 거시기한 말이다.

蕭滌非 先生도 王先謙을 따라 "闊大之意"라 하였다.

➥ 임금에 대하여 쓰기가 좀 거시기하다 하였는데 王朝時代에 臣民들은 임금과 관계있는 말에 각별한 주의를 기울였다. 王維는 당시 벼슬을 하고 있어서 그랬을 수도 있지만 임금의 놀이에 대하여 아주 그럴듯하게 즉 아첨은 아니지만 대단히 긍정적으로 해석하였다. 그의 〈奉和, 聖製從蓬萊向興慶閣道中留春雨中春望之作, 應制. 聖上께서 지으신 "蓬萊宮(즉 大明宮)에서 興慶宮으로 향하는 閣道 속에서 봄비에 멈춰 봄 경치를 보다"라는 詩作에 삼가 和答하니 應制詩입니다〉에서 "爲乘陽氣行時令, 不是宸遊重物華. 봄날의 陽氣를 타고 때에 맞춘 은혜 베풀려하심이요, 경치를 중시하사 노니심은 아닙니다."라고 한 것을 보면 능란한 臣下답다는 탄성이 절로 나오게

된다.

▸曲江 : 즉 曲江池. 長安의 東南에 있었다. 秦나라 때 벌써 宜春苑이라 하는 名勝地였는데 강물의 흐름이 曲折하다 하여 이렇게 부르게 되었다 한다. 隋나라 文帝는 曲이라는 이름이 不正하다 하여 芙蓉園이라 바꾸었는데 唐나라에서 다시 曲江으로 부르게 되었다. 玄宗의 開元 年間에 깊이 파내고 넓혀 長安의 士女들은 中和節·上巳日 等에 모두 모여 즐겼다. 唐代의 進士及第者들을 이곳의 曲江亭에서 축하해주었는데 曲江宴·曲江會라고 불렀다. 及第못한 杜甫는 감회가 남달랐을 것이다.

▸翠幙(취막) : 翠幕. 푸른색 장막. 짙푸른 수풀을 가리키기도 한다.

▸排 : 밀다.

▸銀牓(은방) : 宮殿이나 寺院의 문 위에 걸려있는 휘황찬란한 匾額. 杜甫의 〈哀江頭〉에서 "江頭宮殿鎖千門. 강가 궁전은 千門이 잠겨 있다."라 하였으니 曲江·芙蓉園에는 殿閣·樓臺가 즐비하였다. 당연히 그곳의 문 위 마다 匾額이 걸려있었을 것이다. 우리의 경우 흔히 현판이라 하는데 남대문에 걸려있는 "崇禮門" 동대문의 "興仁之門"이 바로 匾額이다.

**解說**

閶闔門 즉 大明宮의 문이 갠 날 활짝 열리니 임금님 뫼시고 다들 曲江 芙蓉園에 놀이 갔기에 宮 안은 더욱 넓고 끝없이 아득하다. 거기에 비하여 曲江 芙蓉園에는 수없이 많은 푸른 장막이 바람에 펄럭거려 문 위의 匾額을 밀어내는 듯하다.

### ❖제11·12구 : 拂水低回舞袖翻, 緣雲淸切歌聲上.

**註**

▸拂 : 스치다.

▸低回 : 徘徊 즉 왔다 갔다 함.

▸翻 : 날다. 뒤집다. 뒤집히다. 펴다. 펼치다.

▸緣雲 : 구름을 따르다. 노랫소리가 맑고 높아 아득히 구름을 따라 올라간다는 말이다. 『杜詩詳注』에서 『西京雜記』를 인용하였는데 "高帝가 戚夫人에게 出塞望歸之曲을 짓게 하였다. 後宮에서 일제히 노래하니 그 소리가 구름 있는 하늘까지 이르렀다. 高帝令戚夫人作出塞望歸之曲, 後宮齊唱, 聲入雲宵."라 하였다. 노랫소리와 구름은 예부터 인연이 깊다. 『列子 · 湯問』에 나오는 이야기다. "薛譚이 秦青에게 노래를 배우는데 秦青의 재주를 다 배우기 전에 다 해냈다고 여기고 하직하고 돌아가려 하였다. 秦青은 말리지를 않고 교외의 큰길에서 전송하는데 박자를 맞추며 슬프게 노래하니 그 소리는 수풀을 진동하고 울림은 가는 구름을 멈추게 하였다. 薛譚은 사죄하고 다시 돌아가길 청하였으며 종신토록 돌아가겠다는 말을 감히 하지 않았다. 薛譚學謳於秦青, 未窮青之技, 自謂盡之, 遂辭歸. 秦青弗止, 餞於郊衢, 撫節悲歌, 聲振林木, 響遏行雲. 薛譚乃謝求反, 終身不敢言歸."

▸清切 : 소리가 맑고 절박함.

▸上 : 오르다. 올라가다.

解說

물을 가볍게 스치며 오락가락 춤추는 옷소매 날리고 뒤집히며 구름 따라 맑고 절박한 노랫소리는 하늘로 올라간다.

### ❖제13 · 14구 : 卻憶年年人醉時, 只今未醉已先悲.

註

▸却憶(각억) : 回想. 回憶. 돌이켜 생각하다.

▸年年 : 每年. 蕭滌非 先生은 往年과 같다고 하였다.

▸人 : 蕭滌非 先生은 杜甫 自身을 말함이다 하였는데 우리 생각에

는 與人의 생략으로 보아 "내가 사람들과 더불어" "내가 여러 사람들과 함께"라 함이 좋을 듯하다.

▸이 13구는 극도로 압축시킨 것이니 길게 풀면 "돌이켜 지난 날 해마다 사람들과 취하던 때를 생각하니 그때에는 취하여 즐거움이 극에 달한 연후에야 슬퍼졌는데"가 되겠다.

▸只今 : 말하는 바로 이때. 시방. 至今은 "예로부터 오늘에 이르기까지"를 말하니 주의를 요한다.

▸제14구를 이해하려면 古人들의 생각을 살펴보아야 한다.

○『淮南子·道應訓』: "樂極則悲. 즐거움이 극에 달하면 슬퍼진다."

○漢·武帝〈秋風辭〉: "歡樂極兮哀情多. 환락이 극에 달하면 슬픈 마음이 많아진다."

○晉·陶淵明〈閑情賦〉: "悲! 樂極而哀來. 슬프다! 즐거움이 극에 달하면 슬픔이 온다."

○杜甫 〈觀公孫大娘弟子舞劍器行〉: "樂極哀來月東出. 즐거움이 극에 달하니 슬픔이 오는데 달은 동에서 떠오른다."

○宋·孟元老 『東京夢華錄』: "是月季春, 萬花爛熳, 牧丹, 芍藥, 棣棠, 木香, 種種上市. 賣花者以馬頭竹籃鋪排, 歌叫之聲, 淸叫可聽. 晴簾靜院, 曉幙高樓, 宿酒未醒, 好夢初覺, 聞之, 莫不新愁易感, 幽恨易生. …… 이달 즉 3월은 暮春이니 온갖 꽃이 난만하게 피어 모란 작약 황매 목향 등 갖가지 꽃이 시장에 나왔다. 꽃 파는 이들이 말머리 모양의 대바구니를 늘어놓았는데 꽃 파는 노랫소리는 맑아 들을만하였다. 고요한 뜰 갠 날의 발 속 높은 누각의 새벽빛 드는 휘장 안에서 어젯밤의 술은 깨지 않았는데 좋은 꿈에서 막 깨어나 이 노랫소리 들으면 새로운 시름을 느끼게 되고 깊은 한이 쉽게 생지지 않을 수 없으니……"

杜先生의 말씀인즉 환락이 극에 달하여 종당에는 슬픔을 느끼도록 마시고 취하였는데 지금은 그러한 환락의 지극함을 느끼게 취하지도 않았는데 이미 미리 슬퍼진다는 것이다. 蕭滌非 先生 曰 : "政治는 암흑이고 生活은 빈곤하며 나이 먹고 몸은 늙어가니 취하기도 전에 미리 슬퍼진다." 너무나 당연하여 당혹스럽다.

解說

지난날 해마다 사람들과 취하던 때를 돌이켜 생각하니 그때에는 취하여 즐거움이 극에 달한 연후에야 슬퍼졌는데 지금은 취하기도 전에 이미 미리 슬퍼지누나.

### ❖제15 · 16구 : 數莖白髮那拋得, 百罰深杯亦不辭.

註

▸莖(경) : 가닥. 수량사로 길고 가는 것을 셀 때 쓴다.

▸拋(포) : 拋棄하다. 내던지다. 버리다. 지금 흰머리 몇 가닥 보인다고 늙은 것을 핑계 삼아 내 일생의 포부 · 희망을 포기할 수 있겠는가 하는 말이다. 그러나 생긴 흰머리가 마음에 걸리는 것은 어쩔 수 없다. 그래서 杜先生은 〈九日〉에서 "苦遭白髮不相放, 羞見黃花無數新. 괴롭다! 흰머리 나를 봐주어 놓아주지 않는 것이, 부끄럽지! 노란 국화가 무수히 새롭게 늙은이 앞에 핀 것이."라 하였다. 어쩔 수 없는 늙음에 안간힘 쓰는 것 같이 보인다.

▸百罰(백벌) : 여러 번 벌을 받음. 百은 많다는 뜻이지 정말 일백은 아니다. 罰은 罰酒를 가리킨다.

▸深杯 : 滿杯. 가득 채운 잔. 요즈음의 우스갯소리로 말한다면 꽉꽉 눌러 담은 잔. 深은 多의 뜻으로 쓰일 때가 많다. 前蜀 韋莊의 〈菩薩蠻〉에서 "珍重主人心, 酒深情亦深. 귀하고 말고 주인의 마음씀이여, 술이 많으니 정 또한 깊네."라 하였다.

▸亦 : 결코. 절대. 否定을 강조한다. (王鍈의 『詩詞曲語辭例釋』)

解說

흰머리 몇 가닥 보인다고 늙은 핑계로 내 포부를 포기할 수 없다. 나 아직 안 늙었다, 백번 벌주를 주어도 절대 사양하고 마다하지 않으리.

### ❖제17 · 18구 : 聖朝已知賤士醜, 一物自荷皇天慈.

註

▸聖朝 : 예전에 本朝 즉 자기가 살고 있는 당시의 王朝를 대접하여 성스런 王朝라 하였다.

▸賤士 : 미천한 사람. 선비들이 자기를 겸손하게 부르는 말인데 賤子라고 할 때도 있으니 〈奉贈韋左丞丈二十二韻〉에서는 "賤子請具陳"이라 하였다. 그런데 여기에서 "賤士醜"는 겸손이나 겸양이라기보다는 불평 · 불만 심하게는 격분하여 하는 말이다.

▸一物 : ① 『杜詩詳注』 : "一物은 술을 가리키니 陶淵明이 술을 杯中物이라 한 것과 같다. 나라에서 이미 버림받았으나 하늘이 가엾게 여겨 한잔할 기회를 준 것이다. 一物指酒, 猶陶公云杯中物. 謂朝已被棄, 天猶見憐, 假以一飮之緣也." ② 『杜臆』 : "세상의 모든 하나하나의 物이 모두 天恩을 입고 있다는 말이다. 言有一物皆荷天恩也." ③ 『讀杜詩說』 : "一物은 自己를 말함이다. 사람은 萬物의 靈長이니 物이라 말할 수 있다. 말하는 바는 늙어가며 쓰일데 없는 것은 聖主께서 이미 아시는 바요. 그러나 또한 덮어주는 휘장 안에 있으니 이 一物 또한 皇天의 인자하심을 입고 있음이라 그래서 능히 遊宴하여 오늘처럼 즐기는 것이다. 今按一物乃自謂. 人爲萬物之靈, 故亦可曰物. 蓋言垂老無用, 聖主已知. 然在覆幬中, 猶之一物, 亦荷皇天之慈, 故得遊宴如今日之樂也.

▸皇天 : 天과 天神에 대한 존칭. 여기에서는 임금을 가리킨다."

解說

聖上께서 다스리시는 나라는 천한 사람의 못남을 이미 아셔서 버리고 쓰지 않으셨도다. 그러나 天地의 萬物은 하나하나가 다 皇天의 仁慈한 은혜를 입고 있음이라. 나 또한 萬物의 하나로 한 사발 밥 한 대접 국 한잔 술 모두 皇天의 어진 은혜를 입어 먹고 마실 수 있는 것이다.

**❖제19 · 20구 : 此身飮罷無歸處, 獨立蒼茫自咏詩.**

註

▸飮罷 : 먹고 마시는 모꼬지가 끝나다.

▸無歸處 : 정말 돌아갈 곳이 없는 것이 아니고 포부나 야망을 실천할 길이 없는 암담한 미래를 나타낸다.

▸蒼茫 : 모호하고 흐릿한 모양. 넓고 멀어서 아득한 모양. 높은 樂遊原에서 볼 수 있는 長安 一帶의 저녁 풍경을 말한다. 그런데 王鍈先生은 "사람의 精神狀態를 가리키니, 迷茫惆悵之義 즉 멍하고 아득하며 서글픈 뜻이라 하였다."(『詩詞曲語辭例釋』)

解說

이 몸 모꼬지 끝나도 어디로 가야할지 모르겠다. 정말 내가 돌아갈 곳은 어디일까? 어슴푸레한 暮色 中에 홀로 서서 정신은 멍하고 아득하며 서글픈데 이 노래 부르노라.

☛ **參考(一)**

① 錢起〈樂遊原晴望上中書李侍郎〉

爽起朝來萬里淸. 憑高一望九秋輕.
不知鳳沼霖初霽, 但覺堯天日轉明.

四野山河同遠色, 千家砧杵共秋聲.
遙想青雲丞相府, 何時開閤引書生

〈樂遊原에서 갠 날 조망하며 中書省의 李侍郎께 올린다〉 전기

시원한 기운 생겨 아침에 만리가 맑으니,
높은 곳 의지해 한번 보면 가을날이 산뜻하다.
봉황새 노니는 못에 비 갠 것 모르나,
堯舜이 다스리는 날에 태양 더욱 빛남 알겠다.
四方 벌판의 山河는 아득한 景色과 하나 되고,
一千 家戶의 다듬이 방망이는 모두 가을 재촉하는 소리다.
青雲의 丞相府를 멀리 생각하노니,
閤門 열어 書生을 손님으로 언제 맞이하실는지.

▷九秋 : 가을 九十日.
▷鳳沼 : 中書省은 禁苑에 있으며 기밀을 관장하고 황제와 가까이 있으므로 鳳凰池라 불렀다.
▷堯天 : 흔히 堯天舜日이라 쓰이는데 太平盛代를 말한다.
▷砧(침) : 다듬잇돌.
▷杵(저) : 다듬이 방망이.
▷青雲 : 高官大爵. 크게 출세한 것을 비유함.
▷開閤 : 開閣이라고도 한다. 漢의 公孫弘이 宰相이 되자 손님 묵을 客館을 짓고 開東閣 즉 동쪽의 문을 열어 어진 사람을 맞아 함께 정사를 의논하였다. 이후 開閤·開閣은 大臣들이 선비들을 높이고 아낀다는 뜻으로 쓰였다.

② 楊憑 〈樂遊園望月〉

炎靈全盛地, 明月半秋時.

今古人同望, 盈虧節暗移.
彩凝雙月迥, 輪度八川遲.
共惜鳴珂去, 金波送酒巵.

〈樂遊園에서 달을 보다〉 양빙

火德의 漢나라 全盛하던 곳,
지금은 밝은 달 중추시절이다.
古今의 사람들이 함께 볼 수 있는데,
차고 기울면 절기는 슬며시 바뀐다.
광채는 하늘과 물속 두 달에 엉겨 아득한데,
바퀴같이 둥근 모양 여덟 강물 지나느라 더디구나.
모두 말굴레 울리며 떠남이 아쉬워,
금빛 물결을 술잔으로 보낸다.

▷炎靈 : 火德으로 王이 된 漢王朝.
▷半秋 : 仲秋. 半夏는 仲夏다.
▷雙月 : 한 쌍의 달. 하늘의 달과 물속의 달을 말한다.
▷八川 : 關中의 여덟 강. 灞, 滻, 涇, 渭, 酆, 滈, 潦, 潏.
▷鳴珂 : 귀인이 타는 말에 다는 옥 장식 말굴레. 움직이면 소리가 나므로 鳴珂라 한다.
▷金波 : 금빛 물결 즉 月光이다.

③ 劉得仁〈樂遊原春望〉

樂遊原上望, 望盡帝都春.
始覺繁華地, 應無不醉人.
雲開雙闕麗, 柳映九衢新.
愛此頻來往, 多閒逐此身.

〈樂遊原에서 봄 경치를 보다〉 유득인

樂遊原 위에서 보면,
임금님의 서울 봄은 다 볼 수 있다.
이곳에 와야 서울이 번화한 땅이라고 비로소 알게 되니,
분명 취하지 않은 사람 없으리라,
구름 걷히면 雙闕은 壯麗한데.
버들 어른거리는 九衢는 시원하게 뚫렸다.
이곳을 사랑해 자주 오고 가니,
이 몸은 한가함 좇는 일이 많구나.

▷開 : 구름·안개들이 걷힘, 흩어짐.
▷雙闕 : 宮殿·寺院·陵墓 앞 양쪽의 높은 터 위의 樓觀.
▷映 : 어른거리다. 비치다. 덮다. 가리다.
▷九衢(구구) : 아홉 개의 大路. 번화한 市街를 말한다.

④ 李頻〈樂遊原春望〉

五陵佳氣晩氛氳, 霸業雄圖勢自分.
秦地山河連楚塞, 漢家宮殿入青雲.
未央樹色春中見, 長樂鐘聲月下聞.
無那楊華起愁思, 滿天飄落雪紛紛.

〈樂遊原에서 봄 경치를 보며〉 이빈

五陵의 상서로운 구름 저녁에 무럭무럭 피어오르니,
天下 制覇하던 王業의 雄大한 계획 형세가 절로 분명하다.
秦地의 山河는 楚나라 邊塞와 잇닿았고,
漢家의 宮殿은 푸른 구름 있는 하늘에 솟았다.

未央宮의 樹色은 봄날 속에 보이고,
長樂宮의 鐘聲은 달빛 아래 들린다.
어쩔 수 없다! 버들 솜이 시름 찬 생각 일으킴은,
하늘 가득 날리며 지니 눈이 펑펑 내리는가.

▷五陵：① 漢나라 高祖의 長陵, 惠帝의 安陵, 景帝의 陽陵, 武帝의 茂陵, 昭帝의 平陵. 모두 渭水 북쪽에 있다. 文帝의 霸陵, 宣帝의 杜陵은 長安 남쪽에 있어 여기에 속하지 않는다. ② 唐나라 高祖, 太宗, 高宗, 中宗, 睿宗의 陵. 長安 부근에 있다.

▷佳氣：아름다운 구름의 기운. 吉祥의 象徵이라 하였다. 杜甫는 〈哀王孫〉에서 "五陵佳氣無時無"라 하였다.

▷霸業：諸侯의 盟主가 되는 事業이나 霸權을 유지하던 일인데 여기에서는 天下를 制霸한 王業으로 쓰였다.

▷雄圖：雄大한 계획.

▷勢：形勢. 氣勢. 地勢.

▷未央・長樂：모두 漢나라의 宮 이름이다.

▷제5・6구는 제법 佳句지만 韓翃의 〈同題仙游觀〉의 頷聯이 훨씬 유명하며 人口에 膾炙되고 있다. "山色遙連秦樹晚, 砧聲近報漢宮秋. 終南山 빛은 멀리 秦樹의 저녁노을과 잇닿았는데, 다듬이 소리는 가까이 漢宮의 가을 을 알려준다." 錢起도 가만있을 수 없다. 〈贈闕下裴舍人〉에서 "長樂鐘聲花外盡, 龍池柳色雨中深. 長樂宮의 종소리 꽃 너머 스러지는데, 興慶宮 안 龍池의 버들 빛은 빗속에 짙구나."라 하였다.

▷無那：無奈. 無可奈何. 어찌 할 도리가 없다.

▷楊華：柳絮를 가리킨다.

⑤ 白居易〈登樂遊園望〉

獨立樂遊園, 四望天日曛.

東北何靄靄, 宮闕入煙雲.
愛此高處立, 忽如遺垢氛.
耳目暫淸曠, 懷抱鬱不伸.
下視十二街, 綠樹間紅塵.
車馬徒滿眼, 不見心所親.
孔生死洛陽, 元九謫荊門.
可憐南北路, 高蓋者何人?

〈樂遊園에 올라 바라보다〉 백거이

樂遊園에 홀로서서,
사방을 둘러보니 해는 어둑어둑 진다.
저 동북쪽은 왜 구름이 잔뜩 끼었나,
궁궐도 구름 속에 들었다.
내 이 높은 곳 서 있기 좋아함은,
더러운 기운을 털어낼 수 있음이라.
耳目이 잠시 시원하게 맑아졌지만,
懷抱는 울적하여 펴지질 않네.
아래로 長安의 열두거리를 보니,
푸른 나무에 붉은 먼지 섞였다.
수레며 말이며 공연히 내 시야에 가득하나,
마음속 친한 이는 볼 수가 없다.
孔戡은 洛陽에서 죽고,
元稹은 荊門으로 귀양 갔다.
슬프다 남북으로 뻗은 길에,
덮개 높은 수레 탄 이는 누구들인고?

▷曛(훈) : 황혼. 해 진 뒤의 어스레함. 땅거미 짐.
▷靄靄(애애) : 구름이 피어오르는 모양. 구름이 끼는 모양.

▷垢氛(구분) : 汚濁한 분위기.
▷十二街 : 『長安志』에 의하면 南北七街 東西五街라 하였다.
▷孔戡(공감) : 直言하는 사람이나 일찍 죽었다.
▷元九 : 白居易와 제일 친한 元稹. 宦官과 다투어 욕을 당한 뒤 江陵으로 쫓겨났다.
▷高蓋 : 수레를 덮는 日傘 모양의 덮개. 높은 車蓋는 고급의 수레를 뜻하며 權力者와 貴人들이 탔다.

⑥ 杜牧 〈將赴吳興登樂遊原一絶〉

清時有味是無能, 閑愛孤雲靜愛僧.
欲把一麾江海去, 樂遊原上望昭陵.

〈吳興으로 赴任하려 함에 樂遊原에 올라 지은 絶句 한 수〉 두목

清平한 시대에 맛들인 것은 재주 없어 노는 것이니,
孤雲의 한가함이나 사랑하고 僧侶의 靜이나 사랑하네.
깃발 하나 들고 江海로 가려하며,
樂遊原 위에서 昭陵을 바라본다네.

▷清時 : 清平한 시대. 자기가 사는 시대를 이렇게 높여 부르는데 清平한 시대에는 크게 재주를 나타내 활약해야하나 자기는 무능해서 그렇게 못한다는 말. 자기를 크게 써주지 않는 朝廷을 비꼬고 빈정거리는 말이다.
▷閑 : 한가함. 일이 없음.
▷靜 : 名利를 벗어남. 俗世의 더러운 일을 초월함.
▷麾(휘) : 指揮하는데 쓰는 깃발. 이때 杜牧은 湖州刺史가 되어 서울을 떠나며 이 시를 지은 것이다. 즉 麾는 刺史·太守를 나타낸다.

▷江海：湖州는 江南에 있으며 바다와 가까웠다.

▷昭陵：唐 太宗의 陵. 太宗은 貞觀之治를 이룬 英主였으므로 그리워하는 것이다.

⑦ 杜牧〈登樂遊原〉

長空澹澹孤鳥沒, 萬古銷沈向此中.
看取漢家何事業, 五陵無樹起秋風.

〈樂遊原에 올라〉 두목

끝없이 높고 먼 허공 광막한 그 곳에 새 한 마리 가다 사라지니,
萬古의 오랜 세월 흥망성쇠 모든 세상사는 이 속에 삭고 가라앉았다.
보아라 漢나라가 무슨 偉業을 남겼는지,
五陵에는 나무도 없는데 가을바람만 인다.

▷長空：天空. 虛空. 하늘은 멀고 아득하며 끝이 없으므로 長空이라 함.

▷澹澹：廣漠한 모양.

▷萬古：아주 오랜 세월 동안.

▷銷沈：삭고 잠기다.

▷看取의 取：聽取하다의 取와 마찬가지로 뜻이 없는 조사다.

▷五陵：漢나라 高祖의 長陵, 惠帝의 安陵, 景帝의 陽陵, 武帝의 茂陵, 昭帝의 平陵. 모두 渭水의 북쪽에 있는데 이들은 漢나라 全盛期를 대표한다.

▷無樹：帝王의 陵에는 松柏을 심는다. 그러나 세월이 가고 시대가 바뀌니 모두 베어져 땔감이나 되고 陵은 荒凉해진다.

⑧ 李商隱〈樂遊原〉

春夢亂不記, 春原登已重.
青門弄煙柳, 紫閣舞雲松.
拂硯輕氷散, 開樽綠酎濃.
無悰託詩遣, 吟罷更無悰.

〈樂遊原〉 이상은

봄 꿈은 기억도 못하게 어수선하여,
봄 동산을 이미 여러 번 올랐다.
青門에는 안개 속 까부는 버들이 있고,
紫閣에는 구름 속 춤추는 소나무 있다.
벼루 털면 살얼음 흩어지고,
동이 열면 綠酎 진하다.
즐거움 없어 詩에 맡겨 녹이려하나,
읊고 나니 더 즐겁지 않다.

▷青門 : 長安의 東門.
▷紫閣 : 終南山의 봉우리 이름.
▷樽(준) : 술동이.
▷綠酎(녹주) : 녹색의 좋은 술.
▷濃 : 酒精의 度가 높은 것. 흔히 독하다고 한다.
▷悰(종) : 즐기다. 즐거워하다.
▷제7・8구는 李白의 〈宣州謝眺樓餞別校書叔雲〉에서 "擧杯消愁愁更愁. 잔 들어 시름 삭이려하나 시름은 더욱 시름 차."를 변용한 것이리라.

⑨ 李商隱〈樂遊原〉

萬樹鳴蟬隔斷虹, 樂遊原上有西風.
羲和自趁虞泉宿, 不放斜陽更向東.

〈樂遊原〉 이상은

스러지는 무지개 저편 매미는 수많은 나무에서 우는데,
樂遊原 위에는 가을이라 西風이 있다.
羲和는 본래 虞淵 찾아 잠들려하니,
斜陽일 망정 동쪽으로 보내주지 않는다.

▷斷虹 : 殘虹. 스러지는 무지개.

▷羲和(희화) : 신화전설상의 인물. 태양이 탄 수레를 모는 馬夫라고도 하고 열개의 태양을 낳은 어머니라고도 한다.

▷趁(진) : 쫓아가다. 따르다. 여기에서는 찾다, 구하다의 뜻으로 쓰였다. (王鍈의 『詩詞曲語辭例釋』)

▷虞泉(우천) : 虞淵 인데 唐 高祖 李淵 때문에 避諱하여 虞泉이라 하였다. 신화 전설 속의 해지는 곳이다. 『淮南子・天文訓』에서 "日至于虞淵, 是謂黃昏. 태양이 虞淵에 이르면 이때를 황혼이라 부른다."라 하였다. 참고로 말하면 고구려의 淵蓋蘇文과 그의 아들 淵南生은 中國의 史書에 泉蓋蘇文, 泉南生으로 나오니 다 李淵 때문이다.

⑩ 李商隱〈樂遊原〉

向晚意不適, 驅車登古原.
夕陽無限好, 只是近黃昏!

〈樂遊原〉 이상은

저녁 무렵 마음이 울적하여,
수레 몰아 古原에 올랐다.
夕陽은 무한히 좋지만,
다만 黃昏에 가까우니…….

▷向晩 : 向은 臨과 같다. 向晩은 臨晩·傍晩과 같다. 해질 무렵. 저녁 무렵.(張相『詩詞曲語辭滙釋』)

▷適 : 편하다. 편안하다. 쾌적하다. 상쾌하고 즐겁다.

▷樂遊原이 天下에 이름을 떨치게 되고 泯滅해질 수 없게 만든 作品이다. 또한 李商隱의 傑作을 들 때 꼭 끼는 詩篇이다. 贅言이 필요 없다.

⑪ 羊士諤〈登樂遊原寄司封孟郎中盧補闕〉

爽節時淸眺, 秋懷悵獨過.
神皐値宿雨, 曲水已增波.
白鳥凌風迥, 紅蕖濯露多.
伊川有歸思, 君子復如何.

〈樂遊原에 올라 司封 孟郎中과 盧補闕께 부친다〉 양사악

상쾌한 계절에는 수시로 느긋하게 멀리 보았는데,
지금 가을의 회포가 서글퍼 혼자 찾아왔다.
서울 땅은 밤비를 만났으니,
曲江에는 물이 불었구나.
흰 새는 바람타고 아득히 가는데,
붉은 연꽃은 이슬에 씻겨 진하다.

伊川으로 돌아갈 마음 있는데,
君子들께서는 어떠하신지?

▷司封 : 官名. 吏部에 속하는데 郎中과 員外郎이 있다.
▷爽節 : 하늘 높고 기운이 상쾌한 계절. 대개 가을을 가리킨다.
▷淸眺 : 悠閑하게 멀리 바라봄.
▷過 : 방문하다. 찾아가다.
▷神皐(신고) : ① 神明이 모이는 땅. 신성한 땅. ② 京畿지역을 가리킨다.
▷宿雨 : 밤비. 밤새도록 오는 비.
▷曲水 : 曲江을 말한다.
▷伊川 : 河南省에 있는 옛 地名이다.

## ☛ 參考(二)

晉・嵇含〈長生樹賦〉幷序

余嬰丁閔凶, 靡所定居. 老母垂聖善之訓, 以爲生事愛敬, 沒則無改. 宜居墓次, 瞻奉威靈, 兼覽藝文,可以不殞先軌, 祗奉慈令, 遂家于墳左, 埽除壇封, 種植松柏. 松柏之下, 不滋非類之草, 猥有長生, 育于域內, 豈老母之至行, 表徵于嘉木哉.

美我親之仁孝, 固徵瑞之必招.
降祖宗之遺德, 振奇木之靑條.
結根擢幹, 載生無漸.
弱莖猗猗, 綠葉染染.
處陰冬而愈茂, 豈莖葉之有點.
感自然以旌賢, 涼有道之不掩.

〈장생수부〉 혜함

내 시름 찬 喪事를 만났는데 정해진 거처가 없었다. 老母께서 밝고 어지신 교훈을 내리셨으니 어버이 살았을 때 愛敬으로 섬기고 돌아가셨을 때 고침이 없으라 하셨다. 내 마땅히 무덤가에 살며 神靈을 공손히 받들고 겸하여 六藝의 群書를 본다면 先王의 法度를 손상하지 않으며 마침 어머님의 가르침을 받을 수 있음이라. 드디어 무덤의 왼쪽에 거처를 정하고 祭壇과 封墳을 쓸며 소나무 측백나무를 심고 소나무 측백나무 아래에는 같지 않은 초목은 기르지 않았는데 송구하게도 長生樹가 墓域 안에 자라니 아마 老母의 뛰어난 品行이 상서로운 나무로 상징되어 나타남인가 한다.

아름답다! 우리 어머님의 仁孝하심이여,
확실하다! 祥瑞로움을 반드시 불러옴이.
내려왔다! 祖宗들의 남기신 덕행이,
떨치도다! 奇木의 푸른 가지를.
뿌리 맺고 가지 뻗어 더딤이 없으며,
연약한 줄기는 하늘하늘 푸른 잎은 진하고 진하다.
찬 겨울에 처해도 더욱 무성하니,
어찌 줄기와 잎에 더러움 있으랴!
느끼도다! 자연히 어지심 나타냄을,
진실하다. 道德 있으면 숨길 수 없음을.

▷長生樹賦 : 杜詩의 여러 注釋書에서는 〈長生木賦〉라 하였으나 淸의 嚴可均이 校輯한 『全上古三代秦漢三國六朝文』에는 〈長生樹賦〉로 되어있다.
▷嬰丁 : 만나다. 입다. 당하다.
▷閔凶 : 憂患과 喪事.
▷垂訓 : 敎訓을 내림.
▷聖善 : 聰明하고 賢良함.
▷生事 : 父母가 살았을 때 받들어 모심. 『孝經·喪親』에서 "生事愛敬, 死事哀戚, 生民之本盡矣, 死生之義備矣, 孝子之事親終矣.

살아서는 愛敬으로 섬기고, 죽어서는 哀戚으로 섬기면, 生民의 근본을 다함이요, 死生의 義理를 갖추었음이며, 효자의 부모 섬김이 끝남이다."라 하였다.

▷愛敬 : 親愛하고 恭敬함.

▷墓次 : 墓域. 次는 근방, 부근, 사이의 뜻으로 쓰인다.

▷瞻奉 : 恭敬으로 侍奉함.

▷威靈 : 神靈.

▷蓺文 : 藝文과 같다. 六藝의 群書를 말한다.

▷殞 : 죽다. 떨어뜨리다. 훼손하다.

▷先軌 : 先王 즉 옛날의 賢明한 君王의 法度.

▷祇 : 마침. 다만. 단지.

▷慈令 : 慈旨. 慈母의 가르침.

▷家 : 거처를 정하다.

▷埽除 : 掃除와 같다. 쓸고 치우다.

▷壇封 : 祭壇과 封墳.

▷滋 : 늘어나다. 생장하다. 심다. 가꾸다.

▷非類 : 같지 않은 종류. 다른 무리.

▷猥 : 욕되게. 삼가 송구하게. 겸양의 뜻으로 쓴다.

▷育 : 生育. 生長.

▷至行 : 뛰어난 品行.

▷表徵 : 밖으로 드러난 상징.

▷徵瑞 : 祥瑞. 吉兆.

▷載生 : 生長. 『詩・大雅・生民』에서 "載生載育. 낳고 기르다."이라 함.

▷猗猗(의의) : 무성한 모양. 『詩・衛風・淇奧』에서 "綠竹猗猗"라 하였다.

▷黷 : 더러움. 욕됨.

▷旌賢 : 어진 이를 표창함.

▷涼 : 진실함. 성실함. 확실함.

## 2. <曲江三章 章五句>(七言古詩)

### 제1장

曲江蕭條秋氣高, 菱荷枯折隨風濤.
游子空嗟垂二毛.
白石素沙亦相蕩, 哀鴻獨叫求其曹.

### ❖詩題

註

▸三章 : 『詩經』은 한 편이 여러 章으로 이루어져 있다. 지금 이 작품도 一首가 三段落으로 구성되었다는 말이다. 지금 흔히 쓰는 말로 절이 있는데 한 곡이 세절로 이루어졌다함과 비슷하다.

＊第三句에서 정돈하고 숨 고른다.(『讀杜心解』)

＊上二句는 興 下二句는 比다.(『杜詩詳注』)

解說

〈곡강삼장 장오구〉

### ❖제1구 : 曲江蕭條秋氣高

註

▸蕭條 : 스산하다. 적막하다. 쓸쓸하다.

▸秋氣 : 가을의 凄清하고 肅殺한 기운. 참고로 秋天은 高爽澄澈 즉 높고 시원하며 맑다.

▸高 : 盛하다는 뜻이다. 왕성하다. 세차다. 기운차다. 엄청나다로 풀 수 있는데 秋氣가 높다고 日常的인 뜻으로 풀면 상당히 어색하다.

杜先生은 그의 〈湖中送敬十使君適廣陵〉에서도 "風高湖涌波"라 하였는데 高를 상식적인 뜻으로 풀면 물론 안 되니 이 句는 "바람이 세차니 호수에 파도가 솟구치다"로 해야 할 것이다. 杜詩가 어려운 점의 한가지다.

解說

曲江은 스산하고 쓸쓸한 가을 기운이 充溢되어 있다.

### ❖제2구 : 菱荷枯折隨風濤

註

▶風濤(풍도) : 風浪. 水面 위의 바람과 물결.

解說

마름과 연은 시들고 부러져 바람 부는 대로 물결치는 대로 따른다.

➡ 연은 보통 붉은색 꽃이 곱게 핀 것을 그렸다. 그런데 明末 淸初에 八大山人이 시들고 부러진 것을 그려 새로운 길을 열어 놓았다. 근래에 張大千이 더욱 발전시켜 연 그림은 의례 이렇게 그리게 되었다.

### ❖제3구 : 游子空嗟垂二毛

註

▶游子 : 나그네. 방랑자.

▶空 : 부질없이. 헛되이.

▶嗟 : 탄식하다.

▶二毛 : 斑白의 머리. 흰머리 검은 머리가 섞인 것.

解說

나그네는 부질없이 흰머리 검은 머리 섞여 드리움을 탄식이나 한다. 이룬 것 없이 늙었구나.

### ❖제4구 : 白石素沙亦相蕩

註

▶白石 : ① 가을이 되어 물이 줄고 白石이 드러나니 이른바 "水落石出"이다. 王維도 〈山中〉에서 가을을 읊었는데 "荊溪白石出, 天寒紅葉稀. 荊溪 개울에 흰 돌 드러나고, 날이 차니 붉은 잎도 드물어." 라 하였다. 『杜詩詳注』에서 "白石素沙亦相蕩은 漂流함에 비한 것이다. 沙石相蕩, 自比漂流"라 하였다. 돌과 모래가 물결에 이리저리 쏠림은 菱荷가 바람과 물결에 따르는 것과 같다고 할 수 있다. 亦字는 그래서 쓴 것이며 표류하는 나그네와 같아서 또 亦字를 쓴 것이다. ② 불우한 인재가 발탁되기를 바라는 것을 白石으로 나타낸다. 『史記・魯仲連鄒陽列傳』의 『裴駰集解』에서 漢 應劭를 引用하였는데 "齊나라 桓公이 밤에 손님 맞으러 나가니 甯戚이 쇠뿔을 세게 두드리며 처량한 노래를 부르는데 "南山의 깨끗한 돌이여 흰 돌은 빛나지만, 살아서 堯・舜의 禪讓을 못 보았네. 짧은 베 홑옷은 겨우 정강이에 오는데, 저녁에 소 먹여 한밤에 이르네. 길고 긴 밤은 아득하니 새벽은 언제 오려나!"(齊桓公夜出迎客而甯戚疾擊其牛角而商歌曰 : "南山矸, 白石爛. 生不遭堯與舜禪, 短布單衣適至骭, 從昏飯牛薄夜半. 長夜漫漫何時旦?") 桓公이 불러 함께 이야기하다 크게 기뻐하여 大夫로 삼았다. 白石이 눈에 띄면 不知不覺中에 이 故事가 생각났을 것이다. 그리고 자신의 懷才不遇, 生不逢時의 설움이 자연스럽게 솟아오를 것이다. 李白도 그의 〈秋浦歌〉 其七에서 "부질없이 흰 돌 빛나다 노래하니 눈물이 검은 담비옷에 가득하네. 空吟白石爛, 淚滿黑貂裘."라 하였음이라.

▶素沙 : 白沙. 흰 모래.

▶蕩 : 흔들리다. 흔들다. 움직이다. 씻다. 헹구다.

解說

흰 돌 흰 모래 또한 물결 따라 이리저리 흔들리고 움직이니 꼭 내 신세 같으며 흰 돌을 노래해 발탁된 옛사람도 부지불각 중에 생각난다.

### ❖제5구 : 哀鴻獨叫求其曹

註

▶哀鴻 : 슬피 우는 기러기. 슬픈 소리 내는 기러기.

▶叫 : 외치다. 소리 지르다. 울다. 짖다. 지저귀다. 부르다. 찾다.

▶曹 : 무리. 同類.

* 哀鴻求曹는 同氣 즉 뜻이 같은 사람을 생각한다는 말이다.(『杜詩詳注』)

* 身世의 孤獨한 마음을 더욱 보탠다.(蕭滌非)

解說

슬픈 소리 내는 기러기는 홀로 울며 무리를 찾는다. 꼭 나 같구먼.

* 第一章의 高・濤・毛・曹는 平聲豪韻이다.

## 제2장

卽事非今亦非古, 長歌激越捎林莽.
比屋豪華固難數.
吾人甘作心似灰, 弟姪何傷淚如雨?

### ❖제1구 : 卽事非今亦非古

註

▶卽事 : 눈앞의 事物을 面對함. 여기에서는 눈앞의 사물을 題材로

한 詩를 말한다.

* 눈앞의 사물을 면대하여 시를 읊었는데 체재는 고체와 금체가 섞여서 5句가 1章을 이루니 古體같기도 하고 七言으로 1句를 이루니 또 今體같기도 하다.(卽事吟詩, 體雜古今, 其五句成章, 有似古體, 七言成句, 又似今體.)(『杜臆』)
* 이는 公이 詩經 三百篇을 배워 그 外形은 버리고 精神을 전한 것이니 命題를 보면 알 수 있다. 또한 스스로 지금 것도 아니요 옛것도 아니라 하니 그 의도를 알 수 있다.(此公學三百篇, 遺貌而傳神者也, 觀命題可見, 而自謂非今非古, 意可知矣.)(『杜詩詳注』)
* "非今亦非古" 五字는 자신의 詩 전부를 말한 것이다. 그 말은 과장 되지 않았으며 格은 우뚝 섰다. 그러므로 漢・魏・六朝의 밖에 자신만의 대청 앞 섬돌을 열어 놓음이다. 경박한 文士들에게는 그들이 마음대로 비웃고 지적하게 하였다. 옛을 모방하지 않고 지금과 어울리지 않는다는 것은 확실히 自信한 것이다. 『杜臆』이 本作品만을 가리킨 것이라 하였으니 어찌 그리 좁은가.(非今亦非古五字, 自道其詩, 語非誇而格獨立, 於漢魏六朝之外, 闢我堂階, 於輕薄爲文之倫, 任渠嗤點. 不擬古, 不諧今, 確然自信. 『杜臆』謂卽指本篇, 何其拘也.)(『讀杜心解』)

解說

눈앞의 사물을 면대하여 시를 지으니 近體詩도 아니요 古詩 또한 아니다.

## ❖제2구 : 長歌激越捎林莽

註

▸長歌 : ① "입에서 나오는 대로 길게 부르니 그 소리는 높고 맑다. 信口長歌, 其聲激越."(『杜臆』) ② "이어진 章 겹으로 된 노래. 連

章疊歌."(『杜詩詳注』) ③ "長歌는 바로 이 詩를 가리키니 통곡 대신에 放聲高歌 즉 목 놓아 소리 높이 부르는 노래다. 長歌卽指此詩, 是長歌當哭之意."(蕭滌非 『杜甫詩選注』) * "長歌當哭" "以歌代哭" : 詩文으로 悲憤之情을 토로할 때 많이 쓴다. ④ "篇幅이 비교적 긴 詩歌다. 篇幅較長之詩歌."(『漢語大詞典』)

▸激越 : ① 감정이 強烈하다. 高潮되다. ② 소리가 우렁차다. 높고 맑게 울리다. ③ 激揚. 激動.

▸捎(소) : (shāo) : 스치다. 건드리다. 바람이 나무·대를 흔드는 것. (shǎo) : 擊打.

▸林莽 : 莽은 (망) (모) 두 음이 있다. 나무가 우거진 것을 林, 풀이 우거진 것을 莽라 한다. 여기에서는 韻을 맞추기 위해 (모)로 읽는다.

解說

목 놓아 소리 높이 부르는 노래는 맑고 높아 수풀을 흔든다.

### ❖제3구 : 比屋豪華固難數

註

▸比屋 : ① 이웃집. ② 家家戶戶. 櫛比한 집.

▸固 : 본래. 본디. 원래. 전부터.

▸數 : 계산하다. 손꼽다. 세다. 거론하다.

解說

즐비한 호화로운 집들은 본래 세기도 어렵다.

### ❖제4구 : 吾人甘作心似灰

註

▸甘 : 진심으로 원하다. 달게 받아들이다. ~을 즐겁게 여기다. ~하기 원하다.

▸作 : 使. 讓. ~하도록 시키다. ~하게 하다. ~하도록 내버려두다. (王鍈의 『詩詞曲語辭例釋』)

▸心似灰 : 『莊子・齊物論』에 "形如枯木. 육신이 죽은 나무와 같다" "心如死灰. 마음이 불 꺼진 재와 같다"는 말이 있다. 흔히 枯木死灰라 쓰며 생기가 없고 의욕이 없는 것을 말한다. 그러나 여기에서는 名利 等 世俗的 慾望을 다 버리고 초월한 상태를 말한다.

解說

이 사람은 기꺼이 마음을 죽은 재와 같이 하였다.

### ❖제5구 : 弟姪何傷淚如雨

註

▸弟姪 : 동생과 조카. 『讀杜詩說』은 동생인 穎・豊・占・觀 四人中 누구의 아들일까를 열심히 추적하였다. 그러나 물론 알 길이 없다. 우리 생각에 子弟가 子만을 뜻하는 偏義複辭이듯 이 弟姪도 弟만 해당되는 것 같다.

▸傷 : 상하다. 다치다. 슬퍼하다. 서럽다.

解說

동생은 무엇이 서러워 눈물이 비 오듯 하는가.

＊ 제2장의 古・莽・數・雨는 上聲 麌韻이다.

제3장

自斷此生休問天, 杜曲幸有桑麻田,
故將移住南山邊.
短衣匹馬隨李廣, 看射猛虎終殘年.

### ❖제1구 : 自斷此生休問天

註

▸斷 : 張相의 『詩詞曲語辭滙釋』에서 斷送이라 하고 過・度의 뜻이니 斷此生은 了此生 즉 所謂終殘年(남은 생을 보내다)이라 하였으며 韓愈의 〈遣興〉을 例로 들었다. 즉 "斷送一生惟有酒, 尋思百計不如閒. 일생을 그럭저럭 보내기에는 오직 술이 있고, 온갖 꾀를 이리저리 생각해도 한가한 것만 못해." 그런데 曹慕樊은 『杜詩雜說』에서 이것을 反駁하고 斷은 判斷이니 杜先生 생각에 이 일생은 더 이상 가망성이 없다고 판단되니 하늘에 물을 것 없다는 것이다 하였다. 다시 成善楷는 『杜詩箋記』에서 이것을 잘못됐다 하고 斷은 『淮南子・說林』에 治의 뜻이 있다고 하였으며 治는 管理니 자기 일생의 일 의식주를 포함해 활동하거나 은거하거나 모든 일을 자기가 管理하고 하늘을 이미 믿지 않거니와 또한 사람에게도 기대지 않겠다는 것이다. 이것이 맞는다는 것이다 하였다. 다 일리가 있거니와 杜先生의 言語驅使는 대단히 複合的이고 多層의 構造라 한 가지 뜻만 나타내지는 않았을 것이라고 判斷되며 杜詩는 이것을 고려하여 풀이하여야 할 것이라 사료된다.

▸問天 : 戰國時代 楚의 屈原은 〈天問〉에서 하늘에 대해 天地萬物, 造化變遷, 存亡興廢, 賢愚善惡 等의 種種 문제에 172項의 의문점을 제기하고 그로써 所以를 밝히고 因果를 探索하여 天理의 뚜렷함, 天道의 是非를 말하고자 하였다. 지금 杜先生의 경우 현실의 교훈은 그로 하여금 앞날이 어떠할지를 충분히 예견할 수 있게 하였으므로 뭐 하늘에 물을 것도 없다는 것이다.(蕭滌非의 말씀)

解說

내 생각하기에 남은 나의 生은 더 이상 가망이 없으며 더 이상 미련도 아쉬움도 없다. 남은 생은 내 마음대로 뜻대로 챙기고 처리하여 보낼 뿐이니 하늘에 물을 것도 없다.

### ❖제2구 : 杜曲幸有桑麻田

註

▸杜曲 : 地名. 長安 남쪽에 있다.

解說

杜曲에는 다행히 뽕밭, 삼밭이 있다.

### ❖제3구 : 故將移住南山邊

註

▸故 : 有意也.(施鴻保) 고의로. 일부러. 마음먹고.

▸南山 : 終南山.

解說

그래서 마음먹고 終南山 기슭으로 옮겨 살리라.

### ❖제4구 : 短衣匹馬隨李廣

註

▸短衣 : 짧은 옷. 옛날 平民과 士卒이 입었다. 短衣와 匹馬는 궁합이 맞았으니 杜甫의 〈送舍弟穎赴齊州〉 詩之三에서도 "短衣防戰地, 匹馬逐秋風"이라 하였다.

▸李廣 : 漢나라의 유명한 장군이며 불우한 것으로 이름났다. 司馬遷은 몹시 애석히 여겨 그를 "桃李不言, 下有成蹊. 복사 오얏꽃은 말을 안 해도 밑에 절로 길이 생긴다."라 하였다. 『史記·李將軍列傳』을 보면 藍田의 南山에 은거하였다. "사냥을 나가 풀 속에 있는 돌을 보고 호랑이라 여겨 쏘았는데 화살촉이 보이지 않게 깊이 박혔는데 보니 돌이었다. 이에 다시 쏘았으나 끝내 돌에 박히지 않았다.

그가 사는 지역에 호랑이가 있다고 들으면 항상 자진하여 쏘았다." 廣出獵, 見草中石, 以爲虎而射之. 中石沒鏃, 視之石也. 因復更射之, 終不能復入石矣. 廣所居郡有虎, 嘗自射之."

➥ 以上의 이야기는 中國에서 비슷한 경우가 꽤 있다.

漢 劉向의『新序・雜事四』에서 "熊渠子가 그 誠心을 보이니 金石이 그 때문에 갈라졌으니 하물며 人心이랴. 熊渠子見其誠心, 而金石爲之開, 況人心乎."라 했고, 『西京雜記』卷五에서 "至誠이면 金石이 그로써 갈라진다. 至誠則金石爲開."라 했으며『論衡・感虛篇』에서 "精誠을 가하면 金石이 이지러진다. 精誠所加, 金石爲虧."라 하였다.

市井에서 흔히 쓰기로는 "精誠所至면 金石爲開라" "精神一到면 金石可透라" 等이 있다.

解說

短衣에 匹馬로 李廣이나 따를까.

### ❖제5구 : 看射猛虎終殘年

註

▸殘年 : (人生의)晚年. 餘生. 老境.

解說

호랑이 쏘아 맞추는 것 보면서 남은 생을 끝낼까.

➥ "杜曲 때문에 南山을 언급하였고 南山때문에 李廣의 호랑이 쏜 일을 언급하였다. 한때의 感慨之情과 豪縱之氣를 거의 누를 수 없었던 것이다. 因杜曲, 故及南山. 因南山, 故及李廣射虎. 一時感慨之情, 豪縱之氣, 殆有不能自掩者矣."(『杜詩詳注』)

➥ 蕭滌非 先生은 張上若의 말을 인용하였다. "맹호를 쏘아 맞추는 것 보겠다함은 그 뜻이 奸惡을 제거하여 쌓인 분을 풀고자함이다. 기꺼이 逸民이 되겠다는 것도 아니니 公.의 뜻을 알 수 있다. 看射猛

虎, 意在除奸惡, 而舒其積憤. 又非甘作逸民者, 可以觀公之志矣."

➥ "이것은 당연히 고의로 狂放한 憤激之辭를 지은 것이다. 그러나 그 성격의 얽매이지 않음과 벼슬길과 속세에 대해 진심으로 혐오함을 또한 알 수 있다. 這當然是故作狂放的憤激之辭, 但也可見其性格的不羈和對仕途・塵世的由衷厭惡."(陳貽焮의 『杜甫評傳』)

➥ 우리 생각에는 短衣・匹馬의 軍士되어 有能한 將帥의 害惡을 除去함을 보는 것이 儒者로써 文에 힘쓰는 것보다 차라리 낫지 않을까 하는 한때의 격분된 감정의 표현이라 본다.

＊ 제3章의 天・田・邊・年은 平聲의 先韻이다.

＊ 曲江의 詩로는 杜甫의 〈曲江〉 二首, 〈曲江對雨〉, 〈九日曲江〉, 〈曲江對酒〉에 견줄 작품이 없다 해도 과언이 아니다. 『全唐詩』를 훑어보니 曲江에 관한 作品이 금방 百首가 된다. 도저히 여기에 다 소개할 수 없어서 가장 有名한 것 몇 首만 들어보겠다.

☛ **參考(一)**

〈曲江〉 李商隱

望斷平時翠輦過, 空聞子夜鬼悲歌.
金輿不返傾城色, 玉殿猶分下苑波.
死憶華亭聞唳鶴, 老憂王室泣銅駝.
天荒地變心雖折, 若比傷春意未多.

〈곡강〉 이상은

太平時代의 비취 步輦(보련) 찾아오나 아무리 바라보아도,
한밤중 귀신의 슬픈 노래만 부질없이 들리네.
황금수레 傾國傾城의 絶色 楊貴妃는 돌아오지 않고,

珠玉殿閣만 오히려 下苑의 물결을 향하고 있다.
陸機는 죽으면서 華亭 학울음 듣는 것 회상했고,
索靖은 늙어가며 王室 걱정해 구리낙타보고 울었다.
天地가 荒凉해지고 激變하여 마음이 찢어져도,
美人의 죽음으로 봄이 서러운 것에 비하면 그 의미는 깊지 않으리라.

▷望斷 : 斷은 盡, 極이다.
▷平時 : ① 太平時代. ② 平日. 平常時.
▷翠輦 : 翡翠의 깃털로 장식한 輦. 輦은 가마의 일종이다.
▷子夜 : 子時의 밤. 子時는 밤 11시에서 새벽 1시까지다.
▷金輿 : 황금수레.
▷玉殿 : 曲江에 있는 殿閣, 樓臺.
▷分 : 대하다. 향하다.
▷下苑 : 曲江의 별칭. 아랫 동산.
▷제5구 : 晉의 陸機는 사형을 당하기 전에 華亭(자기 옛집 옆의 골짜기 이름이다)의 학 울음소리를 어찌 다시 들을 수 있으리 하며 탄식했다.
▷제6구 : 晉의 索靖(삭정)은 천하가 어지러울 것을 예견하고는 洛陽 대궐문 앞의 銅駝(구리로 만든 낙타)를 가리키며 반드시 너희들을 가시덤불 속에서 볼 것이다 하며 탄식했다.
▷天荒地變 : 5구의 개인적 비극과 6구의 국가적 재난을 가리킨다.
▷傷春 : 楊貴妃같은 美女가 죽는 슬픔을 말한다.

☛ **參考(二)**

〈與同年李定言曲水閑話戲作〉 李商隱

海燕參差溝水流, 同君身世屬離憂.

相攜花下非秦贅, 對泣風前類楚囚.
碧草暗侵穿苑路, 珠簾不捲枕江樓.
莫驚五勝埋香骨, 地下傷春亦白頭.

〈同年인 李定言과 曲江에서 한담하다 끼적거리다〉 이상은

바다제비 어긋나고 개울물 갈라져 흐르듯,
그대와 내 신세는 똑같이 이별의 서러움을 갖고 있다.
서로 손잡고 꽃 아래 오니 분명 秦나라 데릴사위는 아닌데,
마주보고 바람 앞에 흐느끼니 楚나라 囚人과 흡사해.
푸른 풀은 동산을 관통하는 길에 살며시 침입하고,
구슬발은 강물을 베고 있는 누각에서 걷지 않았다.
五勝 아래 묻힌 미인의 뼈 놀라게 말지니,
地下일 망정 봄이 서러워 또한 머리가 하얗게 세리라.

▷同年 : 같은 해 과거에 함께 급제한 사람. 同榜.
▷曲水 : 曲江.
▷海燕・溝水 : 어긋나 날고 갈라져 흐르는 것으로 李商隱과 李定言이 모두 이별의 아픔을 가진 것을 나타냈다.
▷秦贅 : 贅는 贅婿(췌서) 즉 데릴사위. 데릴사위는 옛날에 천시 받던 존재인데 秦나라에서 더욱 심하였다.
▷楚囚 : 『左傳・成九年』에 보면 晉나라 임금이 鍾儀를 보자 물었다. 남쪽나라 갓을 쓰고 묶인 자는 누구인가 하니 담당관이 말했다. 鄭 나라에서 바친 楚나라 囚人입니다. 楚囚는 이처럼 본래 포로가 된 楚나라 사람이라는 뜻인데 후에는 곤경에 처한 사람을 뜻하게 되었다.
▷枕 : 베다는 뜻인데 나아가 접근하다 다가가다로 쓰인다.
▷五勝 : 五行이 相勝함. 즉 水勝火 물은 불을 이기고, 火勝金 불은 쇠를 이기고, 金勝木 쇠는 나무를 이기고, 木勝土 나무는 흙을 이

기고, 土勝水 흙은 물을 이긴다. 여기에서는 曲江의 물을 가리킨다.

☛ **參考(三)**

〈暮秋獨遊曲江〉 李商隱

荷葉生時春恨生, 荷葉枯時秋恨成.
深知身在情長在, 悵望江頭江水聲.

〈晩秋에 홀로 曲江에 노닐다〉 이상은

연잎 생길 때 처음 만나 春恨이 생기더니,
연잎 마를 때 영영 떠나 秋恨이 익었다.
확실히 알겠다 육신이 있는 한 정은 영원히 있는 것을,
서글피 강머리에서 보면 강물만 소리내 흐른다.

## 3. <敬贈鄭諫議十韻>(五言排律)

諫官非不達, 詩義早知名.
破的由來事, 先鋒孰敢爭.
思飄雲物動, 律中鬼神驚.
毫髮無遺憾, 波瀾獨老成.
野人寧得所, 天意薄浮生.
多病休儒服, 冥搜信客旌.
築居仙縹緲, 旅食歲崢嶸.
使者求顔闔, 諸公厭禰衡.
將期一諾重, 歘使寸心傾.
君見途窮哭, 宜憂阮步兵.

### ❖詩題

註

▸諫議 : 諫議大夫를 말한다. 門下省에 소속되어 있는데 정원이 4人이었다. 임금에게 잘못을 고치도록 간하는 일을 맡았다.

解說

〈鄭 諫議大夫에게 삼가 드리는 十韻의 詩〉

### ❖제1·2구 : 諫官非不達, 詩義早知名.

註

▸諫官 : 直言으로 勸告하고 타이르는 일을 맡은 관리.
▸達 : 顯達. 관직에 나가 높은 지위에 오름. 입신출세함.
▸詩義 : 詩의 含意. 즉 詩의 內包된 뜻, 내용.

▸知名：① 어떤 사람의 명성이나 이름을 들어서 앎. ② 명성이 세상에 알려짐.

➥ 諫議大夫를 지낸 鄭氏 중에서 詩에 능한 사람은 없었다. 따라서 鄭氏는 創作에는 손색이 있으나 詩를 꽤 이해하고 좋아한 사람인 듯하다. 그래서 詩로 그를 추어올리고 이야기를 풀어 나갔는데 지나쳐서 詩歌史上 最高의 詩人이 되고 말았다.

解說

諫官 자체로도 크게 출세하지 않은 것은 아니나 일찍부터 명성이 세상에 알려짐은 詩義 때문입니다.

### ❖제3 · 4구 : 破的由來事, 先鋒孰敢爭.

註

▸破的：화살이 과녁을 맞힌다는 말인데 發言이 정곡을 찌르는 것의 비유로 쓰였다.

▸由來：① 원래부터. 전부터. ② 유래. 내력.

▸事：4구의 爭과 對가 되니 동사로 쓰였다. 종사하다. 실천하다.

▸先鋒：싸움에 있어 선두부대를 이끌고 적을 맞이하는 장수.

➥ 文士의 뛰어남을 칭찬하는데 武士의 일로 비유함이 교묘하다.

解說

원래부터 과녁 꿰뚫음에 종사하였으며 先鋒으로 앞장서니 그 누가 감히 다투려 하겠습니까?

### ❖제5 · 6구 : 思飄雲物動, 律中鬼神驚.

註

▸思：詩想.

▸飄：飄逸함. 바람에 날려 오르듯 뛰어남.

▸雲物 : 구름 자체를 나타내는데 景物이나 景色을 뜻하기도 한다.

▸動 : 感動시킴. 雲物動과 鬼神驚은 〈毛詩序〉의 "故正得失, 動天地, 感鬼神, 莫近於詩. 고로 得失을 바르게 하고 天地를 감동시키며 鬼神을 느끼도록 함에 詩보다 더 절실한 것은 없다."를 염두에 두고 쓴 것이다.

動字가 『杜詩詳注』에서는 外字로 되어있다. 이 外字는 6구의 驚과 對가 되니 動詞로 쓰였으며 超越, 超出, 超脫의 뜻이 있다.

▸律 : 詩의 格律이니 詩의 字數 · 句數 · 對仗 · 平仄 · 押韻 등 方面의 格式과 規律을 말한다.

▸中 : 들어맞다. 부합하다. 이때 中은 去聲이다.

➥ 눈치 빠른 사람은 금방 느낄 수 있으니 제5구는 李白에 관한 評 같고 제6구는 杜甫 自身을 論한 것 같다는 것이다.

**解說**

詩想의 飄逸함이여! 구름장도 감동시킬만하며, 詩律의 들어맞음이여! 귀신도 놀라게 할 만합니다.

### ❖제7 · 8구 : 毫髮無遺憾, 波瀾獨老成.

**註**

▸毫髮 : 앞의 〈贈特進汝陽王二十韻〉에서 자세히 설명하였다. 간단히 다시 말하면 十毫가 一釐가 되고 十釐가 一分이 되며 十分이 一寸이 된다는 것이니 一毫는 0.023mm 내지 0.03mm가 된다. 또한 十毫가 一髮이 되며 十髮이 一釐가 된다고도 한다. 그러면 一髮도 0.023mm 내지 0.03mm가 된다. 이렇게 어렵게 따질 것 없다. 毫髮은 가늘고 짧은 털이라 하면 아주 수월하며 극히 미세한 것을 비유함이라 보면 된다.

▸遺憾 : 마음에 차지 아니하여 섭섭하거나 불만스럽게 남아있는 느

낌. 제7구는 제6구를 다시 설명한 것이다. 즉 詩律의 엄격함이 완벽하다는 말씀이다.

▸波瀾 : 波浪. 잔물결과 큰 물결. 『爾雅・釋水』에서 "大波爲瀾. 큰 물결이 瀾이다."라 하였다. 波瀾은 波瀾萬丈이라 흔히 쓰듯 순탄하지 아니하고 어수선하게 계속되는 여러 가지 어려움이나 시련을 뜻하였다. 그러나 여기에서 가지를 쳐 문장의 기복이나 변화도 나타내게 되었다. 아주 간단히 표현한다면 자유분방이라 해도 가능하겠다.

▸老成 : 그런데 波瀾은 아차 잘못하면 어수선하게 되기 쉽다. 그래서 필요한 것이 老成이다. 이 老成은 많은 경험을 쌓아 아주 익숙하며 온건하고 신중한 것을 말하는데 詩文에 있어서는 功力이 深厚함을 뜻한다. 老熟, 老鍊도 같은 뜻이다.

▸제8구는 제5구의 敷衍이라 하겠다. 제5구는 飄라 하여 바람을 제8구는 波瀾이라하여 물을 썼는데 다 변화가 심한 것이 특징이다.

**解說**

詩律의 엄격함은 터럭만큼도 유감이 없으며 詩想의 기복 변화는 유독 노성하십니다.

### ❖제9・10구 : 野人寧得所, 天意薄浮生.

**註**

▸野人 : ① 선비가 자신을 겸손하게 부르는 말. ② 庶人. 平民. ③ 城內가 아니고 郊野에 사는 사람. 즉 촌놈이다. ④ 粗野한 사람.

▸寧 : 편안하다. 평온하다. 이때에는 平聲이 되고 어찌・차라리의 부사로 쓰일 때에는 去聲이 된다. 『杜詩詳注』에서 "野人失所. 野人이 제자리를 잃었다."라 하여 "어찌 제자리를 얻을 수 있으리오"로 해석한 듯한데 『讀杜心解』도 "寧能得所. 어찌 제자리를 얻을 수 있으리오"라 하여 寧을 부사로 보았다. 그런데 이 作品은 排律로

上下 두 句는 對가 되어야 한다. 10구에서 薄이라고 하였으면 9구의 寧도 安寧하다로 하여야 들어맞는 것이다.

▶得所 : 편안히 살 곳을 얻거나 자신에게 적합한 벼슬이나 지위를 차지하는 것을 말한다. 이 말은『詩・魏風・碩鼠』의 "樂土樂土, 爰得我所. 즐거운 땅이여 즐거운 땅이여, 내 편히 살 곳을 얻었도다." 에서 나왔다.

▶薄 : 야박하게 대하다. 박대하다. 푸대접하다.

▶浮生 : 덧없는 인생을 말하는데 이 말은『莊子・刻意』에서 유래한다. "生은 떠있는 것 같고 死는 쉬는 것과 같다. 其生若浮, 其死若休." 즉 사람이 세상에 사는 것은 두둥실 떠 정해진 곳이 없으므로 이렇게 부르는 것이다.

▶제9・10구는 도치로 보아 10구부터 해석함이 순통하다.

解說

제 타고난 팔자 운명이 기박하니 하늘이 저를 박대하심이라. 이 野人은 하늘이 주시고 운명이 준 그 자리에 편히 있고자 하였습니다.

**❖제11・12구 : 多病休儒服, 冥搜信客旌.**

註

▶休 : 停止하다. 休息하다. (멈추다. 머물다. 쉬다.)

▶儒服 : 儒家의 복장. 杜甫는 자신을 腐儒라 칭하곤 하였다. 儒服을 입은 고지식한 선비라는 말이다. 〈江漢〉에서 보면 그는 확실히 병 많은 儒者였다. "江漢思歸客, 乾坤一腐儒. …… 落日心猶壯, 秋風病欲蘇. ……. 江漢에서 돌아갈 생각하는 사람, 天地間의 한 腐儒인데. …… 落日에 마음은 오히려 씩씩하여지고, 秋風에 병은 나으려하니. ……" 儒服에 쉬고 있다는 것은 즉 白頭 간단히 말해 벼슬 못하고 감투를 못 썼다는 말이다. 紫袍金帶, 金印玉帶, 高軒冠冕,

高蓋駟馬는 다 남의 일이요 자신과는 천리만리 떨어졌다는 것이다. 그러니 자기는 죽으나 사나 儒服 신세인데 그것이 多病때문이요 그 多病은 하늘의 뜻이니 팔자라는 한탄인데 거기에 편안하게 있다고 이기죽거렸다.

▶冥搜 : 冥討. 探幽. 幽深하고 奧妙한 아름다움을 찾는 것. 즉 各處의 名勝地를 찾는 것이다. 그런데 蕭滌非 先生은 唐人들은 詩라는 것이 힘들여 찾아낸 結果인지라 作詩하는 것을 冥搜라 한다고 하였다. 사람들은 대개 두 가지 뜻을 겸하여 쓰고 있는 것 같다.

▶信 : 任 즉 맡기다.

▶客旌 : 옛날 관리가 사자로 외지에 갈 때 또는 부임할 때에 가지고 가던 旌節 즉 일종의 儀仗인데 여기에서 다시 나그네의 발자취라는 뜻으로 가지를 쳤다.

➥ 『杜臆』 : "'冥搜信客旌'은 杜甫의 가장 적합한 자기 묘사이니 가장 失意하였을 때 가장 得意한 詩가 있는 것을 보면 이는 모두 冥搜의 소득이다. 冥搜信客旌, 老杜自狀最的, 觀其最失意中有最得意語, 皆冥搜之所得也."

解說

하늘이 저에게 많은 병을 주셨는데 다 儒服에 편히 쉬고 있으라는 뜻이겠지요. 또한 조정에서 知制誥(임금의 誥命을 起草하는 것을 관장함)하는 대신 珠玉같은 詩篇을 지으라고 天下 四方의 名勝地를 찾게 하시니 그 또한 나그네의 발자취에 한껏 내맡겨 그대로 실천하였습니다.

### ❖제13 · 14구 : 築居仙縹緲, 旅食歲崢嶸.

註

▶築居 : 살 곳을 짓다. 정말 짓는 것이 아니라 작정한 것을 말한다.

▶仙縹緲 : 縹緲(표묘)는 멀고 어렴풋하다. 가물가물하고 희미하다는 뜻이다. 『杜臆』에서 無定居 즉 일정한 거처가 없음을 말함이다 하였다. 『九家集注杜詩』와 『草堂詩箋』에서는 사는 곳이 높고 아득하다, 마치 신선 사는 곳처럼 찾기 어렵다 하였는데 다 일리가 있지만 杜甫의 當時 居處가 그렇게 아득한 곳에 있었다 하기에는 무리가 있다. 왜냐? 취직하러 여기저기 찾아다녀야 했기 때문이다.

이 13구는 杜先生이 익살을 부린듯하다. 자기가 살 집을 짓자고 하여도 신선처럼 행적과 행방이 어렴풋한 주제에 일정한 거처를 장만할 수가 없다는 것이다. 仙縹緲는 좋게 말하면 그야말로 구름 위에 노는 신선팔자지만 나쁘게 말하면 세상과는 동떨어진 세상에서 버림받은 한심한 처지가 된다.

▶旅食 : 객짓밥을 먹는 것. 즉 나그네살이, 타향살이를 말한다.

▶崢嶸(쟁영) : 한해가 다 가는 것을 말한다. 『文選・鮑照・舞鶴賦』에서 "歲崢嶸而愁暮, 心惆悵而哀離. 한해가 아슬아슬 다 감이여 해 저묾에 시름차고, 마음속 실망이여 이별을 슬퍼하네."라 하였는데 『李善注』에서 "歲之將盡, 猶物之高. 해가 다하려함이 마치 物이 높아 아슬아슬한 것 같다."라 하였다.

解說

가족들과 함께 살 집을 짓자 하여도 있는 듯 없는 듯 가물가물하고 어렴풋한 신선처럼 떠도는 처지라 그 또한 어렵고, 객짓밥 먹고 타향살이 하자니 한해가 또 가버리려고 합니다. 하늘이 저에게 주신 제자리에 편히 있으려 해도 그렇게 되지 않습니다.

### ❖제15・16구 : 使者求顔闔, 諸公厭禰衡.

註

▶顔闔(안합) : 『莊子・讓王』에 나오는 이야기. "魯나라 임금이 顔闔

이 得道한 인물이라 듣고 使者를 보내 幣帛을 올리고 자기의 뜻을 먼저 전하게 하였다. …… 使者가 幣帛을 올리니 顔闔이 使者를 대하여 말했다. '아마 잘못 듣고 오신듯하니 댁이 죄를 질까 두렵소. 자세히 살핌만 못하리라.' 使者가 돌아가 다시 살핀 뒤 또 다시 찾으니 찾을 수 없었다. …… 魯君聞顔闔得道之人也, 使人以幣先焉. …… 使者致幣, 顔闔對曰 : 恐聽謬而遺使者罪, 不若審之. 使者還, 反審之, 復來求之, 則不得已. ……"

▸諸公 : ① 衆 公卿. ② 많은 年老한 長者. ③ 여러 人士들의 泛稱.

▸禰衡(예형) : 앞에서 여러 번 나왔다. 『後漢書 · 文苑列傳』에 실려 있는 漢末의 天才요 奇人이었다. 그가 겨우 弱冠이었을 때 孔融은 이미 사십이었건만 交友가 되었다. 그런대도 그는 항상 말하기를 "大兒는 孔文擧요 小兒는 楊德祖. 나머지는 녹녹한 것들이니 거론할 바 못된다." 하였다. 칭찬이지만 大兒가 무엇인가. 아버지뻘 되는 이에게. 孔融이 曹操에게 적극 천거하였으나 말을 함부로 하고 모욕하였다. 曹操는 노하여 죽이고 싶어도 天下의 名士라 그러지도 못하고 荊州의 劉表에게 보냈다. 劉表는 그의 才名에 감복 賓禮로 대우하였으나 또 오만하게 구니 다시 그를 성미 급한 江夏太守 黃祖에게 보냈다. 黃祖의 長子인 章陵太守인 黃射(황역)이 크게 尊崇하였으나 또 黃祖의 비위를 건드려 살해되니 그때 26세였다.

제15 · 16구는 天寶 6年에 天子가 天下의 人才를 뽑기 위해 시행한 制擧에 宰相 李林甫가 "野無遺賢. 朝廷에 있지 않고 在野에 버려진 인재는 없다."이라 하며 한명도 급제자를 내지 않은 것을 말하며 또한 杜甫가 賦를 올렸으나 結果는 신통치 않은 것을 말한다. 當時의 執政者인 李林甫와 그 手下들은 言路를 막아 玄宗은 天下가 太平한 줄만 알고 聲色에 빠져있었는데 杜甫는 그들에게 자신이 排斥을 받은 것을 이렇게 나타낸 것이다.

解說

魯나라 임금의 使者가 찾던 顔闔같던 저였는데 여러 人士들은 禰衡같이 저를 싫어하였습니다.

❖제17 · 18구 : 將期一諾重, 欻使寸心傾.

註

▸期 : 期待하다. 期約하다.

▸一諾重 : 한번 승낙의 무거움. 『史記 · 季布欒布列傳』에서 曹丘가 말하기를 "楚人 속담에 황금 백근을 얻는 것이 季布의 한마디 승낙을 얻는 것만 못하다. 楚人諺曰 : 得黃金百斤, 不如得季布一諾."라 하였다.

▸欻(훌) : 홀연히. 뜻하지 아니하게, 갑자기.

▸寸心 : ① 그냥 心이다. 옛날에는 心은 方寸之間에 있다하여 그렇게 부른 것이다. ② 心事. 心願. 마음속으로 바라는 일. 念願.

▸傾心 : ① 동경하다. 지향하다. 仰慕하다. ② 盡心. 誠心誠意.

解說

장차 옛 季布의 황금 백근보다 더한 한번 승낙의 무거움을 기대하며 鄭諫議 님을 홀연히 제 마음속으로 동경하며 우러르게 되었습니다.

❖제19 · 20구 : 君見途窮哭, 宜憂阮步兵.

註

▸見 : 知.

▸途窮哭 : 앞에서 여러 번 나왔다. 『晉書 · 阮籍傳』에 의하면 "마음 내키는 대로 수레를 모는데 길을 따라가지 않았다. 그러다 수레바퀴가 더 이상 못 가게 막히면 통곡하며 돌아섰다. 率意命駕, 不由徑

路, 車跡所窮, 輒慟哭而反.” 阮籍의 경우 魏晉의 交替期에 어느 쪽을 따를 수도 없는 것을 길이 막힌 것으로 나타냈는데 杜甫의 경우 出仕・隱居 어느 것도 여의치 않아 또한 길이 막다른 골목에 처한 듯하다고 이를 쓴 것이다.

▶憂 : “哀나 憐이라 하지 않고 憂라 한 것은 그 用意가 있는 듯하다. 대저 哀・憐이라 하면 원조를 구걸함에 그치나 憂라 하면 표류하는 사람이 뱃사공을 못 만난 것을 대신 걱정하는 뜻이 있다. 今按, 不曰哀, 曰憐, 而曰憂, 亦似有用意. 蓋曰哀・曰憐, 則止乞援之意, 曰憂, 則有代慮漂流, 不獲長年之意. ……” 以上은 『讀杜詩說』의 말이다.

▶阮步兵 : 『世說新語・任誕』에 나오는 이야기. “步兵校尉가 缺員 즉 空席이 되었는데 그 廚房에 술 數百斛이 저장되어 있었다. 阮籍이 이에 步兵校尉의 職을 요구하였다. 步兵校尉缺, 廚中有貯酒數百斛, 阮籍乃求爲步兵校尉.” 阮步兵은 步兵校尉 阮籍이다.

**解說**

이 몸이 갈 길이 막혀 통곡하는 것을 아신다면 그 옛날 步兵校尉 阮籍처럼 궁지에 처한 저를 의당 걱정해 주시리라 생각합니다.

➡ 너무나 엉뚱한 해석을 하여 사람을 失笑하게 하는 일이 종종 있다. 浦起龍의 『讀杜心解』는 奇警한 해석으로 무릎을 치게 만드는데 本作品의 경우에는 너무나 동 떨어진 견해를 피력하여 한번 소개해 보겠다.

“『杜臆』에서 말하기를 ‘諫議에게 贈하며 詩만 칭찬하였으니 대저 李林甫가 宰相이 되고부터 諫諍하는 길이 끊어졌으므로 그래서 빈말로 아첨하지 않은 것이다. 그러나 末段處를 고려하면 諫議가 이끌어 주기를 바라는 것이다.’라 하였다. 이렇게 말하면 전후가 모순이 된다. 내 생각에는 대개 杜甫가 불려가 시험을 보았으나 不遇하니 諫議가 이 때문에 不平하여 장차 글을 올려 억울함을 호소할 기약을 하고 義形於色 이라 의로운 기색이 얼굴에 드러남이라 公이 이에 慨然히 감사한 것뿐이다. 시작할 때 諫官을 한쪽으로 밀어놓고 전적으로 詩意만 기린 것은 그 諫諍하는 것이 이루어지지 않은 것을 개탄함이 아니고 胸中에 나의 운명은 궁하다는 것이 은연중 있는 것이며 이것을 人才推薦하는 글로 形容할 필요가 없다는 것이다. 그래서 드디어 要職은 밀어놓고 閒情만을 엮어낸 것이다. 中間의 云云한 것을 보니 모두 제처지에 편히 있다는 말이며 後段의 云云한 것은 사절하는 말이며 장래를 기약하는 말이 아니다.『杜臆』謂：贈諫議, 止贊其詩. 蓋自林甫爲相, 諫諍路絶, 故不作虛辭以諛. 而詮末段處, 則謂望諫議之汲引. 如此說, 前後矛盾矣. 愚意此詩之作, 蓋由召詩不遇, 諫議爲之不平, 將期上狀稱枉, 義形於色. 公則慨然謝之耳. 起手撇開諫官, 專美詩義, 非泛慨其諫不得行, 胸中隱然有我命當窮, 不必形之薦牘之意, 故遂捨要職而綴閒情. 觀其中間云云, 皆安分之辭也. 後幅云云, 乃感而謝却之辭, 非望其將來之辭也."

鄭文의『杜詩檠詁』에서는『杜臆』의 의견이 일리가 있다하고『讀杜心解』에서 말한 鄭諫議의 行動이나 意中이 도대체 무슨 근거가 있어서 그런 해석이 나왔느냐 反駁했다. 또한 當時 言路가 막힌 것을 仗馬之喻로 立證하였다. 즉『新唐書·姦臣傳·李林甫』를 보면 "林甫가 宰相자리에 있은 지 十九年. 총애를 공고히 하고 권력을 농단하며 天子의 耳目을 가리고 속이는데 諫官들은 모두 祿을 받아먹고 살뿐 바른 말 하는 자가 없었다. 補闕 杜璡이 거듭 上書하여 정사를 말하자 下邽令으로 내쳤다. 이에 말로 나머지 사람들을 흔들기를 '明主께서 위에 계시니 群臣들은 순종하기에 겨를이 없는데 무슨 따짐이 있으랴! 그대들은 저 儀仗隊의 화려하게 치장한 말을 왜 못 보았단 말인가? 하루 종일 아무 소리 내지 않으면 三品에 해당하는 콩과 꼴을 배불리 먹지 않는가. 그러나 한번 소리냈다하면 쫓겨나고 만다. 나중에 다시는 소리 내지 않겠다 하여도 되겠는가?' 하니 이로부터 諫言하는 길이 끊어지고 말았다. 林甫居相位凡十九

年, 固寵市權, 蔽欺天子耳目. 諫官皆持祿養資, 無敢正言者. 補闕杜璡再上書言政事. 斥爲下邽令. 因以語動其餘曰 : '明主在上, 群臣將順不暇, 亦何所論? 君等獨不見立仗馬乎? 終日無聲, 而飫三品芻豆. 一鳴, 則黜之矣. 後雖欲不鳴, 得乎?' 由是諫爭路絶."이라 하였다. 그리고 中間에 제처지에 편히 있다는 말과 後段의 사절하는 말 모두 詩 의 내용과 어긋난다고 지적하였는데 모든 사람이 똑같은 생각일 것이라 길게 인용하지 않겠다. 本 詩는 內容이나 形式 모두 平凡하기 짝이 없는데 浦 先生이 왜 이런 풀이를 하였는지 도무지 이해가 가지 않지만 사람이 실수하려면 아주 쉽고 작은 것에서 비롯된다. 그래서 옛날에도 "사람은 산에 걸려 넘어지는 것이 아니고 아주 작고 시시한 개밋둑에 걸려 넘어진다. 人莫蹪于山, 而蹪于垤(『淮南子・人間訓』의 堯戒)라 하였음이라.

## 4. <貧交行>(七言古詩)

翻手作雲覆手雨, 紛紛輕薄何須數?
君不見管鮑貧時交, 此道今人棄如土.

### ❖詩題

註

▸貧交 : 貧賤한 시절의 사귐.

▸行 : 古詩의 한 體裁로 흔히 歌와 함께 歌行이라 부른다.

解說

〈貧賤한 시절 사귐의 노래〉

### ❖제1구 : 翻手作雲覆手雨

註

▸翻手 : 손바닥을 뒤집다. 손등이 아래로 가고 손바닥이 위로 보인다.

▸覆手 : 손을 엎다. 손바닥이 아래로 가고 손등이 위로 보인다. 『杜詩詳注』에서 覆은 음이 "福"이라 하였다. 따라서 덮다로 풀면 안 된다. 덮다는 뜻으로 쓰일 때는 (부)라 읽어야 한다. 翻手·覆手는 아주 쉽게 조금도 망설이지 않고 바뀌는 인심을 뜻한다.

▸雲雨 : 구름이 되었다가 순식간에 비가 되는 것이다. 이 詩가 아주 유명해져서 雲雨는 人情世態의 反覆無常을 比喩하는 말로 쓰이게 되었다.

➥ 翻手는 흔히 反掌으로 쓰인다. 즉 손바닥 뒤집듯이 일이 매우 쉽다는 것이다. 또 한편으로는 잠깐 순식간의 뜻으로도 쓰였다. 우리나라에서는 如反掌 즉 손바닥 뒤집는 것 같다고 하여 아주 쉬운 것을

나타낼 때 흔히 써왔다.

解說

손바닥을 뒤집으면 구름이 되고 손바닥을 엎으면 비가 된다. 잘도 변하고 쉽게 바뀌는구나. 인심이여!

### ❖제2구 : 紛紛輕薄何須數?

註

▸紛紛 : ① 어지러운 모양. 『管子・樞言』에서 “紛紛乎若亂絲. 엉킨 실처럼 어지럽다.”라 하였다. ② 많은 모양. 陶潛〈勸農〉에서 “紛紛士女, 趨時競逐. 수많은 남녀들, 시세 따라 앞 다툰다.”라 하였다.

▸輕薄 : 언행이 愼重・沈着하지 못하고 가벼움. 여기에서는 그러한 사람들을 말한다.

▸何須 : 何必. 구태여 ~할 필요가 있는가? ~할 필요가 없다.

▸數 : 이 詩의 雨・數・土는 모두 上聲 麌韻에 속한다. 數를 上聲으로 읽으면 거론하다, 잘못을 열거하다, 탓하다, 꾸짖다, 책망하다의 뜻이 된다.

解說

수많은 경박한 사람들 구태여 거론하며 탓할 필요가 있겠는가!

### ❖제3구 : 君不見管鮑貧時交

註

▸君不見 : 君不聞으로도 쓰인다. 이때 見이나 聞은 知의 뜻이 된다. 만약 사람들이 정색을 하고 천년 이천년 전의 일을 볼 수 있는가 하고 따지면 할 말이 없다.

▸管鮑 : 春秋時代의 管仲과 鮑叔. 『史記・管晏列傳』에 나오는 이야기를 보자. “管仲이 말하기를 내가 옛날 곤궁할 때 鮑叔과 함께 장

사를 한 적이 있었다. 재물과 이익을 나눔에 내가 많이 차지했으나 나를 탐욕스럽다 하지 않았으니 내가 가난함을 알았기 때문이다. 내가 鮑叔을 위해 일을 꾸민 적이 있었는데 더욱 곤경에 빠지게 했어도 나를 어리석다 여기지 않았으니 時勢에 有利함과 不利함이 있는 것을 알았기 때문이다. 내가 세 번 벼슬하여 세 번 쫓겨났어도 나를 못났다 여기지 않았으니 내가 때를 만나지 못했음을 알았기 때문이다. 내가 세 번의 전투에서 세 번 다 달아났어도 나를 겁 많다고 여기지 않았으니 나에게 老母가 계심을 알았기 때문이다. 나와 召忽이 섬기던 公子 糾가 패하자 召忽은 죽었으나 나는 갇혀서 욕을 당해도 내가 부끄러움을 모른다고 여기지 않았으니 이는 내가 小節을 부끄러워하지 않고 功名이 天下에 드러나지 않음을 부끄러워한다는 것을 알았기 때문이다. 나를 낳은 이는 부모나 나를 알아주는 이는 鮑叔이다. 管仲曰 : 吾始困時, 嘗與鮑叔賈, 分財利, 多自與, 鮑叔不以我爲貪, 知我貧也. 吾嘗爲鮑叔謀事, 而更窮困, 鮑叔不以我爲愚, 知時有利不利也. 吾嘗三仕. 三見逐於君, 鮑叔不以我爲不肖, 知我不遭時也. 吾嘗三戰三走, 鮑叔不以我爲怯, 知我有老母也. 公子糾敗, 召忽死之, 吾幽囚受辱, 鮑叔不以我爲無恥, 知我不羞小節, 而恥功名不顯於天下也. 生我者父母, 知我者鮑子也.”

➡ 흔히 “管鮑之交”라 하는데 交는 사귀다라는 뜻 말고 본래는 섞이다, 엇갈리다는 뜻이 된다. 이렇게 일방적으로 이해하고 감싸주면 交가 될까 의문이 든다. 차라리 鮑叔의 度量·雅量·理解心이 더 適合하지 않을까 하는 생각도 해 본다. 또한 사람들은 상대가 鮑叔이 되기를 바랄뿐 自己가 鮑叔이 되어보겠다고는 생각하지 않는다.

**解說**

사람들은 모르는가! 管仲과 鮑叔의 貧賤할 때의 사귐을.

### ❖제4구 : 此道今人棄如土

註

▸道 : 道理. 즉 친구사이에 마땅히 행하여야 할 바른 길.

▸今人 : ① 嚴武와 평소 친하였다. 그가 西川을 鎭守할 때에 가서 의지하였는데 杜甫가 술에 취해 그의 침상에 올라 嚴挺之에게 이런 아들이 있다니 하였다. 嚴武가 칼을 들고 죽이려 하였는데 어머니가 만류하여 그만두었다. 처음에는 심히 후대하였는데 지금 작은 일로 죽이려하니 경박함이 이와 같지만 어찌 따질 수 있으랴.(『補注杜詩』) ② 賦를 바친 뒤 서울에 머물 때 친구들이 돌보아주지 않자 이를 지은 것이다.(『補注杜詩』) ③ 高適 때문에 지은 것인 듯하다.(『補注杜詩』) ④ 交際하는 도리가 각박하여진 것을 보고 傷今思古 즉 오늘날에 마음 상해 옛날을 생각한 것이다.(『杜詩詳注』) 따라서 杜甫 當時의 불특정다수가 된다. 원래 머리에 든 것은 많으나 손에 쥔 것이 없는 사람은 자존심도 잘 상하고 섭섭한 일이 많은 법이다. 今人을 꼭 누구라고 지적하기는 어렵다,

解說

이러한 친구사이에 지켜야할 도리를 지금 사람들은 흙처럼 버린다.

➥ 『杜臆』 : "行止四句, 恐非全文. 歌行體로 4句밖에 안되니 아마 완전한 한 首의 作品이 아닌 듯하다.

➥ 『杜詩詳注』와 『杜詩鏡銓』에 인용된 『杜臆』 : "作行只此四句, 語短而恨長, 亦唐人所絶少者. 歌行體를 짓는데 다만 4句로 하였으나 말은 짧아도 원한은 기니 이 또한 唐人의 아주 드문 바이다."

➥ 『讀杜心解』 : "詩如謠, 樂府體也. 只起一語, 盡千古世態. 詩가 노래와 같으니 樂府體다. 다만 起句 즉 始作되는 부분은 千古의 人情世態를 다 그려낸 것이다."

## 5. <白絲行>(七言古詩)

繰絲須長不須白, 越羅蜀錦金粟尺.
象牀玉手亂殷紅, 萬草千花動凝碧.
已悲素質隨時染, 裂下鳴機色相射.
美人細意熨貼平, 裁縫滅盡針線跡.
春天衣著爲君舞, 蛺蝶飛來黃鸝語.
落絮游絲亦有情, 隨風照日宜輕擧.
香汗淸塵汙顏色, 開新合故置何許?
君不見才士汲引難, 恐懼棄捐忍羈旅.

### ❖詩題

註

▸白絲 : 누에고치에서 막 켜낸 흰 실을 말한다.

▸行 : 古詩의 한 體裁로 흔히 歌와 함께 歌行이라 부른다.

➡『杜詩鏡銓』: "白絲行은 바로 墨子가 흰 실을 슬퍼한 뜻이다. 士人들이 時勢에 아첨하여 지조를 잃고 끝내는 버려지고 마니 그래서 뜻있는 사람은 차라리 貧賤을 지키는 것이다. 全首가 興에 의탁하였으며 正意는 다만 맺는 곳 한군데에 있다. 白絲行, 卽墨子悲素絲意也. 歎士人媚時, 徒失其身, 終歸棄置. 故有志者, 寧守貧賤也. 全首託興, 正意只結處一點.

➡陳貽焮 : 一般 士人들에 대한 탄식뿐 아니라 그 속에는 자신이 근래 또한 벼슬에 열중하여 몸 굽히고 무릎 꿇어 여러 방법으로 이를 구하던 한탄도 있다. 자신도 그러한 士人들과 같은 지경에 떨어진 것을 반성하고 百感이 交集하여 이러한 "有激之詞"를 내놓은 것이다.

➥ 『杜詩鏡銓』: "총명한 心思와 아름다운 言語는 그대로 溫庭筠과 혹사하다. 公의 詩는 정말 없는 것이 없다. 慧心香口, 直似飛卿, 公詩眞無所不有."

**解說**

〈흰 실의 노래〉

### ❖제1·2구 : 繰絲須長不須白, 越羅蜀錦金粟尺.

**註**

▸繰(소) : 누에고치에서 실을 켜는 것.

➥ 『杜臆』: "不須白은 世情(세상물정·사회상황)에 입각해 立論한 것으로 憤激하는 말이다. 不須白, 就世情立論, 乃憤激語."

➥ 『杜詩鏡銓』: "首句는 激動됨이 있는 말이다. 奔競之徒(① 名利를 追求하여 奔走 競爭하는 무리 ② 벼슬을 얻기 위해 막후·물밑에서 엽관운동을 하는 무리)들이 벼슬·지위가 높아지는 榮進만을 바랄뿐 名分과 節義를 돌보지 않는 것을 비유함이다. 首句乃有激之詞, 喩奔競之徒, 但希榮進, 不須名節也."

▸越羅 : 越땅에서 나는 비단. 가볍고 부드러우며 精緻(정교하고 치밀함)한 것으로 이름났다.

▸蜀錦 : 錦은 색채와 무늬가 화려하고 톡톡하며 비단 중 최고로 치는 것인데 蜀 에서 나는 것을 그중 제일로 꼽았다.

▸金粟尺(금속척) : 金粟은 금 알갱이인데 대체로 금속으로 된 것이면 금이라 좋게 말하였다. 금속 알갱이를 박아 눈금을 표시한 자를 말한다. 사오십년 전만해도 옷을 집에서 해 입었으므로 집집마다 자가 있었는데 대개 놋쇠나 백통으로 눈금을 표시하였다. 이것을 근사하고 멋있게 말하면 金粟尺이 되겠다. 『杜詩詳注』에서 "金粟으로 장식한 자니 부귀한 집의 물건이다. 尺以金粟飾之, 富貴家之物."이라 하였는데 장식하였다함은 조금 어긋난다 하겠다. 눈금의 표시는 實

用이지 치장이 아닌 것이다.

解說

고치에서 실을 켜는데 길어야 하지 휠 필요는 없단다. 이 실을 가지고 물들이고 짜서 越羅와 蜀錦을 만드니 남은 일은 金粟尺으로 마름함이다.

### ❖제3 · 4구 : 象牀玉手亂殷紅, 萬草千花動凝碧.

註

▶象牀 : 상아를 박은 베틀. 또는 베틀의 美稱일 뿐이다. 상아로 만든 베틀은 實在與否가 의문이고 또한 상아가 무르고 연하기 때문에 틀로는 사용하기 어렵다. 臺灣의 故宮博物院에 진기한 돗자리가 있는데 상아를 가늘고 곱게 켜서 짠 것이다. 아주 깨끗하고 아름답게 생겼는데 그곳의 硏究員들 말씀이 사용한 적이 없는 물건이란다. 아무리 황제와 그 일족이라도 이것을 단지 감상용으로 보았지 實用品으로 사용하지는 못 하였다는 것이다. 돗자리도 그러한데 하물며 베틀에 있어서랴!

▶玉手 : 비단 짜는 여인의 섬섬옥수(纖纖玉手).

▶亂 : 『杜詩詳注』에서 經緯錯綜(날줄과 씨줄이 뒤섞임)이라 하였다. 그런데 杜甫는 亂을 滿의 뜻으로 잘 쓴다. 예는 생략하겠는데 亂字를 만날 때 滿으로 해석하면 무리가 없다.

▶殷紅(안홍) : 赤黑色. 검붉은 빛.

▶萬草千花 : 많은 풀과 꽃. 殷紅의 바탕에 푸른 草 · 花무늬가 있는 것이다.

▶動 : 피어나다. 搖動치다. 閃爍(섬삭) 즉 번쩍하고 빛남.

▶凝碧 : 濃碧. 짙은 녹색.

➡ 무식한 우리생각에 殷紅은 검붉은 모란꽃이 유명하니 꽃무늬가 되

고 萬草千花가 動凝碧한다면 草는 맞는데 花가 짙은 녹색이 됨은 예가 없으니 萬草千葉이 아닐까 하는 것이다. 물론 사실적이 아닌 도안이나 무늬는 얼마든지 녹색의 꽃도 가능하지만 말이다.

解說

象牙 베틀의 섬섬옥수에 검붉은 빛 가득하고 만 가지 풀 천 가지 꽃은 짙은 녹색이 번쩍한다.

**❖제5·6구 : 已悲素質隨時染, 裂下鳴機色相射.**

註

▸悲素質 : 『墨子·所染』에 墨子가 흰 실을 물들이는 것을 보고 탄식하여 가로되 "푸르게 물들이면 푸르게 되고 누렇게 물들이면 누렇게 된다. ……물들임은 신중하지 않으면 안 된다. 染於蒼則蒼, 染於黃則黃. ……故染不可不愼也."라 하였다. 文學作品에 많이 쓰였으니 三國時代 阮籍의 〈咏懷〉23에서 "楊朱泣岐路, 墨子悲染絲. 楊朱는 갈림길에서 울었고, 墨子는 실 물들이는 것을 보고 슬퍼했다."라 하였다. 素質은 흰 바탕. 質은 바탕이란 뜻으로 쓰이니 검은 바탕에 배에 흰 무늬가 아롱진 산무애뱀을 黑質白章이라 한다.

▸隨時 : 그 時代의 趨勢에 順應함. 그 시대의 요구에 적합함.

▸裂下 : 잘라서 내려오다. 下는 動詞로 쓰임.

▸鳴機 : 소리 내는 베틀. 鳴은 울다가 아니고 소리 내다는 뜻이다. 〈古詩十九首〉 其十에서 "迢迢牽牛星, 皎皎河漢女. 纖纖擢素手, 札札弄機杼. ……멀고 먼 견우성이여, 환한 은하의 여인이로다. 가늘고 고운 손을 내어, 찰칵 찰칵 베틀 놀린다. ……"라 하였으며 『樂府詩集』의 〈木蘭詩〉 二首之其一에서 "喞喞復喞喞, 木蘭當戶織. 不聞機杼聲, 唯聞女歎息. 찰칵 또 찰칵, 木蘭은 창을 마주하고 베 짠다. 베틀의 소리는 들리지 않고, 다만 女息의 탄식만 들린다."라

하여 예부터 베짜는 소리는 詩歌에 많이 등장하였다.

▶射(석) : (밝게) 비치다. 쪼이다. 射는 (석)으로 읽어야 운이 맞는다. 즉 白・尺・碧・射・跡 모두 入聲 陌韻에 속한다. 後半의 舞는 上聲 麌韻에 속하고 語・擧・許・旅는 上聲 語韻에 속하는데 麌韻과 語韻은 옛날에 通用되었다.

解說

흰 바탕이 時代의 趨勢에 따라 물들여지는 것을 賢人들은 슬퍼했건만 아랑곳하지 않고 색색으로 물들여 짜내고 소리 내는 베틀에서 잘라내니 빛깔은 서로 비친다.

### ❖제7・8구 : 美人細意熨貼平, 裁縫滅盡針線跡.

註

▶細意 : 細心. 세심하다. 주의 깊다. 면밀하다.

▶熨 : 다리미일 때에는 (위)로 읽고 다리다일 때에는 (울)로 읽는다. 熨貼은 熨帖으로도 쓴다. 다리미로 다리는 것이다.

▶裁縫 : 裁는 옷감을 가위로 마르는 것이고 縫은 바느질하는 것이다.

▶針線 : ① 바늘과 실. ② 바느질. 재봉. 자수의 총칭.

➥ 바늘과 실의 자국을 없애면 이른바 "天衣無縫"이 생각난다. 옷을 기막히게 잘 지었다는 것을 이로써 말함인데 『杜臆』이나 『讀杜心解』는 比喩와 象徵이 있다고 풀어냈다. 『杜臆』에서 "士가 때를 얻으면 추함도 고움이 된다. 그래서 바늘과 실의 자국이 없어진다고 한 것이다. 士得時則媸亦成姸, 故云滅盡針線跡."라 하였는데 글쎄올시다. 『讀杜心解』에서는 "細意熨貼"・"滅盡針線"은 (출세한 사람의) 性情이 나긋나긋하고 푹 익어서 骨氣가 없는 것이다. "細意熨貼・滅盡針線, 形容其軟熟無骨."이라 하였는데 너무 나간 것 아뇨 할 수도 있겠다.

**解說**

美人이 세심하게 다림질하여 판판하게 만들고 마르고 바느질하는데 바늘과 실의 자국은 없었다.

### ❖제9 · 10구 : 春天衣著爲君舞, 蛺蝶飛來黃鸝語.

**註**

▸春天 : 봄날. 天은 날로 쓰이니 今天은 今日이다.

▸衣著(의착) : 衣는 平聲이면 옷, 去聲이면 입다가 된다. 여기에서는 去聲으로 쓰였다. 著도 입다는 뜻이다.

▸蛺蝶(협접) : 호랑나비. 보통 나비를 말할 때는 胡蝶이라 한다.

▸鸝(리) : 꾀꼬리. 꾀꼬리는 노란색이므로 黃字를 붙여서 쓴다.

▸語 : 벌레나 새 짐승 등의 울고 지저귀고 울부짖는 것을 말한다.

**解說**

봄날 그것을 입고 님 위해 춤추니 호랑나비 날아오고 꾀꼬리도 지저귄다.

### ❖제11 · 12구 : 落絮游絲亦有情, 隨風照日宜輕擧.

**註**

▸落絮 : 떨어지는 柳絮. 버들 솜을 말한다.

▸游絲 : 遊絲. 거미와 같은 벌레들이 토해내 공중에서 날리는 실.

▸亦有情 : 호랑나비나 꾀꼬리는 생명이 있으므로 당연히 정이 있지만 버들 솜이나 실은 생명이 없으므로 정이 없을 것이다. 그러나 지금 보니 그렇지 않다는 것이다.

▸宜 : 어울리다. 합당하다. 알맞다. 적당하다.

▸輕擧 : 가볍게 들리다. 舞衣가 가볍게 날리는 것을 말한다.

➥ 『九家集注杜詩』 : "落絮와 游絲의 有情함이여, 또한 미인의 춤에

함께 하는 것 같다. 蓋絮絲之有情, 亦若同美人之舞也."

➥ 『杜詩詳注』: "나비가 춤추는 모습에 따라오고 꾀꼬리가 노랫소리에 응답하며 落絮와 游絲가 風日을 타고 옷 앞에 잇닿는 것은 人情의 뒤따르며 아부함이 많다는 것을 비유함이다. 蝶趁舞容, 鸝應歌聲, 落絮游絲乘風日而綴衣前, 比人情趨附者多.

解說

떨어지는 버들 솜 떠도는 벌레의 실도 또한 정이 있어서 바람 좇고 해에 비치며 가볍게 들리는 舞衣와 어울린다.

### ❖제13 · 14구 : 香汗淸塵汙顏色, 開新合故置何許?

註

▸香汗(향한) : 미인의 땀. 미인이 언제나 향을 몸에 지니므로 향에 젖은 땀이라고 논리적으로 설명할 수도 있다. 그러나 아름답고 고귀한 것에 香字를 붙이게 마련이니 李賀의 〈秋來〉에서 "비 차가운데 香魂은 書生을 위로한다. 雨冷香魂弔書客."이라 하였으니 香魂은 뛰어났지만 억울하고 분하게 죽은 옛 詩人의 넋을 말한다. 香氣로운, 향내 나는 넋이라 하기에는 좀 거시기하다.

▸淸塵 : "깨끗하고 가벼운 먼지. 淸輕之塵埃."라고 사전에서 풀이하였다. 우리는 보통 고운 먼지라 쓴다.

▸汙(오) : 汚와 같다. 더럽다. 불결하다. 더럽히다. 더러움. 때.

▸顏色 : 우리는 보통 얼굴빛의 뜻으로 쓰나 중국에서는 色彩 즉 빛깔, 색깔의 뜻으로 쓰인다. 顏料도 얼굴과는 상관없지 않은가.

▸開新合故 : 새 옷이 있는 농을 열고 옛 옷을 둔 상자를 닫는다. 즉 새 옷을 꺼내고 옛 옷은 넣어둔다는 말이다.

▸何許 : 何處. 어디. 어느 곳. 置何許는 어디에 두겠는가? 즉 버리고 다시는 거들 떠보지 않는다는 말이다.

解說

미인의 땀과 고운 먼지가 빛깔을 더럽히니 새 옷을 꺼내고 헌 옷은 넣어 어디에 두겠는가?

### ❖제15 · 16구 : 君不見才士汲引難, 恐懼棄捐忍羈旅.

註

- ▸才士 : 才能과 德行이 있는 사람. 대개 글이 뛰어난 사람을 가리킨다.
- ▸汲引 : 본래 아래로부터 위로 물을 길어 올림을 뜻한다. 여기에서 발전하여 推薦 · 薦擧 · 拔擢의 뜻으로 쓰인다.
- ▸難 : 어렵게 여기다. 두려워하다. 부담스럽게 생각하다. 이때에는 去聲이 된다.
- ▸棄捐(기연) : 捐은 버리다. 덜다. 기부하다. 지출하다. 棄捐은 ① 버리다. 제쳐놓다. ② 특히 선비가 시대를 잘 못 만나거나 여자가 남편에게 버림받았을 때 쓴다.
- ▸羈旅(기려) : 타향살이. 타향살이 하는 사람.

➥『杜詩詳注』: "한번 먼지와 땀이 빛깔을 더럽히게 되면 어디에 버려두겠는가? 繁華함이 홀연 零落함을 알 수 있다. 선비는 그래서 이것을 거울삼아 천거 · 발탁됨을 가볍게 받아들이지 않고 타향살이를 달게 堪耐하니 진실로 두려워함은 하루아침에 버려지면 헌 옷과 같아짐이다. 一經塵汗汙顔, 棄置何所, 見繁華忽然零落矣. 士故有鑒於此, 不輕受汲引而甘忍羈旅, 誠恐一旦棄捐, 等於敝衣耳."

解說

사람들은 모르는가. 才士가 천거 · 발탁함을 어렵게 생각하는 것을. 버려질까 두려워 타향살이를 堪耐하는 곳이다.

## 6. <前出塞> 九首(五言古詩)

### ❖詩題

➥ 『樂府詩集』에서 『晉書・樂志』를 인용하였는데 〈出塞〉〈入塞〉曲은 李延年이 만들었다 하였다. 그러나 다시 『西京雜記』를 보면 戚夫人이 〈出塞〉〈入塞〉〈望歸〉之曲을 잘 불렀다 하니 高帝 때에 이미 있었고 延年에게서 시작된 것은 아닌듯하다 하였다. 덧붙여 唐에는 〈塞上〉〈塞下〉曲이 있는데 여기에서 나온 듯하다 하였다.

➥ 『杜臆』: 〈前出塞〉에서 "赴交河"라 하고 〈後出塞〉에서 "赴薊門"이라 하였다. 注에서 "唐의 西州 交河는 伊川의 西 七百里"라 하였으니 天寶時代에 哥舒翰이 吐蕃을 공격할 때 일이며 詩에서 "磨刀嗚咽水"라 했는데 隴頭는 吐蕃으로 출정할 때 경유하는 곳이다.

➥ 『杜詩鏡銓』: 朱鶴齡의 말을 인용하였다. "天寶末에 哥舒翰이 吐蕃에서 공을 탐내었고 安祿山이 契丹에서 화근을 만드니 兵士의 徵集과 物資의 調達이 天下의 절반을 차지하였다. 〈前出塞〉는 哥舒 때문에 나왔고 〈後出塞〉는 祿山 때문에 생겼다."

➥ 『杜詩詳注』: "처음 아홉 首를 지었을 때는 그저 〈出塞〉였는데 뒤에 다시 다섯 首를 짓자 前・後를 붙여 구별하였다."

➥ 『杜詩詳注』: "胡夏客이 이르기를 詩題를 〈出師〉 즉 군대를 출동함이라 하지 않고 〈出塞〉라 한 것은 군대출동의 명분이 없으므로 나라를 위해 숨긴 것이니 詩家의 命題하는 법이라 할 만하다.

➥ 『讀杜詩說』: 胡夏客의 說을 反駁함. 이 제목은 다만 『晉書・樂志』의 옛 이름을 그대로 쓴 것이니 古樂府를 모방한 것일 뿐이다. 出塞라 했으니 出師를 이미 알 수 있다. 지나치게 새로운 의미를 찾는 것은 의의가 없다.

➥ 出塞는 邊塞로 나아감이고 入塞는 邊塞에서 돌아온다는 말이다.

➡ 蕭滌非 先生의 말씀. 詩의 主題은 窮兵黷武(武力을 濫用하여 武의 德을 더럽힘)인데 表現上 特點은 1. 點으로 面을 反映하였으니 한 出征兵士의 從軍過程을 집중 묘사하였다. 2. 전부 第一人稱으로 쓰였으니 兵士가 독자에게 직접 호소하였는데 作詩의 主體를 第三者로 하여 말하고자 하는 바를 시원하게 하고 아울러 時政의 罪狀을 직접 비평하는 것을 피하였다. 3. 結構가 대단히 치밀하니 一首의 出門에서 九首의 論功에 이르기까지 漸進的으로 전개되고 層次가 정연하여 아홉 首가 한 首와 같다. 4. 인물의 특징을 장악하였으니 심리묘사에 중점을 두어 한 백성에서 순박하고 용감하며 겸손한 兵士의 形象을 만들어냈다.

〈前出塞〉九首 其一

戚戚去故里, 悠悠赴交河.
公家有程期, 亡命嬰禍羅.
君已富土境, 開邊一何多?
棄絶父母恩, 吞聲行負戈.

註

▸戚戚(척척) : 근심하며 두려워하는 모습. 근심하며 슬퍼하는 모습.

▸故里 : 故鄕. 家鄕.

▸悠悠 : 遙遠함. 끝없이 멈.

▸交河 : 앞의 〈高都護驄馬行〉에서 나왔다. 서쪽 隴右道에 있으며 吐蕃을 防備하던 곳이다.

▸公家 : 朝廷. 國家. 官廳. 官衙.

▸程期 : 期限. 여기에서는 交河의 部隊에 도달할 기한을 말함.

▸亡命 : 戶籍에서 삭제되고 다른 곳으로 도망함. 간단히 逃亡. 流亡

을 가리킴. 『史記·張耳·陳餘列傳』에서 "張耳가 일찍이 亡命하여 外黃에 떠돌았다. 張耳嘗亡命游外黃."의 司馬貞의 索隱은 "晉灼이 이르기를 命은 名이다. 名籍에서 벗어나 逃亡함이다. 晉灼曰：命者, 名也. 謂脫名籍而逃." 하였고 崔浩가 이르기를 "亡은 無며 命은 名이다. 도망가 숨으면 名籍에서 삭제하니 그래서 逃亡을 亡命이라 한다. 亡, 無也, 命, 名也. 逃匿則削除名籍, 故以逃爲亡命."이라고 설명하였다. 晉灼은 먼저 戶籍을 벗어나 달아났다 하였고 崔浩는 달아나니 이에 戶籍에서 삭제되었다 하여 先後가 다르나 결국 地方官廳의 管理와 束縛을 벗어나 外地로 도망가는 것이다.

▸嬰：보통 嬰兒라 하여 갓난아이를 말하나 뜻이 상당히 다르게 쓰인다. 즉 돌다. 얽히다. 만나다. 걸리다. 범하다의 뜻이 있다.

▸禍羅：災禍의 그물. 죄의 그물. 법망에 걸리는 것을 嬰羅라 한다.

➥ 『杜臆』에서 "'亡命嬰禍羅'는 그 속마음의 말이니 도망하면 누가 父母·兄弟·妻子의 六親에 미치므로 죽음을 무릅쓰고 울음을 삼키며 가는 것이니 하나는 나라를 위함이고 하나는 부모를 위함이니 忠孝의 大節을 나타내며 怨望하나 憤怒하지는 않는 것이다."라 하였는데 다른 것은 몰라도 "나라를 위함" "忠의 大節"은 좀 어긋난다 하겠다.

➥ 蕭滌非 先生曰："逃亡한다 하여도 法網을 피하기는 어렵다는 말이다. 그런데 唐은 府兵制를 시행하여 天寶末에 아직 완전히 폐지되지 않았으니 士兵은 戶籍이 있고 도망하면 父母·妻子가 連累되었다." 그렇다면 『杜臆』의 六親 때문에 도망하지 못한다는 말도 일리가 있다.

▸土境：境界안의 土地. 領土.

▸開邊：邊方을 개척함이라고 좋게 말하나 異域을 侵攻함이다.

▸一何：어찌 그리. "一何는 何其와 같다. 지금의 多麽다."(鄭文의 『杜

詩槩詁』)

➥ 앞의 〈兵去行〉에서도 "邊庭流血成海水, 武皇開邊意未已."라 하였다

➥ 『杜臆』: "'已富' '開邊'은 諷刺語다. 已富・開邊, 諷刺語."

▸棄絶 : 斷絶함. 抛棄함.

▸父母恩 : 부모의 은혜. 그러나 여기에서는 부모를 봉양하는 도리를 말한다.

▸呑聲 : 울음소리를 삼키다. 소리 없이 울다.

▸負戈 : 負는 등에 지는 것을 말하나 여기에서는 어깨에 메는 것을 말한다.

▸戈(과) : 창의 한 종류. 殷나라에서 戰國時代까지 널리 쓰였으나 秦나라 이후에는 쓰이지 않게 되었다.

**解說**

두려움과 슬픔 속에 고향을 떠나 아득히 먼 交河로 간다. 관청에는 정해진 기한이 있으니 도망가면 나뿐 아니라 부모 형제도 법망에 걸려든다. 임금님은 이미 영토가 넓으신데 변경을 개척함이 어찌 그리 많으신지. 부모님의 은혜도 끊어버리고 울음 삼키며 창을 메고 간다.

### 〈前出塞〉九首 其二

出門日已遠, 不受徒旅欺.
骨肉恩豈斷, 男兒死無時.
走馬脫轡頭, 手中挑青絲.
捷下萬仞岡, 俯身試搴旗.

註

▶日已 : 나날이. 날로. 날이 갈수록. 〈古詩十九首〉 其一에서 "相去日已遠, 衣帶日已緩. 거리는 날로 멀어지고, 띠는 날로 느슨해지네."라 하였고 其十四에서 "去者日已疎, 來者日已親. 가는 사람은 날로 멀어지고, 오는 사람은 날로 친해진다."라 하였다.

▶徒旅 : 『杜詩詳注』에서 徒侶라고 풀었다. 그러면 동료가 되는데 『漢語大詞典』에서는 同行하는 伙伴이라 하였으니 함께 가는 동료라는 말이다. 徒는 衆, 무리, 뭇사람의 뜻이고 旅도 衆의 뜻으로 쓰인다. 徒나 旅나 모두 무리라는 말이 된다. 결국 徒旅는 같은 처지의 兵士들, 동료들이라 하겠다.

▶欺 : 우리는 흔히 속이다의 뜻으로 쓰나 中國에서는 업신여기다, 깔보다, 괴롭히다, 무시하다, 조롱하다, 비웃다로 쓴다. 蕭滌非 先生은 『通典』 卷149를 引用하였는데 "자기의 힘이 강함을 믿고 동료들을 깔보고 전혀 長幼의 구별도 없고 게다가 약한 사람을 매질하고 양식이나 의복을 깎아 먹고 軍器와 火具(火攻하는 무기 또는 불 끄는 장비)를 멋대로 들고 가게 하니 편함과 애씀이 같지 않았다. 恃己力强. 欺傲火人, 全無長幼, 兼笞撻懦弱, 減削糧食衣資, 幷軍器火具, 恣意令擎, 勞逸不等."라는 것이었다. 어떤 단체나 부류에 新參 즉 새내기는 古參 즉 先任에게 여러 가지 시달림을 당하였으니 杜甫가 목격하거나 들은 이야기는 전혀 새로울 것이 없다.

▶骨肉 : 뼈와 살로 至親 즉 父母, 兄弟, 子女 등을 비유하였다. 骨肉之恩은 骨肉之情이다.

▶無時 : 정해진 때가 없다. "언제든 죽을 수 있으니 일정한 때와 장소가 없다는 것이다. 생사를 예측 못하니 骨肉之情도 따질 수 없다."(蕭滌非)

➡ 『杜詩鏡銓』 : "3·4 두 句는 骨肉의 정을 어찌 끊을 수 있을까마는

지금 결연히 버리고 가는 까닭은 男兒는 죽을 땅이 일정하지 않으니 사막에서 죽어 나라에 보답하는 忠烈만 못하기 때문이라는 말이다. 二句言骨肉之恩, 豈能遽絶. 今所以決然舍去者, 以男兒死地無常, 不如死綏爲烈耳."

『杜詩鏡銓』은 상당히 긍정적으로 보았으나 사실 옛사람들은 이보다 솔직하였다. 阮籍은 〈詠懷〉 八十二首의 其三에서 "一身不自保, 何況戀妻子. 내 한 몸 보전 못하는데, 하물며 妻子를 연연해할까?"라 하였고 鮑照도 〈擬行路難〉 十八首의 其十四에서 "將死胡馬蹄, 能見妻子難. 胡馬의 발굽 아래 죽을 것인데, 妻子의 어려움 따질 수 있으랴."라 하였으니 本人이 다급하면 妻子도 돌아볼 겨를이 없고 따라서 骨肉之情도 저절로 끊어지게 되는 것이다. 人之常情이다.

▶轡頭(비두) : 轡는 고삐와 재갈인데 頭가 붙으면 籠頭 즉 絡頭가 된다. 籠頭는 머리에 있는 끈으로 고삐와 재갈을 얽어매는 것이다.

▶挑(조) : 유지하다. 담당하다. 떠맡다.

▶青絲 : 말고삐를 말한다. 南朝·梁의 童謠에 "青絲白馬壽陽來"라 하였는데 侯景이 亂을 일으킬 때 白馬를 타고 青絲로 繮 즉 고삐를 하였다 한다. 또 南朝·梁·王僧孺의 〈古意〉에서도 "青絲控燕馬. 燕땅의 말을 푸른 고삐로 다룬다."라 하였다. 제5·6구는 이렇게 풀어야 한다. 즉 말 타는 재주가 아주 뛰어나 말을 달릴 때 고삐·재갈 얽은 籠頭도 벗겨버리고 가며 그렇게 하여도 얼마나 능숙한지 손으로 고삐를 잡고 다룰 때와 똑같다는 것이다. 挑青絲는 실제상황이 아닌 것이다. 몽골의 소년들은 어려서부터 말을 타고 말을 익숙하게 다루어 안장도 고삐도 없이 타고 달리는데 다만 두 손으로 갈기를 잡고 있을 뿐이다. 이것을 생각하면 쉽게 납득이 갈 것이다. 즉 말에서 모든 장치를 다 떼어내고 野生馬와 같은 말을 그대

로 타고 달려도 고삐를 비롯한 모든 기구가 있을 때와 같다는 것이다. 轡頭・籠頭・絡頭・羈絆・青絲・繮・馬銜을 5句와 6句에서 똑같이 쓸 수 없으므로 代表로 轡頭와 青絲만 썼을 뿐 內容은 같다.

▶捷 : 승리함. 敏捷함. 빠름.

▶下 : 내려가다. 동사로 쓰였음.

▶仞(인) : 8尺이나 7尺이 되니 길이라 하면 된다. 萬仞은 만 길이다.

▶岡(강) : 山脊(산등성마루). 山嶺(산봉우리). 崗으로도 쓴다.

▶試 : 시험 삼아 해보다. 시도하다.

▶搴旗 : 흔히 斬將搴旗로 쓰인다. 『史記・劉敬・叔孫通列傳』과 『文選・李陵・答蘇武書』 等에 나온다. 그러나 왜 이것을 굳이 大書特筆했느냐? 蕭滌非 先生이 『通典』 卷149에 나오는 말을 인용하였으니 "상대의 깃발을 뽑아오고 敵將을 참하며 적의 陣地에 공격해 들어가고 적군의 士氣를 꺾어놓는 것, 이것에 대하여 上中下 중에서 上의 賞을 준다. 搴旗斬將, 陷陣摧鋒. 上賞."이 그것이다. 이왕 죽기로 싸운다면 上賞을 노려야 하는 것이다.

**解說**

집의 문을 나서 날로 고향과 멀어지니 시일이 꽤 지났으므로 이제는 더 이상 동행하는 戰友의 조롱이나 비웃음도 받지 않게 되었다. 骨肉의 情을 어찌 끊을 수 있으리오 마는 男兒란 죽음에 있어 정해진 시간과 장소가 없는 것을 어찌하랴! 이왕 죽을 바에는 싸우다 죽어야하니 열심히 훈련하여 말을 달림에 재갈・고삐・굴레 다 벗겨도 있을 때와 같이 능숙하게 탈 수 있게 되었다. 그리하여 만 길이나 되는 산등성이를 나는 듯 내려가 말에서 내리지도 않고 몸을 굽혀 깃발을 뽑아 보기도 한다. 이왕이면 上賞을 받아보자.

〈前出塞〉九首 其三

磨刀嗚咽水, 水赤刃傷手.
欲輕腸斷聲, 心緒亂已久.
丈夫誓許國, 憤惋復何有?
功名圖麒麟, 戰骨當速朽.

註

▸嗚咽水(오열수) : 흐느끼는 소리를 내는 물. 隴頭水를 가리킨다. 『杜詩詳注』 : 『三秦記』에 "隴山의 頂上에 샘이 있어 맑은 물이 사방으로 흐른다. 俗歌에 隴頭의 흐르는 물이여 내는 소리는 흐느낌이네. 아득히 秦川땅 바라보니 애간장 끊어지네. 隴山頂有泉, 淸水四注. 俗歌 : 隴頭流水, 鳴聲嗚咽. 遙望秦川, 肝腸斷絶."이라 하였다. 『杜詩詳注』 『杜詩鏡銓』에서는 蔡琰의 作이라는 後世人의 擬作 〈胡笳十八拍〉 中 第六拍의 한 句를 인용하였으니 "밤에 隴水 들으니, 그 소리는 흐느낌이네. 夜聞隴水兮聲嗚咽."이다. 『杜詩鏡銓』에서는 또 "당시 吐蕃을 치려하니 隴땅을 넘어 이 물을 지나간다. 時將征吐蕃, 故度隴而經此水也."라 하였다.

▸輕 : 輕視하다. 무시하다. 안 들은 셈 치려 하였다는 말씀.

▸心緖(심서) : 생각. 마음. 기분. 심정. 心懷와 같은 말이니 마음속에 품고 있는 생각이나 느낌이라고 길게 풀기도 한다. 『杜詩鏡銓』 : "본래 이 흐느끼는 소리에 마음이 흔들리지 않으려 하였으나 마음이 어지러워진지 오래니 어쩔 수 없었다. 그래서 물소리가 귀에 들리자 不知不覺中에 손을 다친 것이다. 本不欲以此嗚咽之聲動心, 無如心亂已久, 故聞水聲觸耳而不覺手傷也." 蕭滌非 先生 : "처음

에는 오히려 몰랐는데 물이 붉어진 것을 보고 비로소 알았다. 묘사가 精微하다. 初尙不知, 見水赤才發覺. 刻劃入微." 『杜臆』: "앞의 네 句는 〈隴頭歌〉를 化用했으니 갈고 닦음의 妙를 다했다. 前四句, 化用隴頭歌, 極爐錘之妙."

▸丈夫 : 흔히 "男兒大丈夫"라 한다. 其二에서 "男兒死無時"라 하여 男兒를 쓰고 여기서는 丈夫라 하였다.

▸許國 : 몸을 나라에 바쳐 힘을 다하고 애쓰는 것. "아래 네 句는 征夫의 마음에 변화가 생긴 것으로 어쩔 수 없어서 나오는 말이니 말은 씩씩한 듯하나 감정은 슬픈 것이니 입으로 하는 말과 심중의 생각은 모순된다."(蕭滌非)

▸惋(완) : 한탄하다.

▸功名 : 功을 세워 자기의 이름을 널리 드러냄.

▸麒麟 : 麒麟閣(기린각). 漢代 閣의 이름이며 未央宮 안에 있었다. 宣帝 때에 霍光 等 十一 功臣을 이 閣에 그려놓고 功績을 찬양하였다. 『漢書・李廣・蘇建傳』에 "甘露 三年 單于가 처음 入朝하였다. 上께서 고굉지신(股肱之臣. 팔・다리와 같은 중요한 신하)의 美德을 생각하시고 麒麟閣에 초상을 그렸는데 그들의 形貌를 본뜨고 官爵과 姓名을 기록하였다. ……모두 十一人으로 다 傳이 있었다. 甘露三年, 單于始入朝. 上思股肱之美, 乃圖畫其人於麒麟閣, 法其形貌, 署其官爵姓名. ……凡十一人, 皆有傳."이라 하였다.

➥ 麒麟閣과 함께 功臣들의 肖像을 그려놓은 高閣으로 또 유명한 것이 凌煙閣이며 그중 唐 太宗의 凌煙閣이 가장 세상에 알려졌다. 唐 劉肅의 『大唐新語・褒錫』에서 "貞觀 十七年 太宗께서 太原의 倡義및 秦府의 功臣인 趙公 長孫無忌……等 二十四人을 凌煙閣에 그리게 하였으니 太宗께서 친히 贊하시고 褚遂良이 閣에 題하였고 閻立本이 그렸다. 貞觀十七年, 太宗圖畫太原倡義及秦府功臣, 趙

公長孫無忌……等二十四人於凌煙閣, 太宗親爲之贊, 褚遂良題閣, 閻立本畵."

▷ 太原倡義는 太宗이 아버지 高祖 李淵을 도와 처음 擧兵한 것을 말하며 秦府는 太宗이 秦王이었던 시절을 말한다.

▶戰骨 : 戰死者의 屍骨. 骸骨.

▶當 : 적합하다. 적당하다. 알맞다. 去聲으로 읽는다.

▶速朽 : 『禮記 · 檀弓上』에 나오는 이야기를 보자. "有子가 曾子에게 물었다. '선생님에게 벼슬을 잃은 다음 어떻게 처신해야 하는지를 물었는가?' 曾子가 말했다. '들었다. 벼슬을 잃으면 반드시 속히 가난해져야하고 죽으면 빨리 썩어야한다고 하셨다.' 有子가 말했다. '이것은 君子의 말씀이 아니다.' 曾子가 말했다. '이 曾參과 子游가 들었다.'……子游曰 : '……과거 선생님께서 宋에 계실 때 桓司馬가 저를 위해 石槨을 만드는데 삼년이 걸려도 완성 못 하였다. 선생님께서 이렇게 奢侈하려 할 바에는 빨리 썩어버리는 것의 좋은 것만 못 하리다 하셨다. 죽으면 빨리 썩어야한다는 것은 桓司馬 때문에 나온 말이다. ……' ……曾子가 子游의 말을 有子에게 고하니 有子가 말했다. '그럴 것이다. 나는 선생님의 말씀이 아니라고 했었다.' 曾子가 어떻게 알았느냐하니 有子가 대답했다. '선생님께서 中都땅에 계실 때 규칙을 정하셨으니 內棺은 四寸의 두께 外槨은 五寸의 두께라, 이것으로 빨리 썩지 않아야 한다는 것을 알았다. ……有子問於曾子曰 : 問喪於夫子乎? 曰 : 聞之矣. 喪欲速貧, 死欲速朽. 有子曰 : 是非君子之言也. ……曾子曰 : 參也與子游聞之. ……子游曰 : ……昔者夫子居於宋, 見桓司馬自爲石槨, 三年而不成. 夫子曰 : 若是其靡也. 死不如速朽之愈也. 死之欲速朽, 爲桓司馬言之也. ……曾子以子游之言告於有子, 有子曰 : 然. 吾固曰非夫子之言也. 曾子曰 : 子何以知之? 有子曰 : 夫子制於中都, 四寸之棺, 五寸

之槨, 而斯知不欲速朽也. ……”

中國에는 儒家와 老莊이 混在되어 있지만 上層은 물론 一般 百姓들의 冠婚喪祭에 관한한 거의 儒家의 獨寡占이라 할 수 있다. 屍身에 있어서도 되도록 썩지 않게 保存하려고 많은 노력을 경주하였으니 요즈음도 수천 년 전의 屍身이 온전하게 남아있는 것을 볼 수 있다. 물론 帝王과 그 一族에 한한 것이지만. 지금 本 作品에서 戰骨은 速朽가 알맞다는 것은 극히 침통하고 원한에 찬 말이라 하겠다. 운이 좋아 麒麟閣에 초상이 남아도 다 죽은 뒤의 일이니 생전의 육신 있는 이 인생에 무슨 상관이랴. 살아서도 학대받고 천대받던 육신이 죽어서 무어 오래가길 바란단 말인가 하는 自虐的인 느낌이 강한 것이다.

蕭滌非 先生도 “當字는 대단히 의미심장하다. 이와 같이 됨을 달게 여긴다는 것 같지만 기실은 달게 여기지 않는 것이다. 마지막 두 句는 反語(고의적으로 자기생각과 반대되게 하는 말)이다. 當字很有意思, 好像甘心如此, 其實是不甘心. 末兩句也是反話.”라 하였다.

➥ 물론 老莊은 죽음을 自然으로 돌아간다 하며 儒家의 繁文縟禮를 비웃고 조롱하였다. 喪事에 관해서도 아주 예외적인 주장이 나오게 되었다. 陶淵明은 그의 〈飮酒〉 二十首 其十一에서 “裸葬이 왜 꼭 나쁘단 말인가, 사람들은 생각 밖의 뜻을 알아야 한다. 裸葬何必惡, 人當解意表.”라 하였다. 注에서 『漢書·楊王孫傳』을 인용하였는데 “병들어 죽으려하자 먼저 아들에게 명하였다. 나는 벌거벗은 채로 장사지내 나의 眞으로 돌아가려한다. 내 죽으면 베자루에 시신을 담고 땅으로 일곱 자 들어가서 이미 놓여지면 발부터 그 자루를 빼내 몸이 흙과 직접 닿게 하라. 及病且終, 先令其子曰 : 吾欲贏葬, 以反吾眞. 死, 則爲布囊盛尸, 入地七尺, 旣下, 從足引脫其囊, 以身親土. ▷贏 : 벌거벗을 (라)”라 하였다.

➥ 우리나라의 裸葬은 棺을 벗겨버리고 屍身만 땅에 묻는 것인데 屍身

은 물론 殮襲을 하였으니 羸葬은 아니다. 옛 어른들 말씀으로는 만에 하나 무덤이 파헤쳐질 때에 屍身이 있으면 참으로 慘酷하고 難堪한 일이라 그저 빨리 흙으로 돌아감만 못하다는 것이다. 棺이 있으면 아무래도 시일이 오래 걸리므로 이것을 제거하고 몸만 묻는다고 하였다.

**解說**

隴山의 그 유명한 흐느끼는 물에 칼을 갈자니 어느새 물이 붉게 물들어 칼날에 손 다쳤음을 알게 되었다.
내 본래 이 애끓는 소리를 안 들은 셈 치고 무시하려 했건만 귀에 벌써 들어온 소리에 내 마음속 생각이 어지러워진지 오래 됐었다.
남아대장부가 한 몸을 나라에 바치기로 맹세했으니 더 이상 분할 것도 한탄할 것도 없다. 공을 세워 이름을 날리고 기린각에 초상이 걸린다면 싸움에 죽은 시체야 마땅히 빨리 썩어 없어져야 하겠지.

〈前出塞〉九首 其四

送徒旣有長, 遠戍亦有身.
生死向前去, 不勞吏怒嗔.
路逢相識人, 附書與六親.
哀哉兩決絶, 不復同苦辛.

**註**

▸送 : 引率함. 內容上으로는 押送, 護送이라 하겠다.
▸長 : 무리를 目的地까지 데려가는 우두머리. 漢 高祖 劉邦이나 陳勝도 일찍이 이 일을 했다.
▸亦有身 : 우리가 비록 개·돼지 끌려가듯 소·양 내몰리듯 멀리 수

자리 살러 가나 또한 사람이며 肉身이 있다. 『杜詩詳注』에서 "우두머리에게 꾸지람 듣고 스스로를 가엽게 여기는 말이다. 被徒長呵斥而作自憐語."라 하였는데 蕭滌非 先生은 "反抗하며 憤恨하는 말 反抗和憤恨的話"로 『杜詩詳注』는 벗어났다 하였다.

▸生死 : 死의 뜻이 강한 偏義複詞.(鄭文 『杜詩檠詁』)

▸不勞 : 필요치 않다. 쓸모없다.

▸吏 : 무리를 인솔하는 우두머리.

▸怒嗔(노진) : 嗔도 怒하다는 뜻이다. 노하다. 성내다. 화내다.

▸相識 : 서로 알다. 안면이 있다. 구면. 아는 사람. 알고 지내는 사람.

▸附書 : 寄書. 편지를 보내다. 편지를 부치다.

▸六親 : 父母, 兄弟, 妻子.

▸決絶 : 決은 訣과 통한다. 永別을 말한다.

### ❖이 詩에 대한 여러 의견

① "마지막 2句는 편지 속의 뜻이니 孤身이 遠戍가니 괴로움을 함께 하려해도 그럴 수 없다. 말이 더욱 슬프다. 哀哉兩語, 卽書中之意, 孤身遠戍, 欲同苦辛而不可得, 語更慘戚."(『杜詩詳注』 속의 『杜臆』)

② "歡樂을 함께 한다하지 않고 苦辛을 함께 할 수 없다한 것은 苦辛조차도 함께 할 수 없다는 것으로 怨望이 심한 것이다. 不言不同歡樂, 而言不同苦辛, 幷苦辛亦不能同, 怨之甚也."(蕭滌非 『杜詩選注』에 인용된 吳瞻泰 말씀)

③ "'同'字가 어느 곳에는 '問'字로 되어있다. 생각하건대 '問'字가 더 나은 것 같으니 위의 부친 편지를 이어받기 때문이다. 양쪽이 영원히 이별하면 苦辛을 더 물을 수 없고 물어서 알아도 또한 도

움이 안 된다. 同字一本作問, 今按作問似勝, 卽承上附書言. 但兩相決絶, 不復問及苦辛, 知問亦無益也."(施鴻保의 『讀杜詩說』)

④ 우리의 생각 : 六親과 함께 苦辛을 한다면 그것도 인생의 한부분이며 永別에 비하면 堪耐할 수 있는 일이다. 일찍이 『詩·邶風·谷風』에서 버림받은 여인은 이렇게 읊었다. "그 누가 씀바귀가 쓰다 했나, 내 처지에는 냉이보다 단 것을. 誰謂荼苦, 其甘如薺." 이것을 斷章取義하면 그 누가 고향땅에서 살아가며 겪은 苦辛을 씀바귀처럼 쓰다 하나 六親과 함께 살며 겪으면 그 달기가 냉이와 같은 것을. 아는 체 말라고요? 말도 못합니까?

**解說**

변경으로 무리들을 보내니 인솔하는 우두머리 있고 또한 책임이 있을 터. 그러나 멀리 수자리 살러가는 우리도 또한 오래 걸으면 고단하고 쉬면 편하며 욕먹으면 슬픈 육신이 있다오. 육신이 있는 한 감정도 있으니 고향도 그립고 六親도 보고 싶다오. 너무 몰아대고 못살게 굴지마세요. 우리도 육신을 아껴야 하지 않겠소? 老子 영감도 "자신의 몸을 소중히 함이 천하를 위함보다 크면 그러한 사람에게 천하를 맡길 수 있으며 자신의 몸을 아낌이 천하를 아낌보다 크면 그러한 사람에게 천하를 부탁할만하다. 貴以身爲天下, 若可寄天下, 愛以身爲天下, 若可託天下."(『老子·十三章』라 했소. 너무 거하게 나간다구요. 다 바람결에 들은 소리라오. 우리는 죽으나 사나 앞으로 갈 터이니 나리께서 성내고 화내실 필요는 없다오. 길에서 아는 이 만나 고향땅 六親에게 편지를 부탁 했다오 슬프구나! 양쪽이 이제 영원히 이별하니 즐거움은 말할 것 없고 쓰고 매운 어려움마저도 함께 할 수 없으니.

〈前出塞〉九首 其五

迢迢萬里餘, 領我赴三軍.
軍中異苦樂, 主將寧盡聞.
隔河見胡騎, 倏忽數百群.
我始爲奴僕, 幾時樹功勳?

註

▸迢迢(초초) : (길이) 매우 멀다. 迢遠, 迢遞와 같다.

▸萬里餘 : 萬餘里와 같다. 〈古詩十九首〉 其一에서 "相去萬餘里, 各在天一涯. 서로의 거리는 만 리가 넘으니, 각기 하늘 끝에 있다."라 하였다.

▸領 : 인솔하다. 인도하다. 안내하다. 이끌다.

▸三軍 : 『周禮 · 夏官 · 司馬』에서 "무릇 군대를 편성함에 일만 이천 오백 인이 一軍이 된다. 王은 六軍, 大國은 三軍, 그 다음 나라는 二軍, 小國은 一軍이다. 凡制軍, 萬有二千五百人爲軍. 王六軍, 大國三軍, 次國二軍, 小國一軍."이라 하였다. 天子 즉 皇帝는 軍士의 숫자가 칠만 오천이 안 되어도 六軍이라하고 諸侯나 그에 해당하는 節度使 · 將軍이 거느린 軍隊는 數十萬이되어도 三軍이라 한다. 春秋時代에도 보통 軍隊의 泛稱으로 三軍이 쓰였으니 『論語 · 子罕』에서 "三軍可奪帥也, 匹夫不可奪志也. 大軍 속에서 주장을 없앨 수 있으나, 필부의 뜻을 뺏을 수는 없다."라 하였다. 또한 皇帝의 경우 얼마 안 되는 군대라도 六軍이라하니 白居易의 〈長恨歌〉에서 安史의 亂으로 長安을 창황 중에 떠나 蜀으로 도망가는 皇帝를 호위하는 군대를 묘사할 때 "六軍不發無奈何, 宛轉娥眉馬前死. 六軍이 양귀비를 죽이라며 출발하지 않으니 어쩔 수 없어, 아름답

고 고운 여인 말 앞에서 죽었다."라 하였다. 本 作品에서는 節度使의 軍營이 있는 곳을 말한다.

▶異苦樂 : 將領이나 士卒같은 階級의 차이, 그 임무에 따라 步兵·騎兵·工兵 따위로 나뉘는 兵科, 專門的인 敎育을 받아 달라지는 主特技의 다름과 같이 여러 가지로 다른 處地에 따라 苦樂이 같지 않다는 말이다.

▶主將 : 統率者. 元帥.

▶河 : 一首에서 "悠悠赴交河"라 하였으니 여기의 河는 交河가 되겠다.

▶胡騎 : 오랑캐 騎兵. 『杜詩詳注』에서 이때의 騎는 去聲으로 읽는다 하였으나 지금은 다 平聲으로 읽는다.

▶倏忽(숙홀) : 매우 빠르게. 별안간. 돌연. 갑자기.

▶始 : 이제 막. 지금 바로. 비로소. 겨우.

▶奴僕 : 종. 노예. ① 『杜詩詳注』에서 인용한 『漢書·公孫弘等傳·贊』에 보면 "衛靑奮於奴僕. 衛靑은 奴僕에서 떨쳐 일어났다."라 하였고 또 胡夏客의 말을 인용하였는데 "封常淸은 처음 高仙芝의 從者였는데 나중에 高仙芝를 대신하여 節度使가 되어 함께 邊境을 개척하였다. 封常淸始爲高仙芝傔, 後代仙芝爲節度使, 同開邊拓境."라 하였다. 衛靑은 出衆한 장수였으나 그래도 奴僕의 신분에서 발탁된 것은 다 그의 異父同母인 衛子夫 덕분이었다. 衛子夫가 武帝의 총애를 받아서 뽑히고 다시 아들을 낳아 皇后가 된 다음에는 그도 승승장구 출세의 길을 달렸다. 逯欽立 輯校의 『先秦漢魏晉南北朝詩』에서 "『漢書』에서 衛子夫가 皇后가 되고 동생 衛靑의 尊貴함이 천하를 진동하니 천하가 노래하길 '아들 낳았다 기뻐말고 딸 낳았다고 노하지 말 것이니, 아직도 모르는가 子夫가 천하를 독차지 한 것을.'이라 하였다. 『漢書』 曰 : 衛子夫爲皇后, 弟靑貴震天

下, 天下歌之 : 生男無喜, 生女無怒, 獨不見衛子夫霸天下."라 하였다. 아무리 뛰어난 재주·능력 있어도 신분상승의 계기가 있어야 한다는 것을 알 수 있다. 封常淸은 이에 비하면 자신의 노력으로 출세하였다고 할 수 있다. 어려서 글공부하였으나 孤獨貧寒으로 立身揚名 할 수 없었다. 그래서 高仙芝를 찾아 써주기를 간청하였으나 그의 외모가 너무 초라하여 高는 탐탁하게 여기지 않고 거절하였으나 강력하게 외모로 사람 판단함을 항의하고 매일 문안드리니 겨우 받아주어 傔人이 되었다. 그때 達奚의 여러 部族이 반란을 일으켰는데 仙芝가 이들을 섬멸하였다. 封이 이에 捷布 즉 승전한 상황을 기록한 문서를 작성하였는데 이를 보고 高가 크게 놀랐으며 判官들도 모두 감탄하였다. 이후 그는 차츰 두각을 나타내고 출세하여 節度使까지 되었다. 以上 衛青·封常淸의 경우를 보면 本 詩의 主人公은 자기가 공훈을 세우고 立身揚名하기에는 아직도 까마득한 날이 지나야 된다고 탄식하는 것이 되겠다. ② 蕭滌非 先生은 『通鑑』 卷216에 나오는 말을 인용하였다. "그 당시 邊境에 수자리 사는 사람들은 대부분 邊將의 혹독한 부림을 당하였으며 邊將들은 그들이 죽으면 그 재물을 몰수하는 것을 이롭게 여겼다. 戍邊者多爲邊將苦使, 利其死而沒其財." 이 기록을 보면 奴僕은 장래 출세할 가능성이 있는 身分을 뜻함이 아니고 진실로 장수에게 종처럼 부려지고 노예처럼 살아가는 군사들을 말한다고 보는 것이 옳다는 것이다.

▶樹 : 樹立. 建立. 간단히 말해 세우다.

**解說**

멀고 먼 만 여리의 길. 나를 인솔하여 부대 있는 곳으로 갔다. 군대 안에서는 계급에 따라 병과와 주특기에 따라 힘들고 편함, 괴로움과 즐거움이 아주 다른데 主將께서야 어찌 모든 일을 다 들어 아시겠는가. 알면 그렇게 두지는 않으시겠지만 다 모르시는 탓이겠지. 交河 넘어 오랑캐의 騎兵이 하나 보이는가 싶더니 순식간에 수백 명의 무리를 이룬다. 놀랍기도 하고 무섭기도 하나 공을 세울 일도 생각난다. 그러나 나는 이제 겨우 노복의 신세이니 어느 때에나 가능할까 功勳을 세움이.

〈前出塞〉九首 其六

挽弓當挽强, 用箭當用長.
射人先射馬, 擒賊先擒王.
殺人亦有限, 立國自有疆.
苟能制侵陵, 豈在多殺傷.

註

▸挽(만) : 당기다. 끌다. 挽弓 : 활을 당기다.

▸强 : 강력한 힘으로 당겨야 하는 활. 硬弓. 勁弓. 强弓. 우리나라는 활을 탄력의 정도에 따라 强弓, 中弓, 軟弓으로 나눈다. 强弓은 가장 탄력이 센 활인데 시위는 삼겹실로 240가닥을 꼰다. 中弓은 210가닥이고 軟弓은 탄력이 가장 여린 활로 180가닥이다. 그런데 傳統的으로는 몇 石弓으로 구분하였으니 石은 弓弩의 强度를 나타내는 單位다. 『尹文子 · 大道上』에서 "周宣王은 활쏘기를 즐겨 사람들이 자기가 능히 强弓을 쓴다고 말하면 좋아하였는데 기실 불과 三石弓이었다. 宣王好射, 說人之謂己能用强也, 其實所用不過三石."이라 하였으니 由來가 오래되었음을 알 수 있다. 『新唐書 · 張弘靖傳』에서 "천하가 무사하니 너희들이 兩石弓을 당길 수 있음은 하나의 丁字를 아는 것만 못하다. 天下無事, 而輩挽兩石弓, 不如識一丁字."

라 하였으며 아주 후대인 淸나라 周永銓의 〈義卒行〉에서도 "佩刀는 석자 남짓, 挽弓은 三石의 셈. 佩刀三尺餘, 挽弓三石强."이라 하였으니 石은 활을 말할 때 의례 따라다녔던 것이다.

➡ 石이 弓弩의 强度를 나타내는 單位라 하였는데 어느 정도인지를 알 수 없다. 예전 노인들 말씀으로는 一石 즉 한 섬을 들 수 있는 힘이 있어야 당길 수 있는 활이 一石弓 이고 二石 즉 두 섬을 들 수 있는 힘이 있어야 당길 수 있는 활을 二石弓이라는 것이란다. 一石 즉 한 섬은 열 말로 180리터가 된다. 물 180리터면 180킬로인데 곡식 180리터면 아마 더 나갈 것이다. 그렇다면 三石弓은 곡식 540리터를 들어 올리는 힘이 있어야 당길 수 있으니 좀 어렵지 않나 싶다.

▸長 : 長箭. 우리말로는 긴작이라 하며 短箭은 짧은작이라 하여 短弓에 쓴다.

▸射 : (석)으로 읽어야 한다. 맞히다는 뜻이다.

▸擒(금) : ① 사로잡다. 생포함. ② 포로. 생포한 적.

▸賊(적) : 흔히 盜賊이라 하여 남의 재물을 훔치는 자를 말하나 여기에서는 다르다. 즉 亂을 일으키거나 禍를 만들고 侵略하여 國家와 人民에게 危害를 가하는 자를 가리킨다. 따라서 本 詩에서의 擒賊은 外敵을 잡는 것을 말한다.

▸蕭滌非 先生 말씀 : 1句에서 4句까지의 네 句는 꼭 속담과 같은데 아마 당시 軍中에서 유행하던 作戰의 歌訣(알기 쉽고 외기 쉽게 요점만을 간추려 노래형식으로 만든 운문)인 듯하다.

3句와 4句에 대한 蕭滌非 先生의 또 한 말씀 : 말은 목표가 크니 맞히기 쉽고 말이 쓰러지면 사람은 죽지 않으면 다친다. 그래서 먼저 말을 맞히는 것이다. 뱀은 머리가 없으면 갈 수 없으며 왕이 잡히면 적은 저절로 궤멸된다. 그래서 먼저 왕을 잡는 것이다.

▶殺人亦有限 :『杜詩詳注』에서 黃生의 말을 인용하였는데 "戰陣에서 殺傷을 많이 함은 秦人에서 시작되었으니 대저 자른 머리로 功을 논한 때문인 듯한데 前代에는 없었다. 戰陣多殺傷, 始自秦人, 蓋以首級論功, 前代無是也."라 하였다. 사실 옛날에는 전쟁을 하여도 참혹한 짓을 삼가는 것이 常例는 아니어도 아주 드물지는 않았다.『左傳·僖公二十二年』을 보면 宋 襄公이 楚와 泓에서 싸우는데 宋이 계속 군자다운 태도로 일관하여 패전, 유명한 "宋襄之仁"이라는 成語까지 나오게 되었다. 襄公은 변명하는데 "君子는 다친 적을 거듭 다치게 하지 않고, 머리가 희끗희끗한 사람은 사로잡지 않는다. 君子不重傷, 不禽二毛."라는 것이다. 當時의 보편적 사고는 아니어도 이러한 생각이 有識者에게 있기는 있었나 보다.

『杜詩詳注』에서는 또『書·牧誓』를 인용하여 제5구가 다 淵源이 있음을 말하였다. 周 武王이 殷 紂王과 牧野에서 싸울 때 武王이 한 말인데 "전진하여 공격하되 네 번 다섯 번을 넘지 말며 많아야 여섯 번 일곱 번을 공격하면 멈추어 한도를 벗어나지 말 것, ……항복하는 자를 거절하거나 죽이지 말 것, ……不愆于四伐五伐, 六伐七伐, 乃止齊焉, ……弗迓克奔, ……"이 그것이다. 限은 限界. 限度. 限定의 뜻으로 쓰인다.

▶立國 : 建國.

▶自 : 본래. 본디. 본시.

▶疆(강) : ① 국경선. 경계. ② 疆域. 疆土.

▶제6구는 一首의 "開邊一何多"와 이어진다. "立國自有疆"하므로 天下萬國, 世界萬邦이라는 말이 있게 된다.

▶侵陵 : 侵凌. 侵淩. 侵犯하며 欺凌함. 欺凌은 얕보다, 괴롭히다, 업신여기다의 뜻으로 쓰인다.

▶제7·8구에 대하여 蕭滌非 先生은 張遠의『杜詩會粹』를 인용하였

다. 즉 "위대한 經世濟民의 말씀인데 戍卒의 입을 빌려 말하였다. 大經濟語, 借戍卒口中說出."이다. 그런데 우리생각에 이것은 과거 지식층이 이미 看破하였던 것으로 『漢書・匈奴傳下』에서 嚴尤가 說破하였다. 그에 의하면 周나라 宣王 때에 玁狁(험윤)이 침범하였으나 이들을 周의 國境 밖으로 몰아내는 것으로 만족하였으며 그들의 地境안으로 추적하지 않았다는 것이다. 그래서 "현명하다" 했으니 그런대로 中策인 것이다. 漢 武帝는 적국의 境內로 깊이 들어가고 먼 곳까지 수자리 살게 하니 비록 승리가 있었으나 적의 앙갚음이 있고 戰亂・災禍가 삼십년에 걸치니 "헌결차다" 하였으나 이것은 下策인 것이다. 秦始皇은 長城을 쌓아 國家의 疆域을 오롯하게 만들었으나 나라 안이 비고 거덜나 社稷을 잃었으니 이것이 無策인 것이다. 사람이 하는 일에 上策은 얻기 어려우니 中策이면 이 또한 대견한 것이다. 周 宣王처럼 하면 이것이 바로 "苟能制侵陵"인 것이니 杜先生의 主張은 嚴尤와 다를 것이 없다고 하겠다. 杜先生을 지나치게 추어올리지는 말 것이다. 다 前人들도 알고 있었으니 말이다.

**解說**

활을 당기려면 마땅히 强弓을 당길 것이며 화살을 쓰려하면 마땅히 긴작을 쓸 것이다. 사람을 맞히려하면 먼저 말을 맞힐 것이고 外敵을 잡으려하면 먼저 그 임금을 잡을 것이다. 敵도 사람이라 죽이는데 한도가 있어야하니 나라를 세울 때 본디 경계가 있는 법이다. 진실로 적의 침략과 얕봄을 제압할 수 있으면 그뿐. 어찌 많이 죽이고 상하게 하는데 목적이 있겠는가.

〈前出塞〉九首 其七

驅馬天雨雪, 軍行入高山.
逕危抱寒石, 指落曾冰間.
已去漢月遠, 何時築城還?
浮雲暮南征, 可望不可攀.

註

▸雨 : 비라는 명사로 쓰일 때에는 上聲이나 여기에서는 내리다는 동사로 쓰였으니 去聲이다. 雨雪은 下雪이다.

▸行 : 行軍함.

▸高山 : 아래에 築城이라 하였다. 城을 高山에 쌓는 것이다.

▸逕(경) : 徑으로도 쓴다. 小路를 말한다.

▸危 : 높은 산속의 小路이므로 당연히 아슬아슬 위태로울 것이다.

▸抱寒石 : ① 절벽에 난 좁은 길을 가자면 두 팔을 벌려 바위를 안고 옆으로 걸어야 할 것이다. ② 蕭滌非 先生 말씀 : 城 을 쌓으므로 돌을 안고 있는 것이다. 손가락이 떨어지려면 지속적 반복적으로 찬 것을 만져야하니 ②가 더 그럴듯하다.

▸指落 : 凍傷에 걸린 손가락이 떨어짐. 흔히 墮指라 하였다. 『漢書 · 高帝紀下』에서 "마침 크게 추워 士卒들의 손가락 떨어진 자가 열중 둘 셋이었다. 會大寒, 士卒墮指者什二三."라 하였고 李華의 〈弔古戰場文〉에서도 "명주나 솜옷도 온기가 없어 손가락 떨어지고 살갗이 트네. 繒纊無溫, 墮指裂膚."라 하였다.

➥ 옛날에는 士卒들의 손가락 노릇하기도 어려웠다. 이래 떨어지고 저래 잘려 나갔으니 말이다. 『左傳 · 宣公十二年』을 보면 "荀林父는 어찌할 바를 모르다 북을 쳐 軍中에 布告하기를 먼저 黃河를 건너

는 자에게 상을 준다 하였다. 中軍・下軍이 배를 다투니 배안의 손가락을 움켜쥘 수 있었다. 桓子不知所爲, 鼓於軍中曰 : 先濟者有賞. 中軍・下軍爭舟, 舟中之指可掬也."라 하였다. 楊伯峻이 注를 달았는데 "먼저 배에 오른 자는 많이 탈까 두려웠고 또 적군의 추격이 두려웠고 혹은 배가 무게를 못 이겨 가라앉을까 두려웠다. 그러나 뒤에 온 자들은 뱃전을 잡고 오르려 하니 먼저 배에 오른 자들이 칼로 뱃전 잡은 손가락들을 자른 것이다. 배안의 손가락을 움켜 쥘 수 있다는 것은 많다는 것을 말한다. 〈晉世家〉에서 晉軍 이 패하여 황하로 달아나 다투어 건너니 배안에 손가락이 아주 많았다 하였으니 그 내용을 기술한 것이다."라 하였다.

다시 漢末에도 비슷한 일이 벌어졌다. 『通鑑・卷六十一・漢紀五十三・獻帝興平二年』의 기록을 보면 다음과 같다. 董卓에게 강제로 長安으로 끌려갔던 獻帝는 董卓을 誅殺할 수 있었으나 다시 그의 부하인 李傕・郭汜에게 갖은 苦楚를 겪다가 洛陽으로 돌아가게 되었다. 그러나 그들이 마음을 바꿔 추격하니 風前燈火 신세였다. 앞에 있는 黃河를 두고 다음의 일이 벌어졌다.

"黃河의 언덕은 높이가 열 길이 넘으니 내려갈 수 없었다. 이에 비단으로 가마를 만들어 사람으로 하여금 임금을 업게 하였고 나머지 사람들은 모두 기어 내려가는데 혹자는 위에서 아래로 몸을 던지니 갓이고 두건이고 다 망가졌다. 黃河의 기슭에 이르자 士卒들이 다투어 배로 달려가니 董承과 李樂이 창으로 찍어 손가락들이 배안에서 움켜쥘 수 있었다. 河岸高十餘丈, 不得下. 乃以絹爲輦, 使人居前負帝, 餘皆匍匐而下, 或從上自投, 冠幘皆壞. 既至河邊, 士卒爭赴舟, 董承・李樂以戈擊之, 手指於舟中可掬."

▸曾冰(층빙) : 曾은 層과 통하며 읽을 때에도 (증)이 아니고 (층)으로 해야 한다. 謝靈運의 〈苦寒行〉에서 "歲歲曾冰合, 紛紛霰雪落. 해마다 두꺼운 얼음이 얼고, 분분히 싸락눈 내린다."라 하였는데 黃節의 注에서 "曾은 層과 통한다."라고 하였다. 層冰은 厚冰이다 겹겹

이 얼어서 두껍게 된 얼음을 말한다.

▸漢月 : 漢은 中國을 가리키는 泛稱이니 唐代에도 漢이라 할 수 있다. 故鄕·故國을 이 달로 대신한 것이니 고향·고국 떠난 것을 고향 달·고국의 달을 떠났다고 표현한 것이다. 물론 변방이나 이역의 달은 아주 생소하고 낯선 달이 되겠다. 『杜臆』에서 南北朝時代 北周 王褒의 〈燕歌行〉을 인용하였으니 "더 이상 漢地의 關山月을 볼 수 없고, 다만 사막 북쪽 薊城의 구름만 있다네. 無復漢地關山月, 唯有漠北薊城雲."이 그것인데 같은 경우다. 唐 范攄의 『雲溪友議』 卷九에서도 漢月로 故鄕·故國을 대신 하였으니 "고향은 關山에 막혀 만 리, 일심으로 漢月을 그리네. 萬里隔關山, 一心思漢月."이다. 또한 陰鏗은 〈昭君怨〉에서 "다만 외로운 明月있어, 그래도 멀리 가는 사람 배웅할 줄 아네. 惟有孤明月, 猶能送遠人."이라 하였으니 故鄕의 달이 함께 갈 수는 없는 것이다. 그러나 달이 故鄕·故國 떠난 나를 따라와 함께 하는 경우도 많다. 南朝 陳 張正見의 〈明君詞〉를 『杜詩詳注』에서 인용하였는데 "오랑캐 땅 먼지 잎 진 차가운 나무를 뒤덮고, 漢月은 서리 내린 누각 밖에 밝다네. 寒樹暗胡塵, 霜樓明漢月."이라 하였고 杜甫는 〈月夜憶舍弟〉에서 "오늘밤부터 白露절기에 드는데, 달은 고향의 밝은 달이네. 露從今夜白, 月是故鄕明."라 하였으며 儲光羲도 〈渭橋北亭作〉에서 "그래도 옛 누각의 달이 있어, 지금 와서 정자 위에 밝다네. 獨有故樓月, 今來亭上明."이라 하였다. 그러나 가장 이름난 것은 李賀의 作品이니 〈金銅仙人辭漢歌〉가 그것이다. 漢 武帝가 承露盤을 들고 있는 銅人을 만들었다. 魏 明帝가 이것을 魏나라로 옮겨가려 하자 銅人이 눈물 흘리며 탄식했다는 것인데 "허무하게 漢 나라의 달빛만 지닌 채 대궐 나서며, 옛님 그리워 흘리는 눈물은 납덩이 녹인 듯. 空將漢月出宮門, 憶君淸淚如鉛水."라 하였으니 오직 漢月만이

金銅仙人과 동행하는 것이다.

▸築城 :『杜詩詳注』에서 인용한 唐元竑의 注 : “哥舒翰이 일찍이 青海에 성을 쌓았는데 아마 겨울철에 군사를 부린 듯하다. 그래서 軍士들이 추위에 고생하는 노래를 지었다. 哥舒翰嘗築城青海, 疑於冬月行師, 故爲軍士苦寒之吟.”

▸暮南征 : 故國은 남쪽에 있으므로 남쪽으로 가는 구름을 잡고 싶은 것이다. 暮字는 情을 머금었다.(蕭滌非)

**解說**

말을 몰고 가는데 하늘에서는 눈마저 내리고 계속 행군하여 높은 산으로 들어갔다. 좁은 길은 아슬아슬한데 찬 돌을 안고 있으려니 손가락이 두껍게 언 얼음 사이로 떨어져 나간다. 이미 漢나라 달을 떠나 아득히 먼 곳에 왔으니 어느 때련가 城을 다 쌓고 돌아갈 날이. 뜬 구름도 저녁이면 남쪽으로 갈 줄 아는데 바라만 볼뿐 잡고 오를 수 없구나.

〈前出塞〉九首 其八

單于寇我壘, 百里風塵昏.
雄劍四五動, 彼軍爲我奔.
虜其名王歸, 繫頸授轅門.
潛身備行列, 一勝何足論?

**註**

▸單于(선우) : 匈奴의 임금. 『杜臆』 “單于는 漢의 일을 借用한 것으로 寇壘者는 單于가 아니다. 單于借用漢事, 寇壘者非單于也.” 蕭滌非 : “여기에서는 邊疆少數民族의 君長의 泛稱이다.” 우리가 보

기에는 吐蕃의 고위층을 말하는 것이라 생각된다.

▶寇(구) : 侵略(人). 侵犯(人). 도적질. 약탈.

▶壘(루) : 城砦(성채). 陣地. 堡壘(보루).

▶風塵 : 바람에 날리는 먼지. 이것으로 戰亂을 比喩한다.

▶雄劍 : 옛날의 名劍.

① 『杜詩詳注』에 인용된 『烈士傳』 : "楚王의 夫人이 일찍이 납량을 하느라고 쇠기둥을 안고 있었는데 마음에 느끼는 바가 있더니 임신하였다. 후에 쇳덩이를 하나 낳으니 王이 鏌鎁(막야)에게 이것을 鑄造하여 한 쌍의 칼을 만들게 하였다. 삼년 뒤에 비로소 칼을 이루었는데 하나는 雌劍 즉 암컷 칼, 하나는 雄劍 즉 수컷 칼이었다. 楚王夫人常納凉而抱鐵柱, 心有所感, 遂懷孕. 後産一鐵, 楚王命鏌鎁鑄此爲雙劍. 三年乃成劍, 一雌一雄."

② 『杜詩詳注』에 인용된 〈越絶書〉 : "楚王이 鐵劍 세 자루를 만들었다. 晉・鄭 두 나라가 이를 듣고 구하였으나 얻지 못하자 군사를 일으켜 楚를 포위하고 삼년을 풀지 않았다. 楚나라가 太阿劍을 들고 성에 올라 휘두르니 三軍이 敗北하고 士卒들은 홀려서 千里에 피를 흘렸다. 楚王作鐵劍三枚, 晉鄭聞而求之, 不得, 興師圍楚三年不解. 楚引太阿之劍, 登城而麾之, 三軍破敗, 士卒迷惑, 流血千里."

③ 『杜詩詳注』에 인용된 張綖注 : "開元 연간에 河西將 宋青春이 전투할 때마다 劍을 휘두르고 크게 부르짖으며 목을 베어 돌아오는데 칼이나 화살을 맞은 적이 없었다. 후에 吐蕃의 主將을 생포하였는데 물어보니 말하기를 언제나 青龍이 陣으로 돌진하여 오는 것을 보았는데 칼날이 닿으면 꼭 銅이나 鐵과 부딪히는 것 같아 天佑神助로 알았다. 하였으므로 비로소 그 劍의 神異함을 알았다. 開元中, 河西將宋青春, 每戰運劍大呼, 執馘而旋,

未嘗中鋒鏑. 後獲吐蕃主帥, 問之, 曰：常見青龍突陣而來, 兵刃所及, 如及銅鐵, 以爲神助也. 始知劍之異."

④『讀杜詩說』:"張綖의 說은『酉陽雜組』에 뿌리를 둔 것이다. 그러나 本 詩는 꼭 어떤 典故를 정하여 놓고 쓴 것이 아니니 혹 引證한다면 〈越絶書〉로 충분하다. 다른 詩들 즉 〈李監宅〉 其二의 '展開金孔雀'이 唐 高祖의 일을 인용하고 〈投贈哥舒開府翰二十韻〉의 '天山早掛弓'이 薛仁貴의 일을 인용한 것은 그래도 당시에 전하여 들은 것일 것이다. 그러나 여기의 宋靑春의 일은 그 일이 隱僻한데다 또한 가까이 開元 연간의 일이니 벌써 전하여 듣고 公의 詩에 쓰인 것은 꼭 그렇지는 않을 것이다. 注에 달아 見聞을 넓힌다면 그것은 可하다 하겠다. 今按張說本酉陽雜組. 然詩意原不必定用典故, 卽或引證, 越絶書已可矣. 他詩如展開金孔雀引唐高祖事, 天山早掛弓引薛仁貴事, 尙是當時傳聞者；此宋靑春事卽隱僻, 且近在開元時, 未必卽已傳聞, 公遂用入詩也. 附注以廣見聞可耳."

⑤ 蕭滌非：雄劍은 단지 표면상의 뜻을 취했을 뿐 내용은 관계없다. "四五動"은 큰 힘 안 들었다는 말이다.

▸爲我奔：爲는 ~때문에, ~까닭에.(원인을 나타냄) 이때는 去聲임. 奔은 敗走. 逃亡.

▸虜(로)：생포함. 사로잡음.

▸名王：邊方民族의 名聲이 있는 王.『漢書 · 顔師古注』에서 "名王은 大名이 있는 자를 말하며 뭇 小王과 구별한다. 名王者, 謂有大名, 以別諸小王也."라 하였다. 여기에서는 吐蕃의 고위층을 말한다.『杜詩詳注』에서『錢箋』을 인용하였는바 開元 二十一年, 契丹과 奚가 해마다 변방의 걱정거리였는데 張守珪가 사람을 시켜 그 임금 屈剌과 大臣 可突干을 죽이고 東都에 머리를 전하여 天津橋 南에

梟首하였다고 하였다. 『讀杜心解』에서 말하기를 이것은 奚·契丹의 일로 양쪽은 아득히 떨어져 상관이 없다 하였다.

蕭滌非 : "名王은 匈奴의 左賢王·右賢王과 같은 存在로 여기에서는 邊方民族의 貴人을 가리킨다. 이것은 第六首 '擒賊先擒王'을 말한다. 名王如匈奴左賢王·右賢王. 這裏泛指貴人. 正是所謂擒賊先擒王."

▸繫頸 : 漢 賈誼 〈過秦論上〉: "百粤의 임금이 머리 조아리고 목에 줄을 매 下吏에 목숨을 맡겼다. 百粤之君, 俯首繫頸, 委命下吏." 唐 魏徵 〈述懷〉: "밧줄을 청하니 南粤을 묶으련다. 請纓繫南粤." 『漢書·終軍傳』: "바라옵건대 긴 밧줄을 받아 반드시 南越王을 묶어 대궐 아래에 바치리다. 願受長纓, 必羈南越王而致之闕下"

▸轅門 : 軍營의 門. 수레 두 대를 비스듬히 세워 끌채를 서로 맞대는데 이때 정면에서 보면 人字 모양이 된다. 軍營에서 따로 문을 만들 것 없이 수레로 문을 만든 것이다.

▸潛身 : 몸을 숨김. 『杜詩詳注』의 盧注에서 馮異를 말했는데 우리도 진작 그렇게 생각했었다. 『後漢書·馮岑賈列傳』에 나오는데 그는 겸양하여 자기의 공로를 자랑하지 않았으며 "뭇 장수들이 함께 앉아 功의 크고 작음을 따질 때에 항상 나무 밑에 물러나 있어 軍中에서 大樹將軍이라 불렀다. 諸將竝坐論功, 異常獨屛樹下, 軍中號曰大樹將軍."

▸備 : 充當하다. 즉 채워서 메움. 보통 謙詞로 쓰인다.

▸行列 : 이것은 본디 (항렬)로 읽어야 맞는다. 여럿이 줄을 지어감 또는 그런 줄을 말한다. 그래서 군대를 편성한 대오인 行伍 즉 한 줄의 다섯 명 세운 것을 伍, 그 다섯줄의 스물다섯 명을 行 이라 하니 이때 行伍는 분명 (항오)라 읽는다. 그러나 우리의 경우 항렬은 같은 혈족의 직계에서 갈라져 나간 계통 사이의 대수 관계를 나타내

는 말이다. 예를 들면 그는 나이는 적어도 항렬은 높다와 같다. 그래서 本 詩에서 이 말은 부득이 행렬이 되어야 했으니 국어사전에도 그렇게 되어있다. 말이 나온 김에 이렇게 습관적으로 정착된 예를 하나 더 들면 胃炎 腸炎은 위염 장염이라 읽으나 肺炎은 폐렴으로 읽어야 하니 어쩔 수 없다. 그렇게 굳어졌으니.

▸이 7·8구에서 우리는 當時 軍中에는 論功行賞이 제대로 이루어지지 않았으니 信賞必罰에 문제가 있고 軍行政에 고장이 났다는 것을 감지할 수 있었다. 杜先生도 이를 슬며시 감추어 놓은 듯하다. 좋게 말해서 大樹將軍 馮異와 비교하였지 실상은 억울하다는 말이 되겠다.

**解說**

單于가 우리의 城砦 堡壘에 침입하니 百里에 걸쳐 바람에 날리는 먼지로 어둑어둑하다. 우리가 雄劍을 네댓 번 휘두르니 저 적군은 우리 때문에 敗走한다. 그들의 名王을 생포하여 돌아와 목을 매어 轅門에 넘겨준다. 그리고 몸을 감춰 군대의 행렬이나 채우고 있을 뿐이니 한 번의 승리 무에 논할 가치가 있겠는가?

〈前出塞〉九首 其九

從軍十年餘, 能無分寸功?
衆人貴苟得, 欲語羞雷同.
中原有鬪爭, 況在狄與戎.
丈夫四方志, 安可辭固窮.

**註**

▸"從軍十年餘"로 府兵制가 이때 완전히 파괴된 것을 알 수 있다.(蕭

滌非)

▶能 : 寧, 哪와 같다.(徐仁甫의 『杜詩注解商権』) 能無는 豈無, 寧無와 같은데 추정 · 추측의 含意가 있다.(蕭滌非)

▶分寸 : 一尺의 십분의 일이 一寸이며 一寸의 십분의 일이 一分이다. 따라서 아주 작은 것을 말한다.

▶第1 · 2句는 슬쩍 잃은 것을 보상해 주지 않았다는 것을 나타냈는데 軍士의 입을 빌려 이끌어냈으니 綿裏裹針之法(솜 속에 바늘을 싸두는 것이니 흔히 綿裏針이라 하며 外는 柔和하나 內는 尖刻함을 比喩한다.)이라 하겠다. 隱見得不償失, 借軍士口中逗出, 總是綿裏裹針之法(『杜詩鏡銓』) "얻고 잃은 것에 대한 보상이 거의 없다. 得失之相償無幾."(『讀杜心解』)

▶苟得 : 가져서 안될 것을 갖는 것. 『禮記 · 曲禮上』에서 "財物에 직면할 때 苟得하지 말 것. 臨財毋苟得."이라 했는데 孔穎達疏에서는 "의롭지 못하게 취한 것을 苟得이라 한다. 非義而取, 謂之苟得."이라 하였다. 『中韓辭典』에서는 "속여서 제 것으로 만들다"라 하여 더 치사하게 풀었다. 그런데 『杜詩詳注』에서 인용한 盧注에서는 아주 자세하게 예를 들며 풀이하였는데 "功이 있는 척 가장하여 苟得 하니 즉 무고한 사람들을 함부로 죽이고 패배를 숨기고 승리로 만들며 남의 공을 강탈함이 모두 이것이다. 冒功苟得, 凡濫殺無辜, 掩敗爲捷及攘奪人功, 皆是."

▶雷同 : 보통 附和雷同이라 쓴다. 줏대 없이 남의 의견에 따라 움직임을 말한다. 『禮記 · 曲禮上』에서 "남의 글 · 말을 표절 말고 남의 말을 줏대 없이 따르지 말 것. 毋勦說, 毋雷同"이라 하였는데 鄭玄의 注에서 "천둥소리가 나면 이와 동시에 응하지 않는 것이 없다. 그런데 사람의 말은 제 뜻을 따라야지 그렇게 해서는 안 된다. 雷之發聲, 物無不同時應者 ; 人之言當各由己, 不當然也."라 하였다.

▶狄・戎(적・융) : 북쪽의 異民族을 狄이라 하였고 서쪽의 異民族을 戎이라 불렀다.

▶第5・6句 : ①『杜詩詳注』에 인용된 盧注 : "만약 공을 다투어 싸우면 중원 또한 편안하지 못할 터인데 하물며 멀리 戎狄을 정벌할 수 있겠는가? 뜻이 天下에 있는 사람은 제 한 몸을 위해 따지지 않는다. 옛날 廉頗가 藺相如를 욕보이려 할 때 相如가 피하며 말하기를 내가 이렇게 하는 까닭은 국가의 급함을 우선하고 사적인 원한을 뒤로 함이다 했으니 그 뜻이 똑같다. 若爭功而鬪, 則中原且不自安, 況能遠征戎狄乎. 見志在天下者, 不爲一身計也. 昔廉頗欲辱藺相如, 相如避之, 曰 : 吾所以爲此者, 先國家之急而後私讐也, 意正相同." 이 盧注는『杜臆』과 大同小異하다. ②『杜詩詳注』에 인용된 舊說 : "중원에 투쟁이 있으면 바깥의 오랑캐와 다름이 없는데 戎狄을 나무랄 수 있겠는가? 中原而有鬪爭, 則與外夷無異, 況能責及戎狄乎?" ③『讀杜心解』: "中原內地도 어지러울 수 있으니 또한 마땅히 큰 도량으로 荒穢한 변방을 포용해야 할 것이다. 內地且將致亂, 還宜大度包荒." 우리 생각에『杜詩詳注』에 인용된 盧注와『杜臆』은 中原鬪爭을 아주 有別나고 특이하게 풀이한 듯하다. 그래서 소개하여 보았다. ④ 우리의 생각 : 中國人들은 中華思想에 젖어 四方 異民族을 멸시하며 우월감을 가지고 있다. 衣冠文物의 나라라 하여 文化民族임을 과시하고 禮・義・廉・恥를 알며 孝・悌・忠・信을 행하는 아주 先進의 나라라 한다. 그런데 역사를 보면 春秋戰國時代 以來 끊임없이 치고받으며 싸웠다. 그래서 솔직히 이야기 하는 것이다. 이렇게 잘난 中原도 鬪爭이 있는데 하물며 野蠻의 戎狄이 싸움질하고 침략하는 것은 이상할 것이 없지 않은가? 지금 戎狄을 퇴치하여도 앞으로 끊임없이 침략하고 노략질할 것이니 한때의 功을 가지고 자만하지 말고 계속하여 노력하여야 할

것이라는 것이다. 그래야만 7·8구의 結論과 잘 어울리는 것이다.

▸四方志 : 分寸功을 따지지 않고 四方志를 가진다는 말이다. 四方志는 天下를 經營하거나 國家를 安定시키는 遠大한 志向을 말한다. 『左傳·僖公二十二年』에 "(姜氏가) 公子(晉나라 公子인 重耳)에게 말했다. 그대는 四方之志를 가졌다. (姜氏)謂公子(重耳)曰 : 子有四方之志."라 하고 『三國志·魏志·荀攸傳』에 "天下가 지금 바야흐로 일이 많은데 劉表는 앉아서 江漢 사이 땅이나 보존하니 그 四方之志 없음을 알 수 있다. 天下方有事, 而劉表坐保江漢之間, 其無四方之志可知."라 하였다.

▸固窮 : 『論語·衛靈公』에 "君子는 곤궁할 때 꿋꿋하나 小人은 곤궁하면 안 하는 짓이 없다. 君子固窮, 小人窮斯濫矣."라 함.

**解說**

從軍한지 십년 남짓. 어찌 마디만한 공이 없으리오. 뭇 사람들은 의롭지 못한 것을 얻고자 하나 나는 공을 말하려 해도 附和雷同함이 부끄럽다. 中原땅도 투쟁이 있는데 하물며 北狄 西戎같은 곳에 있어서리오. 한때의 승리에 자만하지 말아야 할 것이다. 男兒大丈夫는 마디만한 공이 문제가 아니고 四方之志를 가져야 하는 법. 앞으로 그것을 위해 더욱 노력하고 애쓸 것인데 어찌 곤궁할 때 꿋꿋함을 마다하리오.

### ☛ 參考(一)

〈出塞〉南朝·梁·劉孝標

薊門秋氣淸, 飛將出長城.
絶漠衝風急, 交河夜月明.

陷敵摐金鼓, 摧鋒揚旆旌.
去去無終極, 日暮動邊聲.

薊門(계문)에 가을 기운 맑으니,
飛將은 長城을 나가고
아득한 사막에 센 바람 조여들 때,
交河의 밤 달은 밝아.
敵陣에 들어가 징과 북 두드리며,
敵軍의 기세 꺾고 깃발 날린다.
가고 또 가며 끝이 없는데,
저문 날 피어난다 변방의 피리소리.

▷薊門 : 薊丘. 지금의 北京 一帶. 中國의 東北 끝을 가리킨다.
▷飛將 : 漢의 李廣을 匈奴가 이렇게 불렀다.
▷絶漠 : 아득히 먼 사막 지구.
▷衝風 : 暴風. 猛烈한 바람.
▷交河 : 中國의 西北 끝에 있는 강.
▷陷敵 : 敵陣에 突進함.
▷摐(창) : 치다. 두드리다.
▷摧鋒 : 적군의 예기를 꺾다.
▷旆旌(패정) : 깃발.
▷邊聲 : 邊方의 羌管 胡笳 畵角같은 관악기소리.

☛ **參考(二)**

〈出塞〉 北朝 · 北周 · 王褒

飛蓬似征客, 千里自長驅.

塞禽唯有雁, 關樹但生楡.
背山看故壘, 繫馬識餘蒲.
還因麾下騎, 來送月支圖.

길 떠난 사람 나는 쑥대 같아,
천리를 그대로 앞만 보고 달린다.
변방의 새는 오직 기러기 있고,
관문의 나무는 느릅나무만 자란다.
산을 등진 옛 堡壘를 보며,
말 묶을 때 아직도 남은 갯버들 알아낸다.
다시 장군 휘하의 騎兵 편에,
月支나라의 지도를 보낸다.

▷長驅 : 앞을 향해 쉬지 않고 달림. 먼 길을 앞만 보고 달림.

▷塞雁 : ① 겨울에 남으로 갔다 봄에 북으로 돌아온다. 이것으로 고향생각을 나타낸다. ② 蘇武의 故事에 의해 기러기 편에 편지를 전한다 하였다. 고향에 소식전하기로는 오직 기러기만 있다니 없다는 소리와 같다.

▷關楡 : 『漢書·韓安國傳』에 보면 蒙恬이 秦을 위해 胡에 침입. 땅을 수천 리 개척하고 黃河로 경계를 삼았는데 돌을 쌓아 城을 만들고 楡 즉 느릅나무로 塞 즉 울타리를 삼았다. 이 때문에 후세에는 邊關·邊塞를 楡塞라고도 부르게 되었다.

▷餘蒲 : 『三齊略記』에 의하면 秦始皇이 동으로 바다에 이르러 蒲柳 즉 갯버들을 구부려 말을 묶었다 한다. 지금에 이르도록 그 땅의 蒲柳는 얽혀서 자란다는 것이다.

▷麾(휘) : 軍隊를 지휘하는 깃발이니 麾下는 장수의 부하를 말한다.

▷月支 : 月氏. 西域의 나라이름.

### ☛ 參考(三)

〈出塞〉二首 其一 隋 薛道衡

高秋白露團, 上將出長安.
塵沙塞下暗, 風月隴頭寒.
轉蓬隨馬足, 飛霜落劍端.
凝雲迷代郡, 流水凍桑乾.
烽微桔槹遠, 橋峻轆轤難.
從軍多惡少, 召募盡材官.
伏波時臥鼓, 疑兵作解鞍.
龍城擒冒頓, 長坂納呼韓.
受降今更築, 燕然已重刊.
還嗤傅介子, 辛苦刺樓蘭.

하늘 높은 가을 맑은 이슬 방울질 때,
上將께서는 長安을 나섰다.
흙먼지 모래에 변방은 어둑어둑하고,
바람과 달빛 아래 隴山은 싸늘하다.
구르는 쑥대는 말발굽 따르고,
내리는 서리는 칼끝에서 떨어진다.
代郡땅은 짙은 구름에 뿌옇고,
桑乾河의 흐르는 물 얼었다.
桔槹烽은 멀리서 희미하고,
도르래는 가로막대 높아 올리기 어렵다.
從軍하는 자는 불량한 청년이 많고,
모집되는 자는 질 낮은 무사로다.
전투가 멈추면 때때로 북을 쉬고,
적을 속이려 말안장 풀어 놓는다.

龍城에서 冒頓單于 잡고 싶은데,
長平坂에서는 呼韓邪單于 영접한다.
受降城을 지금 다시 쌓고,
燕然山에 이미 거듭 功을 새겼다.
또 傅介子를 웃을만하니,
갖은 고생 끝에 樓蘭王을 찔렀단다.

▷高秋 : 하늘 높고 기운은 서늘한 가을.
▷上將 : 主將. 統帥.
▷隴頭 : 隴山. 天水郡의 큰 비탈로 邊方을 나타낸다.
▷飛霜 : 降霜.
▷凝雲 : 濃雲. 密雲.
▷桑乾 : 강물의 이름.
▷桔槔 : 두레박 틀. 여기서는 桔槔烽으로 쓰였다. 즉 봉화의 이름이다. 높은 나무로 望樓를 만들고 望樓 위에 桔槔를 만들며 그 머리에 바구니를 장치한 뒤 땔 나무를 넣어두니 이를 烽이라 한다. 항상 낮게 드리워 있다가 외적이 침입하면 불을 붙이고 들어 올려서 멀리 전하는 것이다.
▷橋 : 桔槔 위의 가로지른 막대.
▷轆轤 : 도르래.
▷惡少 : 不良 青少年.
▷召募 : 招募. 募集.
▷材官 : ① 예비군. ② 武卒. 파견 나가는 下級의 武官.
▷伏波 : 變亂을 平息함.
▷臥鼓 : 북을 눕힘. 息鼓. 이것으로 戰爭이 없거나 멈춘 것을 나타낸다.
▷疑兵 : 虛張聲勢로 敵을 헛갈리게 하는 군대.
▷解鞍 : 안장을 풀어 놓음. 停駐함을 나타낸다.

▷龍城：匈奴의 地名으로 그들이 하늘에 제사 지내는 곳이다.

▷冒頓(묵돌)：漢初 匈奴의 유명한 單于.

▷呼韓邪(호한야)：單于인데 王昭君을 데려가 유명하다.

▷長坂：長平坂으로 그 위에 宮觀이 있다.『漢書・宣帝紀』에 의하면 일찍이 이곳에서 漢을 찾아온 呼韓邪 單于를 묵게 하였다.

▷受降城：漢 唐 時代에 이 城을 쌓고 적의 항복을 받았으므로 이렇게 부른다. 漢의 受降城은 지금의 內蒙古에 있으며 唐에는 세 군데가 있는데 中城은 朔州에 西城은 靈州에 東城은 勝州에 있었다.

▷燕然山：東漢때 車騎將軍 竇憲이 匈奴를 대파하고 燕然山에 올라 刻石勒功하여 漢의 威德을 기록하였다. 후세에는 이것으로 邊塞를 나타내며 功을 세우면 늘 인용한다.

▷傅介子：漢나라 때 大宛에 사신으로 갔는데 樓蘭・龜玆 等이 漢使를 살해한 것을 책망하자 모두 服罪하였다. 그 후 樓蘭이 여러 차례 배반하자 직접 가서 그 王의 머리를 베어 돌아와 北闕에 걸었다.

## ☛ 參考(四)

〈出塞〉唐 竇威

匈奴屢不平, 漢將欲縱橫.
看雲方結陣, 却月始連營.
潛軍渡馬邑, 揚旆掩龍城.
會勒燕然山, 方傳車騎名.

匈奴가 자주 평화를 깨니,
漢나라 장수가 거침없이 치려한다.

구름 보고 비로소 陣을 치고,
달빛 피하여 野營을 연결한다.
은밀히 출동하여 馬邑을 건너고,
깃발 들어 龍城을 엄습한다.
마땅히 燕然山의 돌에 새겨야,
비로소 車騎將軍 같은 이름 전하리.

▷不平 : 不和. 不睦.
▷縱橫 : 마음대로 橫行하며 꺼릴 것 없는 것.
▷雲陣 : 구불구불 이어진 橫隊.
▷連營 : 野營·駐屯이 서로 연결됨.
▷潛軍 : 비밀리에 出兵함. 敵陣을 은밀히 공격함.
▷馬邑 : 城의 이름. 山西省에 있다. 桑乾河의 北에 위치함.
▷車騎 : 車騎將軍 竇憲.

## ☛ 參考(五)

〈出塞〉唐 陳子昂

忽聞天上將, 關塞重橫行.
始返樓蘭國, 還向朔方城.
黃金裝戰馬, 白羽集神兵.
星月開天陣, 山川列地營.
晚風吹畫角, 春色耀飛旌.
寧知班定遠, 獨是一書生.

홀연히 들었다 하늘의 장수,
변방을 다시 거침없이 달린다고.
막 서쪽 樓蘭에서 돌아오자,

또 북방의 성으로 향하며,
黃金으로 戰馬를 장식하고,
白羽로 神兵을 소집하네.
별과 달 보고 天陣을 치고,
산과 내에 따라 地營을 벌이며,
저녁 바람에 나팔을 부니,
봄 풍경 속 깃발은 번쩍인다네.
어찌 알았으리오! 定遠侯 班超가,
도리어 하나의 書生이었던 것을.

▷天上將 : 中國의 장수를 이렇게 美化하였다.

▷關塞 : 邊關. 邊塞.

▷朔方 : 北方.

▷白羽 : 보통 흰 깃 꽂은 화살을 뜻하나 여기에서는 白旄 즉 軍旗의 뜻이니 軍中 主將의 指揮用 깃발이다.

▷神兵 : 天兵과 같다. 하늘의 뜻을 받들어 神이 도와주는 군대라는 말이니 中國의 군대를 이렇게 불러주었다.

▷天陣 : 陣法의 이름. 『六韜 · 三陣』에서 天陣 · 地陣 · 人陣을 列擧하였다.

▷地營 : 땅 위의 營寨 · 兵營. 위의 天陣과 짝을 맞추기 위하여 地字를 붙였다.

▷畵角 : 옛날 軍中에서 쓰던 나팔의 일종. 겉을 화려하게 장식하였으므로 畵字를 붙였다.

▷班定遠 : 東漢初 班超는 投筆從戎(文을 버리고 武를 따름)하여 西域에서 큰 공을 세웠고 定遠侯에 封하여졌다. 그의 형이 『漢書』를 쓴 班固다.

▷獨 : 오히려. 여전히.

## ☛ 參考(六)

〈出塞〉唐 沈佺期

十年通大漠, 萬里出長平.
寒日生戈劍, 陰雲搖旆旌.
飢烏啼舊壘, 疲馬戀空城.
辛苦皐蘭北, 胡霜損漢兵.

십년동안 廣大한 沙漠을 관통,
만리를 평정하여 長平侯가 나왔다.
창·칼에 싸늘한 햇빛 돋고,
깃발은 음산한 구름 속에 흔들린다.
주린 까마귀 묵은 堡壘에서 울고,
지친 말은 황량한 城을 아쉬워한다.
皐蘭山 북쪽에서 고생하니,
이역의 서리는 漢나라 병사를 상하게 한다.

▷大漠 : 廣大한 沙漠.
▷長平 : 漢나라 衛青은 匈奴를 공격 여러 차례 공을 세우니 벼슬은 大將軍에 이르고 長平侯에 封하여졌다.
▷空城 : 荒凉한 城.
▷皐蘭 : 山의 이름. 甘肅省 蘭州市 남쪽에 있다. 漢나라의 霍去兵이 六日동안 轉戰(이리저리 자리를 옮겨가며 싸움)하여 유명해졌다.

## ☛ 參考(七)

〈出塞〉唐 王維

居延城外獵天驕, 白草連天野火燒.
暮雲空磧時驅馬, 秋日平原好射雕.
護羌校尉朝乘障, 破虜將軍夜渡遼.
玉靶角弓珠勒馬, 漢家將賜霍嫖姚.

居延城 밖 하늘의 귀염둥이 사냥하면,
白草는 하늘과 닿았는데 들불 타오른다.
저녁 구름 아래 공활한 사막 때로 말달리니,
가을날 넓은 벌판 수리 쏘기에 좋다.
護羌校尉는 아침마다 堡壘에 오르고,
破虜將軍은 밤이 되자 遼河를 건넌다.
玉자루 보검, 뿔 장식 활, 진주굴레의 말,
漢나라에서 장차 霍嫖姚에게 내릴 것이다.

▷居延 : 城 이름. 居延塞라고도 한다. 漢武帝가 伏波將軍 路博德을 시켜 北方의 이민족을 막기 위해 쌓았다. 『史記 · 李將軍傳』에 따르면 匈奴땅으로 이 천리를 들어가 居延의 地形을 살폈다 하니 匈奴땅에 있던 곳이다.

▷天驕 : 天之驕子(하늘의 귀염둥이라는 뜻)의 준말로 漢代에 匈奴의 自稱이었다. 『漢書 · 匈奴傳上』에 의하면 單于가 漢에 글을 보냈는데 가라사대 "南으로 大漢이 있으나 北으로는 强胡가 있나니 胡는 하늘의 귀염둥이니라. 南有大漢, 北有强胡. 胡者, 天之驕子也."였다. 驕는 嬌의 뜻으로 쓰이니 驕子는 즉 嬌兒 · 寵兒다.

▷白草 : 牧草의 이름. 강아지풀과 비슷하나 더 가늘고 가시랭이가 없으며 마르면 흰빛을 띠는데 마소가 즐겨 먹는다.

▷磧(적) : 모래벌판. 사막. 자갈밭.

▷雕(조) : 수리. 맹금류로 대단히 민첩하다. 따라서 射雕는 대단히 활을 잘 쏜다는 뜻으로 쓰이며 射雕者는 재능이 출중한 사람을 나타내는 말이다.

▷護羌校尉 : 漢代의 벼슬이름. 武帝가 西羌을 막기 위해 만든 武官이다. 護는 감시, 감독, 守護하다, 가리다, 막다는 뜻으로 쓰인다.
▷破虜將軍 : 漢代의 벼슬이름. 북쪽의 이민족인 虜를 擊破한다는 뜻이 되겠다. 우리나라에도 破虜湖가 있다.
▷遼(요) : 강물이름.
▷玉靶 : 옥을 박은 손잡이. 즉 옥 박은 칼의 손잡이. 이것으로 보검을 나타냄.
▷角弓 : 소나 양의 뿔로 장식한 활. 좋은 활을 말한다.
▷珠勒(주륵) : 진주로 장식한 말굴레.
▷霍嫖姚(곽표요) : 漢代의 霍去病. 그는 嫖姚校尉를 지냈다. 唐代의 장군을 이로써 대신하였다.

## ☛ 參考(八)

〈出塞〉二首 其一 唐 王昌齡

秦時明月漢時關, 萬里長征人未還.
但使龍城飛將在, 不敎胡馬度陰山.

秦때의 그 밝은 달 漢의 그 關塞는 변함없는데,
萬里 밖으로 征戰 나간 兵士들 또한 변함없이 못 돌아온다.
오직 龍城에 飛將 李廣만 있게 한다면,
胡馬가 陰山을 넘지 못하게 할 터인데.

▷龍城 : 龍庭. 匈奴가 하늘에 祭祀지내는 신성한 곳.
▷飛將 : 漢의 名將 李廣을 匈奴가 부르던 말.
▷陰山 : 지금 內蒙古의 남쪽을 가로 질러 동북쪽에서 內興安嶺과 이어지는 陰山山脈을 말한다.

☛ **參考(九)**

〈出塞〉唐 馬戴

金帶連環束戰袍, 馬頭衝雪度臨洮.
卷旗夜劫單于帳, 亂斫胡兵缺寶刀.

黃金 띠 쇠사슬에 戰袍는 가뜬한데,
말머리 눈을 뚫으며 臨洮를 넘어간다.
깃발 말아들고 한밤 單于의 장막을 습격,
胡兵들을 어지러이 찍으니 寶劍도 이 빠진다.

▷臨洮 : 甘肅省에 있는 地名.
▷卷旗 : 소리없이 은밀하게 행동함.

☛ **參考(十)**

〈出塞〉唐 皇甫冉

吹角出塞門, 前瞻卽胡地.
三軍盡回首, 皆灑望鄕淚.
轉念關山長, 行看風景異.
由來征戍客, 各負輕生義.

나팔 불며 邊塞의 城門을 나서니,
바로 앞에 보이는 곳이 胡地란다.
모든 軍士들이 머리 돌리며,
다 함께 望鄕의 눈물 뿌린다.
고향 관문, 산마루 아득함에 마음 바꿔,

특이한 풍경이나 가며가며 본다.
예부터 먼 변방 수자리 사는 사람은,
生을 가벼이 여기고 義를 무겁게 여겼단다.

▷三軍 : 王은 六軍, 諸侯中 大國은 三軍이었다. 節度使나 將軍은 諸侯에 해당하니 三軍이라 한다. 또한 軍隊의 泛稱으로도 쓰인다.
▷轉念 : 다시 생각하다니 대개 主意를 바꿀 때 쓴다.
▷征戍 : 멀리 변방에 수자리 살다.
▷各 : 모두. 전부.
▷輕生 : 輕生重義라 흔히 쓴다.

## ☛ 參考(十一)

〈出塞〉唐 王之煥

黃河遠上白雲間, 一片孤城萬仞上.
羌笛何須怨楊柳, 春光不度玉門關.

黃河는 아득히 白雲 사이로 올라가고,
한 조각 孤城은 만 길의 山에 있다.
羌笛은 왜 折楊柳曲으로 버들을 원망하느냐?
봄빛은 玉門關을 넘지 못해 버들도 없는 터에.

▷仞(인) : 일곱 자 또는 여덟 자. 한길이 되겠다.
▷羌笛 (강적) : 羌人들의 피리.
▷折楊柳 : 옛 〈橫吹曲〉의 이름. 晉代의 〈折楊柳〉는 戰爭의 勞苦를 노래했고 唐人들은 傷春惜別을 말했는데 특히 征戍 나간 사람을 그리는 작품이 많았다.
▷玉門關 : 漢 武帝가 설치함. 西域에서 玉을 들여올 때 이곳을 지났

으므로 이런 이름을 얻었다. 漢代에 西域의 各地와 통하던 門戶다. 지금의 甘肅省 敦煌부근이다.

### ☛ 參考(十二)

〈出塞〉 唐 張籍

秋塞雪初下, 將軍遠出師.
分營長記火, 放馬不收旗.
月冷邊帳濕, 沙昏夜探遲.
征人皆白首, 誰見滅胡時.

가을날 邊塞에 첫눈 내리자,
장군은 멀리 군대를 출동시킨다.
兵營을 분산하니 불빛으로 신호하려 늘 켜두고,
戰馬를 放牧하면 깃발로 표를 삼으니 거두지 않는다.
달빛도 차고 변방의 장막도 눅눅한데,
사막은 몽롱하니 밤 정탐은 늦어진다.
征戰의 兵士들 모두 머리 흰 노인들이니,
그 누가 胡를 없앨 날 볼 수 있을까?

▷3구 : 沙漠에서 서로 연락을 위해 불을 피워 늘 이것으로 표지(標識)를 삼는다. 記는 標識의 뜻으로 쓰인다.

▷4구 : 平原에서 말을 놓아먹일 때 깃발들을 꽂아 境界로 삼는다. 만약 깃발을 거두면 말들은 목표를 잃어 흩어지게 된다.

▷6구 : 昏은 흐릿하고 몽롱하며 아주 캄캄하지는 않은 것을 말한다. 探은 偵探함. 沙漠은 아주 캄캄하지는 않으므로 밤이 깊어서야 늦게 偵探하러 나갈 수 있다.

## ☛ 參考(十三)

〈出塞〉唐 劉駕

胡風不開花, 四氣多作雪.
北人尙凍死, 況我本南越.
古來犬羊地, 巡狩無遺轍.
九土耕不盡, 武皇猶征伐.
中天有高閣, 圖畵何時歇.
坐恐塞上山, 低於沙中骨.

북쪽 胡땅에 부는 바람은 꽃을 피우지 못하니,
일년 사철의 기운은 대개 눈이나 만든다.
북방의 사람도 오히려 얼어 죽는데,
하물며 나는 본래 남쪽 越人이란다.
예부터 개와 양의 땅이라 하여,
임금님이 巡狩하신 수레바퀴 자국도 없었거늘.
中國의 九州도 다 경작 못하면서,
武皇은 그래도 征伐한단다.
中天에 솟은 높은 樓閣에 그리는,
영웅의 초상화는 언제나 그만두려나.
몹시 두렵기는 변방의 산들이,
사막에 쌓인 백골보다 낮아질까 함이라네.

▷1구 : 꽃 피는 때에 맞춰 바람이 불어오니 花信風이라 한다. 中國에서는 小寒에서 穀雨까지 넉 달 백이십일 여덟 節氣에 스물 네 번의 꽃바람이 분다하여 二十四番花信風이라 부른다. 小寒에는 梅花, 山茶, 水仙. 大寒에는 瑞香, 蘭花, 山礬. 立春에는 迎春, 櫻桃, 望春. 雨水에는 菜花, 杏花, 李花. 驚蟄에는 桃花, 棣棠, 薔薇. 春

分에는 海棠, 梨花, 木蘭. 清明에는 桐花, 麥花, 柳花. 穀雨에는 牧丹, 酴醾, 楝花. 그런데 胡땅에는 꽃을 피우는 바람이 없다는 것이다.

▷四氣 : 春・夏・秋・冬 四時의 溫・熱・冷・寒의 기운.

▷多作雪 : 唐 東方虯는 〈昭君怨〉 三首의 其三에서 "胡地無花草, 春來不似春. 胡地에는 花草가 없으니, 봄이 와도 봄 같지 않다."라 하였고 李白은 〈王昭君〉 二首 其二에서 "燕支長寒雪作花. 胡땅의 燕支山은 언제나 추워 눈으로 꽃을 삼는다."라 하였다.

▷犬羊 : 外族을 멸시하여 부르던 말로 犬戎・羯胡(갈호)가 그 例다.

▷巡狩 : 임금이 나라 안을 두루 살피며 돌아다니던 일.

▷無遺轍 : 남긴 수레바퀴 자국이 없다. 간단히 말해 수래가 다닌 적이 없다는 말이다.

▷九土 : ① 中國 九州. ② 九州의 土地.

▷中天 : ① 高空 中. ② 參天.즉 하늘을 찌를 듯이 높이 솟다. 하늘에 닿다.

▷高閣 : 漢나라 宣帝때의 麒麟閣과 唐나라 太宗때의 凌煙閣이 가장 유명하며 그 안에 功臣의 肖像을 그려 넣었다.

▷坐 : ① 聊. 且. ② 殊. 非常. ③ 遂. 乃. ④ 正. 恰好.

## ☛ 參考(十四)

〈出塞曲〉 唐 劉濬

將軍在重圍, 音信絶不通.
羽書如流星, 飛入甘泉宮.
倚是幷州兒, 少年心膽雄.
一朝隨召募, 百戰爭王公.
去年桑乾北, 今年桑乾東.

死是征人死, 功是將軍功.
汗馬牧秋月, 疲兵臥霜風.
仍聞左賢王, 更欲圖雲中.

장군은 겹겹의 포위 속에 있으니,
소식이 끊어져 통하지 않는다.
羽書는 流星과 같아,
甘泉宮에 날아들었다.
의지하고 믿을 것은 幷州의 健兒들이니,
靑年들의 心志와 膽力은 씩씩하다.
하루아침에 소집을 따르더니,
백번의 전투로 郡王·公爵을 쟁취하려 한다.
지난해에는 桑乾河 북에 있더니,
금년에는 桑乾河 동에 있다.
죽는 것은 전쟁에 나간 사병이 죽는 것이고,
공로는 전쟁에 이긴 장군의 공로가 된다.
달려서 땀 흘린 말 가을 달 아래 풀어놓고,
고단한 병사들은 서리와 바람 속에 눕는다.
여전히 들려온다, 匈奴의 左賢王이,
또 다시 雲中땅을 도모한다고.

▷重圍 : 겹겹의 包圍. 이때의 重은 平聲이다.

▷音信 : 音塵과 같다. 소식. 기별. 〈胡笳十八拍〉之十 : "故鄕隔兮音塵絶. 고향은 아득하고 소식은 끊어졌다." 李白 〈憶秦兒〉 : "樂遊原上淸秋節, 咸陽古道音塵絶. 樂遊原에는 맑은 가을 왔는데, 咸陽 옛길에 소식은 끊어졌다." 그러나 本 詩에서는 絶을 절대로, 결코의 부사로 보아 전혀 소식이 통하지 않는다 해도 된다.

▷羽書 : 軍事文書에 깃털을 꽂아 급함을 알리고 신속히 전달되게 한다.

▷甘泉宮 : 본래 秦의 宮인데 漢 武帝가 증축 확장하였다. 여기에서 諸侯들을 만나고 外國의 사신을 접대하였으며 피서지로도 썼다.

▷幷州兒 : 북방의 씩씩한 청년들. 幷州와 幽州는 北方의 重鎭인데 사람들이 俠氣를 숭상하여 勇士들이 많이 나왔다. 따라서 幷州兒 하면 용맹한 청년을 나타내게 되었다.

▷心膽 : 心志와 膽力을 말한다.

▷召募 : 召集. 募集. 招募.

▷爭 : 爭奪. 爭取.

▷王公 : 王과 公爵에 封해진 사람. 高官大爵을 이것으로 표현한다.

▷汗馬 : 힘껏 달려 땀 흘리는 戰馬. 征戰의 勞苦를 비유한다.

▷雲中 : 지금의 內蒙古에 있는 땅이름. 邊塞의 泛稱도 된다.

## 7. <送高三十五書記十五韻>(五言古詩)

崆峒小麥熟, 且願休王師.
請公問主將, 焉用窮荒爲?
飢鷹未飽肉, 側翅隨人飛.
高生誇鞍馬, 有似幽幷兒.
脫身簿尉中, 始與捶楚辭.
借問今何官, 觸熱向武威?
答云一書記, 所愧國士知.
人實不易知, 更須慎其儀.
十年出幕府, 自可持旌麾.
此行旣特達, 足以慰所思.
男兒功名遂, 亦在老大時.
常恨結驩淺, 各在天一涯.
又如參與商, 慘慘中腸悲.
驚風吹鴻鵠, 不得相追隨.
黃塵翳沙漠, 念子何當歸.
邊城有餘力, 早寄從軍詩.

### ❖詩題

註

▶高三十五 : 高適을 가리킨다. 唐人들은 三十五와 같은 排行을 불러서 존경과 친밀을 나타냈다고 한다.(蕭滌非 말씀) 高適의 字는 達夫로 滄州 渤海人이다. 生年은 알 수 없고 代宗 永泰 元年(A.D. 765)에 卒하였다. 젊어서 성격이 시원시원하고 거침이 없어 生業에

종사하지 않았다. 가난하여 梁・宋땅에 나그네살이 하였는데 빌고 구걸하여 꾸려나갔다. 天寶 年間에 士大夫들이 모두 詩로 출세하자. 그는 이미 오십이 넘었지만 비로소 詩에 뜻을 두었는데 한번 배우자 능숙하였으며 풍격도 절로 높아 한 편을 지으면 好事者들이 곧 전파하고 낭송하였다. 일찍이 汴州를 지나다가 李白 杜甫를 만났는데 술에 취해 吹臺에 오르자 慷慨하여 노래를 짓고 바람을 맞으며 옛날을 생각하였다. 宋州刺史 張九皐가 有道科에 천거하여 封丘尉가 되었으나 적성에 맞지 않아 사직하고 河右에 노닐었다. 河西節度使인 哥舒翰이 보고는 기특하게 여겨 書記를 맡게 上奏하였다. 후에 諫議大夫로 발탁되었는데 바른말을 하니 권력층이 싫어하였다. 李輔國이 그의 재주를 꺼려 蜀이 어지럽자 蜀州・彭州의 刺史로 내쳤는데 西川節度使로 遷職되었다가 다시 刑部侍郎이 되었으며 散騎常侍로 渤海縣侯에 봉해졌다. 諡號는 忠이었다. 그의 詩는 氣象이 雄渾하고 奔放하였으며 邊塞景色과 戰爭場面을 잘 묘사하였지만 동시에 征夫들의 고통과 思婦들의 그리움도 빠트리지 않았다. 따라서 씩씩한 風格中에 능히 哀怨之情을 피로하였다. 高適의 政治上의 成就는 논할 것 없이 그가 영구불멸의 이름을 전하게 되는 것은 당연히 詩 때문이다.

▶書記 : 公文을 作成하는 일을 맡는다. 『唐書』에 의하면 軍中의 機密에 關預한다 하였다.

▶十五韻 : 아무리 세어 보아도 十六韻이다. 師・爲・兒・辭・知・儀・麾・思・時・涯・悲・隨・詩는 平聲 支韻이고 飛・威・歸는 平聲 微韻인데 옛날에는 通用되었으며 本 詩는 古詩이므로 상관없다. 支韻이 十三 微韻이 三이니 十六韻이 맞을 것이다.

**解說**

〈高氏 집안 같은 항렬 중 서른다섯 번째인 高書記를 전송하며 지

은 십오 운의 시〉

❖제1 · 2구 : 崆峒小麥熟, 且願休王師.

註

▶崆峒 : 『杜詩詳注』에서 黃希의 말을 인용하였는데 崆峒은 산 이름으로 세 군데가 있으니 臨洮 · 安定 · 汝州다. 本 詩의 崆峒은 臨兆에 있는 것으로 왜냐하면 河西 節度使의 治所는 凉州에 있고 臨洮 · 凉州는 모두 隴右道에 속하기 때문이다.

▶小麥 : 밀. 麥 한자는 보리를 뜻한다. 자세히 나누면 大麥이 보리고 蕎麥은 메밀 燕麥 · 雀麥은 귀리 裸麥은 쌀보리 黑麥은 호밀이다. "麥熟"하면 當時에는 유명한 사건을 떠올리게 마련이다. 앞의 〈兵車行〉 參考事項에서 이미 예로 들었는데 다시 말하면 "積石軍에 매년 보리(또는 밀)가 익으면 吐蕃이 곧 와서 수확하니 변방사람들은 吐蕃의 보리농장이라 하였다. 天寶 六年 十月 哥舒翰이 측면에 伏兵을 두고 적이 이르자 그 뒤를 끊은 뒤 협공하니 돌아간 자가 한 명도 없었으며 이로부터 감히 다시 오지 못하였다." 『杜詩鏡銓』에서 인용한 朱注에서 말하기를 "후에 이 보리농장의 한번 승리로 말미암아 황량한 변방에 窮兵黷武하여 여러 차례 패배에 이르렀다. 지금 高가 가는 것이 바로 이때를 당함이니 公이 그 승리의 욕심을 경계하고 高適을 통해 哥舒翰에게 고하려함이니 이것이 高를 전송하는 本旨다. 後遂因麥莊一捷, 而黷武窮荒, 屢致敗衄. 今高之往, 適當其時, 公故戒其貪勝, 欲適以之告翰也, 此是送高本旨."라 하였다. 그런데 蕭滌非 先生은 위의 戰役에 高適도 참여하였다 하며 그의 〈同呂判官從哥舒大夫破洪濟城廻登積石軍多福七級浮圖. 判官인 呂諲이 哥舒大夫를 따라 洪濟城을 攻破하고 돌아와 積石軍

의 多福七層塔에 올라서 시를 지으니 이에 和한다〉를 증거로 들었다.

그런데 이 전투는 天寶 十二年 五月에 哥舒翰이 吐蕃을 공격, 洪濟 大漠門 等의 城을 함락시키고 睿宗때 잃었던 九曲의 部落들을 모두 收復한 것을 말한다. 蕭先生도 인정 하였는바 哥舒翰이 天寶 十一年에 入朝하였는데 高適도 이때 함께 長安에 왔으며 本 詩는 대략 이때에 지어진 것이다. 年代가 차이가 나며 場所도 같지 않다. 蕭先生의 착각인 듯하다.

▸且 : 只, 但의 뜻으로 쓰였다.(張相의『詩詞曲語辭滙釋』)

▸王師 : 天子의 軍隊. 國家의 軍隊. 官軍. 國軍.

解說

지금 崆峒山에 小麥이 익을 때니 예전 積石軍에서 吐蕃에 크게 이긴 것 생각나리라. 그러나 제발 부탁이니 다만 바라노니 우리 군대를 쉬게 하시라. 接戰은 그만 두시라. 이것이 내 하고 싶은 말이라오.

### ❖제3 · 4구 : 請公問主將, 焉用窮荒爲?

註

▸公 : 高適을 가리킨다.

▸主將 : 哥舒翰을 가리킨다.

▸窮荒 : 변방의 황량한 땅.『杜詩詳注』에서는 "窮兵於荒外. 변방에서 무력을 남용함이라고 풀이하였다."

解說

그대에게 청하니 주장에게 한번 물어보시오. 아득하고 황량한 변방에서 무엇을 하려하며 그 땅을 무엇에 쓰려는지.

### ❖제5 · 6구 : 飢鷹未飽肉, 側翅隨人飛.

註

▸飢鷹 : 『三國志 · 魏書 · 呂布』에 나오는 이야기.
呂布와 袁術이 사돈을 맺으려 하자 陳珪 陳登 父子는 장차 나라의 화근이 되리라 걱정하여 이를 중지시키고 呂布에게 조정을 따르라 하였다. 陳登은 曹操에게 呂布를 제거하라고 권하였다. 曹操는 陳登에게 廣陵太守를 제수하고 呂布에게는 아무 관직도 주지 않았다. 徐州牧을 구하던 呂布는 陳登이 빈손으로 돌아오자 대로하였다. 陳登이 말하기를 "登이 曹公을 보고 말했습니다. 장군을 대우함은 호랑이 기르는 것 같으니 배불리 먹여야지 배부르지 않으면 장차 사람을 물것입니다. 公이 말하기를 그대 말 같지는 않다오. 비유하면 매를 기르는 것 같아 주리면 쓸 수 있으나 배부르면 날아간다오. 登見曹公言 : 待將軍譬如養虎, 當飽其肉, 不飽則將噬人. 公曰 : 不如卿言也. 譬如養鷹, 飢則爲用, 飽則揚去."라 하였다.

▸側翅(측시) : 날개를 기우뚱하게 함. 반듯하게 펴고 날지 못함을 말한다. 즉 主人의 눈치를 살피고 그의 뜻에 맞춰 행동하는 것을 말한다. 모든 注家들이 飢鷹을 高適으로 보고 그가 哥舒翰의 밑에서 일한다는 뜻이라 하였다. 아마도 高適의 성품이 거리낌 없고 괄괄한 것을 보고 매를 연상한 듯 하며 이미 노년에 들어서 벼슬에 대해 조급해하는 것이 굶주린 매와 흡사한데다 매가 隨人飛하듯 節度使 밑에서 書記하는 것이 비슷하다 하여 그리 된 것 같다. 그러나 우리생각은 다르다. 매는 將軍에게 어울리며 書記와는 촌수가 먼듯하다. 굶주린 매는 명예와 벼슬을 끝없이 욕심내는 哥舒翰이 제격이지 그 밑의 書記는 해당무일 것이다. 隨人飛는 임금의 뜻에 따라 비위맞추며 窮兵黷武 하는 것을 가리킨다 하겠다. 앞의 〈兵車行〉

에서 參考資料로 이미 말했지만 玄宗은 王忠嗣에게 吐蕃의 石堡城을 공격하게 하였다. 王忠嗣는 완곡한 말로 반대하였다. 그의 생각인즉 수만 명을 희생하여 얻어도 나라에 큰 보탬이 되지 않으며 없어도 나라에 큰 해가 되지 않는다는 것이다. 그러나 哥舒翰은 임금의 뜻에 맞춰 수만 명을 희생한 뒤에 石堡城을 함락시켰다. 이 밖에도 哥舒翰의 武力濫用은 많다. 모든 것은 그의 功名慾 때문이니 隨人飛 즉 임금의 뜻에 따라 나는 飢鷹 즉 功名에 주린 매와 흡사한 것이다.

결국 5・6구가 3・4구의 敷衍說明이 된다고 보는 것이 타당하다.

解說

내 보기에는 꼭 주린 매가 고기를 배불리 먹지 못하여 제 생각 제 뜻대로 하지 못하고 날개를 기우뚱하며 주인의 눈치나 보고 주인의 비위를 맞춰 나는 것과 같소이다.

### ❖제7・8구 : 高生誇鞍馬, 有似幽并兒.

註

▸高生 : 高先生. 生은 先生의 준말이다. 先生을 줄여서 生이라 한 가장 유명한 例가 漢의 賈誼다. 삼십여 세에 요절하였는데 그를 칭할 때에는 꼭 賈生이라 한다. 존경과 애석함이 이 生 한 字에 들어 있다 하겠다.

▸跨 : 넘어가다는 뜻으로 쓰일 때에는 (과)라 읽고 걸터앉다, 사타구니를 벌리고 말을 타다라 할 때에는 (고)라 읽는다. 本 句에서 騎鞍馬라 하지 않고 跨鞍馬라 한 것은 두 다리를 쩍 벌리고 안장 얹은 말에 앉은 자태를 강조한 것이리라. 그냥 말 타다 하면 밋밋하고 심심한데 두 다리를 벌렸다 하면 당당하고 늠름하며 일견 거만하게까

지 보일 것이다.

▸幽幷兒(유병아) : 幽州와 幷州의 청년. 幽州와 幷州는 지금의 河北省・山西省 北部와 內蒙古・遼寧省 一部分에 해당한다. 그곳의 사람들은 俠氣를 숭상하고 씩씩하여 豪傑이나 俠客을 幽幷兒라 칭한다. 三國・魏・曹植의 〈白馬篇〉에서 "白馬飾金羈, 連翩西北馳. 借問誰家子, 幽幷遊俠兒. 白馬는 黃金굴레로 장식하였는데, 힘차게 일선지방인 西北으로 달린다. 물어 봅시다 뉘 댁 서방님이신지? 幽州 幷州의 俠客이라오."라 한 것이 始初다. 南朝・宋・鮑照의 〈擬古〉 其三에서도 "幽幷重騎射, 少年好馳逐. 幽・幷땅은 말타기 활쏘기를 높이 치니, 청년들은 말 달리기 즐긴다."라 하였다.

**解說**

高先生이 안장 얹은 말에 두 다리를 쩍 벌리고 당당하고 늠름하게 앉은 모습은 딱 幽州・幷州의 젊은 청년과 흡사하다오.

### ❖제9・10구 : 脫身簿尉中, 始與捶楚辭.

**註**

▸脫身 : 몸을 빼내다. 즉 속박이나 어려운 처지에서 몸을 빼내는 것이다. 高適이 縣尉를 그만 둔 것을 가리킨다. 그의 〈封丘縣〉이라는 詩를 보면 그가 縣尉 일에 얼마나 지겨워했는지를 알 수 있다.

▸簿尉 : 主簿・縣尉. 官長 즉 地方長官인 郡守나 縣令을 輔佐한다.

▸捶楚(추초) : 捶는 종아리 치다, 채찍질하다, 종아리채, 채찍의 뜻으로 쓰인다. 楚는 가시나무, 회초리, 매의 뜻이 있다. 간단히 말하면 매질인데 옛날 刑罰의 하나다.

이 매질을 高適이 했다는 말도 있고 高適이 당했다는 말도 있어 예부터 說이 紛紛했는데 施鴻保의 『讀杜詩說』이 總整理하였다. "注

에 箠楚는 두 가지 설이 있으니 하나는 縣尉가 매질 당했다는 것이고 하나는 縣尉가 죄인을 매질했다는 것이다. 邵博은 『聞見錄』에서 杜牧之의 詩中 '參軍與簿尉' 云云을 인용하여 縣尉가 매를 맞았다 했고 張綖은 韓昌黎의 詩中 '棲棲法曹掾'云云을 인용하여 縣尉가 죄인을 매질한 것이라 하였다. 萬斯同은 말하기를 남에게 詩를 贈寄하면서 벌을 받은 욕된 일을 거론함은 人情에 가깝지 않은 것 같다. 高適이 封丘縣尉를 할 때 지은 詩에서 '鞭撻黎庶令人悲. 백성을 매질하니 사람을 슬프게 하누나.'라 하였으므로 杜公의 詩에서 그렇게 말한 것으로 즉 高適의 詩意를 쓴 것이니 縣尉가 죄인을 매질하였다는 것이 옳다라 하였다. 顧亭林의 『日知錄』을 보면 前史의 簿尉가 죄 있을 때 매 맞은 것을 두루 인용하였으니 本 詩는 邵博의 說을 따라야 할 것이다. 내 짐작에 簿尉가 매 맞는 것은 비록 당시의 보통 있는 일이나 모든 簿尉가 다 똑같지는 않았을 것이다. 高適이 비록 縣尉를 했어도 매 맞지는 않았을 수 있으니 그래서 詩가 言及한 것이며 '脫身. 몸을 빼내다' '始辭. 비로소 작별했다'한 것은 그가 이로부터 영원히 면할 수 있음을 다행히 여길 것이니 邵博의 說을 따름이 옳겠다. 만약 縣尉가 되면 죄인을 매질한다는 설을 따르면 簿尉의 일로 鄙陋하고 卑劣한 것들이 아주 많으니 高適의 詩에서 또 '拜迎官長心欲碎. 사또를 절하며 마중하니 마음이 바숴질듯하네.'라 한 것도 또한 그것이라 왜 꼭 이 일만을 들어서 말하겠는가? 또한 高適이 封丘縣尉로 있을 때 지은 詩들을 杜公께서 그렇게 빨리 보았을 것 같지는 않다."

"注：箠楚有二說, 一是尉自受楚, 一是尉楚罪人. 邵博聞見錄引杜牧之詩 '參軍與簿尉'云云, 言尉自受楚也；張綖引韓昌黎詩 '棲棲法曹掾'云云, 言尉楚罪人也. 萬斯同說：與人贈寄而擧其戮辱賤事, 似不近情. 考高適爲封丘尉時, 詩云 '鞭撻黎庶令人悲', 故公詩云然, 卽用高詩意也, 作尉楚罪人是. 今按顧亭林日知錄, 歷引前史簿尉有罪受箠楚者, 謂詩當從邵說. 竊意簿尉受楚, 雖當時常事, 然不必凡簿尉皆同也. 高雖爲尉, 或未受楚, 故詩及之. 云脫身, 云始辭, 正幸其自此可以始免, 從邵說正是. 若作尉楚罪人說, 則簿尉之事, 猥瑣甚多, 卽高詩又云 : '拜迎官長心欲碎'亦是, 何必獨擧此事言之. 且高在封丘所作詩, 公亦未必遽見."
우리가 볼 때 縣尉는 죄인을 매질하기도 하였지만 자신이 죄를 지으면 매를 맞은 것도 사실이다. 다만 高適은 縣尉로 있을 때 매를 맞지는 않았을 것이나 언제든 맞을 가능성은 있었으리라. 따라서 高適이 아무리 호탕한 성격이었다 할지라도 아슬아슬하고 조마조마한 마음은 항상 가졌을 것이다. 이 점 짓궂은 면이 있는 杜甫가 슬쩍 건드리고 넘어간 것이다. 『杜詩鏡銓』에서 引用한 張注에서 "高適의 從軍하는 차림을 묘사함에 칭찬한 듯 조롱한 듯하다. 寫高從戎裝束, 似贊似嘲."라 하였는데 "跨鞍馬"와 "箠楚辭"의 강한 對比를 두고 한 말 같다.

**解說**

지금 主簿 縣尉 같은 地方長官의 輔佐에서 몸을 빼내니 매를 때리든 매를 맞든 하여튼 매라는 무서운 일과는 영영 작별입니다. 감축(感祝)할 일이외다.

### ☛ 參考

〈封丘縣〉 高適

我本漁樵孟諸野, 一生自是悠悠者.
乍可狂歌草澤中, 寧堪作吏風塵下.

祗言小邑無所爲, 公門百事皆有期.
拜迎官長心欲碎, 鞭撻黎庶令人悲.
悲來向家問妻子, 擧家盡笑今如此.
生事應須南畝田, 世情付與東流水.
夢想舊山安在哉, 爲銜君命日遲廻.
乃知梅福徒爲爾, 轉憶陶潛歸去來.

내 본래 孟諸湖가의 고기잡이·나무꾼으로,
생애는 절로 느긋하고 넉넉한 사람이었다.
그저 초야에 묻혀 마음대로 노래하기 알맞았지,
어찌 이 풍진세상에서 벼슬아치 될 수 있으리.
작은 고을이라 할 일 없겠지 단순히 생각했는데,
관청이란 온갖 일이 다 일정(日程)에 쫓기네.
사또를 절하여 맞으니 마음은 바숴지고,
백성을 매질하니 사람을 슬프게 만든다네.
슬퍼하며 집을 향하니 처자식이 묻는데,
이러한 일에 온 집안이 모두 쓴웃음 짓네.
장차 生計는 마땅히 南畝의 밭에다 걸고,
世態人情은 동쪽으로 흐르는 물에다 부쳐두리.
꿈에도 그리는 옛 동산은 어디에 있는가,
임금의 명을 받드니 날로 돌아감 더디네.
이에 알겠네 梅福은 공연히 그렇게 한 것을,
돌이켜 그린다네 陶潛의 歸去來를.

▷乍可 : 只可. 다만 ~함이 좋다.

▷言 : 여기다. ~라고 생각하다.

▷南畝 : 『詩經』에 여러 차례 보이는데 남쪽을 향해야 볕을 많이 받고 농사가 잘되므로 南向하여 밭을 갈았다. 그래서 南畝라 하는데 후에는 그저 논밭의 뜻으로 쓰였다.

▷銜君命 : 奉君命. 임금의 命을 받아 官吏가 됨을 말한다.

▷梅福 : 漢代의 사람인데 南昌의 縣尉가 되었다가 그만두어 유명해졌다. 아마 縣尉 中 가장 유명해진 인물일 것이다. 그러나 그만둔 뒤에도 國事를 못 잊어 여러 번 上書하여 자기의 의견을 내놓았다. 지금 高適은 이러한 梅福의 행동을 공연한 일을 했다고 비난하는 것이다.

### ❖제11 · 12구 : 借問今何官, 觸熱向武威?

註

▶借問 : 본래 말씀 좀 여쭙겠는데요의 뜻이나 후에는 그냥 試問 즉 물어 봅시다의 뜻으로 쓰였다.

▶觸熱 : 觸은 만나다, 마주치다, 무릅쓰다의 뜻이 있다. 熱은 炎熱 즉 찌는 듯한 무더위를 말한다.

▶武威 : 地名. 지금의 甘肅省에 있다.

解說

물어봅시다. 지금 무슨 벼슬하여 이 찌는 듯한 무더위를 무릅쓰고 머나 먼 武威땅으로 향하십니까? (얼마나 대단한 감투를 썼기에 이 고생을 하느냐는 약간의 놀림이 섞였다.)

### ❖제13 · 14구 : 答云一書記, 所愧國士知.

註

▶愧 : 감사하다는 뜻으로도 쓰인다. (信應擧의 〈杜詩新補注〉를 참고할 만하다.)

▶國士 : 나라 안에서 가장 才能이 優秀한 人物.

➥ 國士가 세상에 널리 알려지게 된 것은 순전히 『史記·刺客列傳』 덕분이다. 거기에 豫讓이 등장하는데 너무 유명하여 다 알고 있을 것이나 간단히 다시 소개하겠다.

豫讓은 晉人인데 일찍이 范氏와 仲行氏를 섬겼으나 알려지지 않았다. 그래서 그들을 떠나 智伯을 섬겼는데 智伯은 그를 크게 대우하였다. 智伯이 趙襄子를 공격함에 趙襄子는 韓·魏와 연합하여 智伯을 멸망시켰다. 그리고 智伯의 땅을 셋이서 나누어 가졌다. 趙襄子는 智伯을 가장 증오하였으므로 智伯의 머리뼈에 옻칠을 한 뒤 요강으로 썼다. 豫讓이 복수를 결심하여 變姓名하고 죄를 지은 노예가 되어 趙襄子의 宮으로 들어갔으나 실패하였다. 사람들이 죽이려 하였으나 襄子는 義人이라 하여 풀어주었다. 그는 다시 온몸에 옻칠을 하여 문둥이같이 만들고 시뻘건 숯덩이를 삼켜 목을 쉬게 하니 그의 아내도 못 알아보았다. 그러나 이번에도 실패하니 襄子가 꾸짖기를 "너는 일찍이 范氏와 仲行氏를 섬겼다. 智伯이 그들을 멸망시켰는데도 너는 원수를 갚지 않고 도리어 智伯을 섬겼다. 지금 智伯도 죽었는데 너는 왜 그렇게 유별나게 복수를 하려 한단 말인가?" 豫讓이 말했다. "제가 范氏와 仲行氏를 섬겼을 때 范氏와 仲行氏는 모두 보통사람으로 저를 대우하였기에 저 또한 보통사람으로 그들에게 보답했습니다. 智伯으로 말하면 國士로 저를 대접하였으므로 저 또한 國士로 보답하는 것입니다. 臣事范·仲行氏, 范·仲行氏皆衆人遇我, 我故衆人報之. 至於智伯, 國士遇我, 我故國士報之."

▸知 : 知遇. 즉 남이 자기의 학식·재능·인격을 알아주어 대접함이다.

**解說**

대답하기를 겨우 일개 書記에 불과합니다. 그러나 부끄러운 것은 저를 國士로 알아주고 대접하여 주심 입니다 하였소이다.

➥ 『讀杜詩說』: "'借問今何官, 觸熱向武威; 答云一書記, 所愧國士

知.' 지금 보건대 여기에 問答하는 말을 늘어놓음은 書記를 鄙陋淺薄하게 여기는 듯하다. 아래에 나오는 〈送韋書記赴安西〉에서는 '夫子欻通貴, 雲泥相望懸. 그대가 홀연히 형통하여 출세하니, 바라봄에 구름과 진흙처럼 현격하구료.'라 하여 書記를 선망하는 듯하다. 이것은 대개 高適의 才能을 알고 있으므로 겨우 書記가 됨이 부당하며 書記를 鄙陋淺薄하게 여김은 바로 高適이 작게 쓰임을 애석해 하는 것이다. 〈送韋書記赴安西〉는 스스로 流落하며 書記마저도 얻을 수 없음을 슬퍼함이니 양쪽의 의미는 같지 않은 것이다. 今按此設爲問答之詞, 意似鄙薄書記者 ; 下送韋書記赴安西詩, 夫子欻通貴, 雲泥相望懸, 又似羨其爲書記者. 蓋此是知高之才, 不當僅爲書記, 鄙薄書記, 正惜高之小用也. 送韋詩, 則自傷流落, 幷書記而不可得耳, 兩意正不同."

❖제15 · 16구 : **人實不易知, 更須愼其儀.**

**註**

▸不易知 : 知遇를 얻기란 쉽지가 않다. 위의 國士知를 인정하며 다시 한 번 되풀이 하여 쓴 것이다.

▸愼 : 謹愼함. 愼重함.

▸儀 : 擧動. 起居動作. 行動擧止.

蕭滌非 先生 가라사대 "高適은 대단히 豪放하므로 조심 · 근신하라고 당부하는 것이다." 말 안 해도 그것쯤은 안다오.

**解說**

사람이 살면서 다른 사람의 知遇를 얻기란 참으로 쉽지가 않지요. 그러나 안심 · 방심하고 放縱함은 절대 금물. 더욱 行動擧止를 주의할 것. 한마디로 말하면 謹愼 · 愼重입니다.

## ❖제17·18구 : 十年出幕府, 自可持旌麾.

註

▸出 : 第9句에서 脫身이라 하여 縣尉가 그에게 어울리지 않음을 표시하였는데 지금 出이라 하여 哥舒翰 幕府의 書記도 그의 才能에는 적합하지 않음을 나타내었다.

▸幕府 : 변방에서 지휘관이 머물면서 군사를 지휘하던 軍幕. 固定된 建築物이 아니고 帳幕으로 府署를 삼았기에 그렇게 표현한 것인데 나중에는 장수의 府署를 의례 이렇게 불렀다. 즉 堅固한 建物에 府署가 자리 잡아도 幕府라 한 것이다.

▸旌麾(정휘) : 장수의 깃발인데 旌은 앞에 세워두는 것이고 麾는 軍隊를 指揮할 때 쓰는 깃발이다. 이 둘은 장수가 군대를 統率하고 指揮할 때 쓰니 將帥의 代稱도 되겠다.

문제는 이 麾가 郡守·太守·刺史 같은 文官에도 쓸 수 있다는 것이다. 가장 유명한 것은 杜牧이 吏部員外郞에서 湖州刺史로 出任할 때 쓴 詩 〈將赴吳興登樂遊原一絶〉에서 "欲把一麾江海去. 지휘하는 깃발 하나 들고 江海의 땅인 湖州에 가려함에."라 한 것이다. 以前에 『三國志』에서도 "擁麾守郡. 지휘하는 깃발 안고 太守가 되다."하였고 『文選』에서도 "建麾作牧. 지휘하는 깃발 세워 牧民官 되다."라 하였으며 唐代에서도 杜甫·柳宗元·劉禹錫이 모두 이렇게 썼다. (이상은 仁愛書局의 『杜牧詩選』의 注에서 추린 것임을 밝혀둔다.) 따라서 本 句는 杜甫가 高適이 독자적 지휘권을 갖는 將帥되라고 덕담함도 되지만 太守·刺史같은 牧民官이 되라고 격려하는 의미도 함께 있다고 볼 수 있지 않나 생각된다.

解說

그렇게 하다 한 십년 가면 節度使의 幕府를 떠나서 독자적 지휘권을 갖는 장수 또는 刺史·太守 한자리는 할 수 있으리이다.

### ❖제19·20구 : 此行旣特達, 足以慰所思.

註

▸特達 : ①특별한 知遇. ② 騰達. 顯達. 즉 아주 크게 출세함. 本 詩의 전후를 살피면 書記가 顯達했다 할 수 없으며 國士知와 같이 특별한 知遇를 가리킨다 하겠다.

▸慰 : 크게 출세하고 높은 관직에 오른 것은 아니나 國士知를 받으니 그런대로 마음에 위로가 된다는 것이다.

▸所思 : 내 항상 그리워하고 그리워할 사람이니 高適을 가리킨다. 本 詩에서 高適을 나타낼 때 請公의 公, 高生의 生, 所思, 念子의 子로 바꿔가며 표현하였다.

解說

이번 길은 이미 특별히 알아주고 대접함을 받은 것이니 그런대로 충분히 내 님을 위로하겠지요.

### ❖제21·22구 : 男兒功名遂, 亦在老大時.

註

▸男兒 : 男子漢. 大丈夫와 같다. 우리는 흔히 男兒大丈夫라 합쳐 쓴다. 우리나라에서는 男兒를 남자다운 남자로 풀이한다. 물론 남자아이라는 뜻도 있지만.

▸名遂 : 功成名遂. 원래 功業을 成就하니 비로소 名聲이 있다는 뜻을 나타냈으나 후에는 功績과 名聲을 모두 取得함을 가리키게 되었다.『老子·九章』: “功遂(功成名遂), 身退, 天之道.”

▸老大：늙고 나이가 많음. 少小는 젊고 나이가 적음이다. 〈長歌行〉에서 "少壯不努力, 老大徒傷悲. 젊고 튼튼할 때 노력하지 않으면, 늙고 나이 먹어 그저 슬퍼할 뿐이다."라 하였고, 唐·賀知章의 〈回鄕偶書〉에서 "少小離家老大回. 젊고 나이 적어 집 떠났다, 늙고 나이 먹어 돌아왔다."라 하였다

▸蕭滌非曰："이 두句는 달래고 위로하는 말이다. 高適은 이 해에 이미 55·56세였다. 這兩句是寬慰. 高適這一年已是五十五六歲了."

解說

진정한 남자는, 남자다운 남아대장부는 功業과 名聲을 이룩함이 또한 늙고 나이 먹은 때에 있다오. 너무 나이에 구애 받지 마시오.

**❖제23·24구：常恨結驩淺, 各在天一涯.**

註

▸常：嘗. 일찍이. 과거에.

▸結驩：驩은 歡과 같다. 結驩은 남과 친하게 지내다. 친교를 맺다. 친분을 맺다.

▸淺：短, 不長의 뜻이 있는데 時間의 短暫도 가리킨다. 여기에서는 日淺하다로 시작한 뒤에 날짜가 얼마 되지 아니하다는 뜻이다. 結驩淺을 『杜詩詳注』에서 "方聚復散. 막 모였다가 또 헤어지다"라 하였다. 맞는 말인데 어느 때였느냐가 문제다. 우리가 보기에 이것은 汴州에서 李白, 杜甫, 高適이 잠깐 만났다 헤어짐을 말하는 것이다. 즉 과거일 것이다.

▸各在天一涯：〈古詩十九首〉의 其一의 "相去萬餘里, 各在天一涯. 서로의 거리는 만리 넘으니, 각기 하늘 한쪽 끝에 있다."에서 통째

로 가져다 썼는데 전혀 어색하지 않고 자연스럽다.

*〈古詩十九首〉에서 쓴 이래 많은 사람들이 各在天一涯라 하였는데 너무 남용하다 보면 陳腐해진다. 唐初의 王勃은 그래서 아주 다르게 써서 새로운 길을 열었다. 그의 〈杜少府之任蜀州〉를 보면 "海內存知己, 天涯若比鄰. 無爲在岐路, 兒女共沾巾. 四海 안에 知己가 있다면, 하늘 끝도 이웃집 같아, 갈림길에서 아녀자와 함께 수건 적시지 마시게."라 하여 사람들이 크게 賞讚하였다. 그런데 근래 시중에 나온 책 중 이 부분의 특이한 번역이 있어 눈길을 끈다. 가로되 "四海 안에 知己를 두고 하늘 끝을 이웃집처럼 전근 다니는 신세. 갈림길에서 대책 없이 있으니 아들과 딸이 수건 적시며 우네."

**解說**

이전에 우리가 친분을 맺은 뒤 얼마 안 돼 헤어져 제각기 하늘 한쪽 끝에 있는 것을 일찍이 한탄하였소이다. 그런데 지금 다시 잠깐 만났다 또 헤어지게 되었습니다 라고 25·26구에서 슬퍼하는 것이다.

### ❖제25·26구 : 又如參與商, 慘慘中腸悲.

**註**

▸又 : 또. 다시. 과거에 교유를 맺었다가 헤어져 各在天一涯하니 한스러웠는데 지금 만나자 또 이별한다는 말이다. 즉 제23·24구는 과거의 일이고 25·26구는 현재의 일인 것이다.

▸參與商 : 參星과 商星이란 별인데 하나가 뜨면 하나가 지고 또 다른 하나가 뜨면 다른 하나는 져서 하늘에 함께 있을 수 없다 한다. 이것으로 만나기 어려움을 나타냈으니 杜先生의 〈贈衛八處士〉에서도 "人生不相見, 動如參與商. 사람이 살며 만나지 못함은, 매양 參

星과 商星 같다."라 하였다.

▸慘慘(참참) : 근심 걱정하는 모양. 암담한 모양.

▸中腸 : 腸中. (中林도 林中의 뜻이다.) 內心을 말한다.

解說

이전에는 天涯에 각기 있음을 한하였는데 지금 또 參星과 商星처럼 되니 근심하며 마음속이 슬퍼집니다.

### ❖제27 · 28구 : 驚風吹鴻鵠, 不得相追隨.

註

▸驚風 : 猛烈한 바람. 거센 바람.

▸鴻鵠(홍혹) : 큰기러기와 고니. "燕雀이 어찌 鴻鵠의 뜻을 알리오"라 하여 鴻鵠은 遠大한 志向을 가진 人物을 比喩하였으니 예부터 "鴻鵠之志"라고 쓰여 왔다. 本 詩에서는 鵬程萬里 떠나는 高適을 가리킨다.

▸追隨 : 추종하다. 뒤 쫓아 따르다.

解說

거센 바람이 큰기러기와 고니에 불어 그들을 그 바람 타고 멀리 가게 하는데 제비나 참새 같은 나는 뒤 쫓아 따를 수 없습니다.

### ❖제29 · 30구 : 黃塵翳沙漠, 念子何當歸.

註

▸翳(예) : 가리다. 덮다. 환경의 거침을 나타내며 가고 옴이 쉽지 않음을 말한다.

▸何當 : 何時. 어느 때. 어느 날.

解說

누런 먼지 사막을 덮고 가리니 그리운 그대여 어느 때에나 돌아오시려오.

**❖제31·32구 : 邊城有餘力, 早寄從軍詩.**

註

▸有餘力 :『論語·學而』에서 “行有餘力, 則以學文. 以上의 일들을 행하고 남은 힘이 있으면 곧 글을 배운다.”라 하였다. 杜甫는 이렇게 古人의 글들을 유효적절하게 썼다.

▸從軍詩 : 樂府에 〈從軍行〉이 있다. 內容은 邊方의 情況과 兵士들의 生活이었다. 〈樂府廣題〉에 의하면 현존하는 가장 오래된 것은 三國·魏·左延年의 작품이고 그 다음이 王粲의 五首다. 魏·晉以來 많은 詩人들이 지었으며 唐에 들어 와서도 駱賓王·劉希夷·李頎·戎昱·李白·王維·王昌齡·盧綸·劉長卿 等의 作品이 유명한데 그 중에서도 李頎와 王昌齡의 작품을 가장 높이 쳤다. 그러나 우리가 읽은 것 중에서 가장 인상적인 것은 王維의 〈從軍行〉 中 “日暮沙漠垂, 戰聲烟塵裏. 시뻘건 태양 사막의 가장자리로 지는데, 고함소리 비명소리 신음소리 말울음소리의 戰鬪하는 소리는 연기와 먼지 속에 뒤섞였다.”였다.

☛ **參考**

〈從軍行〉 三國·魏·左延年

苦哉邊地人, 一歲三從軍.

三子到燉煌, 二子詣隴西.
五子遠鬪去, 五婦皆懷身.

괴롭고말고! 변방의 사람이란,
한해에 세 번이나 從軍하다니.
세 아들은 燉煌땅에 가고,
두 아들은 隴西땅에 갔다네.
다섯 아들이 멀리 전투에 나갔는데,
다섯 며느리 모두 아이를 가졌다네.

위의 左延年 作品은 본래 題目이 없이 첫句의 앞을 따서 〈苦哉〉라고도 불려졌으며 失傳되었다고 하였었다.

**解說**

邊方의 城砦에 있으면서 公事보고 남은 힘이 있으면 빨리 從軍詩를 부쳐주십시오.

## 8. <送裴二虯尉永嘉>(五言律詩)

孤嶼亭何處? 天涯水氣中.
故人官就此, 絶境與誰同?
隱吏逢梅福, 遊山憶謝公.
扁舟吾已具, 把釣待秋風.

### ❖詩題

註

▸裴虯 : 大曆四年에 道州刺史가 되었으며 諫議大夫로 벼슬을 마쳤는데 工部尙書를 追贈하였다.(『杜詩詳注』에서)

▸永嘉 : 지금의 浙江省 溫州. 일찍이 謝靈運이 이곳의 太守가 되어 風光을 노래하였다.

解說

〈배규가 영가현위로 가니 전송한다〉

### ❖제1·2구 : 孤嶼亭何處? 天涯水氣中.

註

▸孤嶼亭 : 앞의 〈陪李北海宴歷下亭〉에서 소개한 謝靈運의 〈登江中孤嶼〉 詩를 볼 것. 〈寰宇記〉에 의하면 孤嶼에는 二峰이 있는데 後人들이 그 위에 亭子를 세웠다 한다.

▸天涯 : 하늘 가. 하늘 끝. 아주 먼 곳을 가리킨다.

☛ **參考**

앞의 詩에서 王勃의 〈杜少府之任蜀州〉의 일부를 들어 천애를 한번 소개하였는데 李商隱의 作品도 아주 그럴듯한 것이 있다.

〈天涯〉 李商隱

春日在天涯, 天涯日又斜.
鶯啼如有淚, 爲濕最高花.

이 아름다운 봄날 하늘가에 떠도는데,
이 아득한 하늘가에 태양마저 또 기운다.
꾀꼬리여 너 울 때 만약 눈물이 있다면,
나를 위해 가지 중 제일 높은 곳의 꽃을 적셔다오.
(*가지 중 제일 높은 곳의 꽃은 제일 늦게 핀다. 가장 孤高하고 高尙하나 뒤늦게 세상에 알려지고 더디게 출세하는 자신을 말함이리라.)

▸水氣 : 물 위의 안개. 물안개. 강이나 호수・바다 위에서 피어오르는 안개.

**解說**

江 가운데 孤嶼의 亭子는 어디에 있는가? 저 아득한 하늘가 물안개 속에 있으리.

### ❖제3・4구 : 故人官就此, 絶境與誰同?

**註**

▸故人 : 오래 전 부터 사귀어 온 친구. 故友. 舊友. 故舊.
▸官 : 동사로 쓰였다. 縣尉라는 벼슬아치가 되다.

▶就 : 就任하다. 赴任하다.

▶絶境 : ① 풍경이 대단히 아름다운 곳. ② 외부세계와 격절된 곳.

解說

벗님께서 벼슬하여 이곳으로 赴任하시면 빼어난 風光을 누구와 함께 하시려오?

## ❖제5 · 6구 : 隱吏逢梅福, 遊山憶謝公.

註

▶隱吏 : 은둔한 관리. 중국인들은 아주 현실적이어서 은거라는 美名도 누리며 俗世의 實利도 함께 취려하였다. 그래서 吏隱 · 朝隱(관청이나 朝廷에 있지만 淡泊하고 恬退하여 隱居와 다름이 없다)이라는 말도 생겼고 "避世金馬門. 대궐의 金馬門으로 세상을 피하다"이라고 强辯하였으며 "小隱隱陵藪, 大隱隱朝市. 시시한 은자는 산과 늪지에 숨지만, 근사한 은자는 조정과 저자에 숨는다."(王康琚의 〈反招隱〉)라고 멋있게 표현하였다.

▶梅福 : 『漢書 · 楊 · 胡 · 朱 · 梅 · 云傳』에 의하면 梅福의 字는 子眞이며 九江 壽春사람이다. 어려서 長安에서 공부하였는데 『尙書』 『穀梁春秋』에 정통하여 郡文學이 되었다가 南昌尉에 補任되었다. 뒤에 縣尉를 그만두고 壽春으로 돌아갔으나 政事에 관한 글을 여러 번 올렸다. 즉 俗世의 일을 잊지는 않은 것이다. 이때 梅福은 집에 있었으며 독서와 養性으로 消日하였다. 그러다 平帝의 元始年間(A.D.1～5)에 이르러 王莽이 專橫하자 하루아침에 妻子를 버리고 九江을 떠나니 오늘에 이르기까지 신선이 되었다고 전해진다. 그 후 어떤 사람이 그를 會稽에서 보았다 하는데 變姓名하고 吳의 시장 문 문지기가 되어있었다 한다.

▶遊山：南朝・宋의 謝靈運은 산에 오르고 산에서 노닐기를 좋아하였다. 조용히 산에 오르는 것이 아니고 奴僕 數百名을 동원하여 길을 내며 상당히 요란하게 굴었는데 언젠가는 산 도둑떼가 나타난 것으로 오인 받아 고을에서 군대가 출동할 정도였다. 謝公屐이라는 등산용 신과 曲柄笠이라는 등산용 모자를 만들어낼 만큼 산에 미친 사나이였다.

▶謝公：謝靈運. 前秦 苻堅의 百萬大軍을 肥水에서 大破한 名將 謝玄의 손자로 祖父의 康樂公을 襲爵하였다 晉・孝武帝 太元十年(A.D.385)에 태어나 宋・文帝 元嘉十年(A.D.433)에 죽었으니 享年 四十九였다. 어려서부터 好學하였고 書畵에 뛰어났으며 文章의 아름다움은 顔延之와 함께 이름났다. 대단히 사치스러워 車馬衣服이 鮮麗하였으며 당시 유행의 첨단에 서있었고 새로운 것을 만들어 내니 사람들이 康樂스타일이라 불렀다. 宋이 晉을 대신하여 들어서자 少帝때 永嘉太守로 나갔는데 政治에 뜻을 이루지 못한 대신 永嘉의 山水에 정을 붙여 마음대로 노닐며 詩를 지었다. 해를 넘기자 병이라 칭탈하고 그만두고는 會稽로 이주하였다. 文帝가 秘書監으로 불렀다가 侍中으로 승진시켰는데 대우가 융숭하였지만 오직 文學으로만 상대할 뿐이라 그는 不平이 만만하여 병을 핑계대고 출근하지 않으니 휴가를 주어 동쪽으로 돌아가게 하였다. 그 후 孟顗가 원한을 품고 그가 딴 뜻이 있다고 무고하였는데 대궐에 나아가 변명하니 불문에 부치고 臨川內史로 삼았다. 또 옛날처럼 함부로 쏘다니니 관에서 심문하고 廣州로 이주시켰다. 그가 謀反한다고 고하는 자가 있어 잡아들이라는 詔命이 내리자 그는 家僕 數百名을 데리고 反抗하였다가 잡혀서 廣州에서 棄市되었다. 그의 詩는 山水詩가 대부분으로 陶淵明의 田園詩와 함께 自然詩의 源流가 되었다. 詩는 대단히 絢爛하고 華麗하며 濃密하여 枯淡한 陶詩와 아주

대조적이다.

＊『杜詩詳注』:“梅는 縣尉와 부합되고 謝는 永嘉와 부합된다.”

解說

縣尉를 그만두고 隱居한 梅福을 만날 것이며 山水에 노닐기를 즐긴 康樂公 謝靈運을 그리워하시리.

### ❖제7·8구 : 扁舟吾已具, 把釣待秋風.

註

▶扁舟 : 片舟. 조각배. 작은 배. 흔히 一葉片舟라 쓴다.

解說

조각배 하나 내 이미 장만해 놓았으니 가을바람 부는 것 기다려 그대와 함께 낚싯대 잡으리라.

＊『讀杜心解』에서 7·8句에 대해 “막 뜻을 잃고 있었으므로 격동하여 세상을 도피하려는 생각을 한 것인가. 時方失志, 其亦激爲避世之思歟.”라 하였다. 그러나 우리 생각에는 裴虬에게 대접삼아 인사말로 이렇게 말한 것일 뿐 큰 의미는 없다고 본다. 杜先生曰 : “무슨 말을 못한다니까! 하도 파고드니…….”

☛ 參考(一)

〈石門新營所住四面高山廻溪石瀨茂林脩竹〉 謝靈運

躋險築幽居, 披雲臥石門.
苔滑誰能步, 葛弱豈可捫.
嫋嫋秋風過, 萋萋春草繁.
美人遊不還, 佳期何繇敦.

芳塵凝瑤席, 淸醑滿金尊.
洞庭空波瀾, 桂枝徒攀翻.
結念屬霄漢, 孤景莫與諼.
俯濯石下潭, 仰看條上猿.
早聞夕飆急, 晩見朝日暾.
崖傾光難留, 林深響易奔.
感往慮有復, 理來情無存.
庶持乘日車, 得以慰營魂.
匪爲衆人說, 冀與智者論.

〈石門山에 새로 살 곳을 지으니 사방이 높은 산이고 구불구불 돌아가는 개울, 모래·자갈 위를 흐르는 여울, 울창한 숲 밋밋한 대나무 있도다〉
험한 산 올라 그윽한 거처 지으니,
구름 헤치고 石門山에 눕도다.
이끼 미끄러워 그 누가 걸으리,
칡덩굴 연하니 어찌 잡으리.
건들건들 가을바람 지나고,
무성하게 봄풀 우거진다.
내 님은 노닐며 돌아오지 않으니,
아름다운 시절 어찌하면 친하게 모일까.
고운 먼지 구슬 자리에 엉기고,
맑은 술 금 술잔에 찰랑댄다.
洞庭湖는 부질없이 물결쳐 나뭇잎 떨어뜨리네 님은 안 오시는데.
계수나무 가지를 헛되이 잡아 꺾어보며 님 기다린다.
잊지 못해 뭉친 생각 하늘에 부쳐두니,
외로운 그림자여 시름 함께 잊을 님 없다.
굽혀 돌 아래 못에 몸 씻고,
우러러 가지 위 잔나비 바라본다.

산 높아 일찌감치 저녁의 세찬 바람소리 듣고,
산 깊어 느지막이 아침의 해가 환함을 본다.
낭떠러지 가파르니 햇볕 머물기 어렵고,
숲이 우거지니 메아리 달리기 좋다.
感情을 쏟아 悲歡 是非 있는 곳으로 가면 근심 걱정이 다시 나에게 돌아오나,
妙理 깨달음 받아들이면 나와 外物의 구별이 없어지고 得失 長短을 생각하는 마음 없어진다.
바라건대 이 마음 지니고 태양의 수레를 타 그것이 움직이면 나도 움직이고 멈추면 나도 쉬고 잠들어,
이로써 나의 영혼 심령을 편히 하고저.
이것은 뭇사람에게 말할 바 못되고,
智慧로운 사람과 논하기를 바랄 뿐이다.

▷躋(제) : 오르다.
▷捫(문) : 잡다.
▷嫋嫋(뇨뇨) : 바람이 부는 모양.
▷萋萋(처처) : 무성한 모양.
▷佳期 : ① 아름다운 시절. 대개 친구와 다시 만나거나 옛날 놀던 곳에 다시 놀 기약. ② 남녀가 만날 약속한 날짜.
▷芳塵 : 고운 먼지. 가벼운 먼지.
▷瑤席 : 구슬같이 아름답고 고운 자리.
▷醑(서) : 거른 술. 맑은 술. 맛좋은 술.
▷洞庭波瀾 : 『楚辭 · 九歌 · 湘夫人』의 "洞庭波兮木葉下"를 쓴 것이다.
▷桂枝攀翻 : 『楚辭 · 九歌 · 大司命』의 "結桂枝兮延佇, 羌愈思兮愁人. 계수가지 엮어 기다리니, 더욱 그리워 시름 차게 되네."를 쓴 것이다.
▷結念 : 잊지 못함.

▷霄漢(소한) : 銀河. 天空.

▷孤景 : 孤影. 나와 나의 외로운 그림자.

▷諼(훤) : 시름을 잊다.

▷飆(표) : 거센 바람. 회오리바람.

▷暾(돈) : 아침 해. 먼동 트다.

▷慮有復의 復(복)은 老子 16章 "觀復"의 復과 같다.

▷日車 : 『莊子・徐無鬼』의 "乘日之車, 而遊於襄城之野"에서 따왔다. 郭象은 "日出而遊, 日入而息.. 태양 수레가 나서면 나도 노닐고, 태양의 수레가 들어가면 나도 쉰다."라 하였다.

▷營魂 : 營魄. 魂魄.

## ☛ 參考(二)

〈石壁精舍還湖中作〉 謝靈運

昏旦變氣候, 山水含淸暉.
淸暉能娛人, 游子憺忘歸.
出谷日尙早, 入舟陽已微.
林壑斂暝色, 雲霞收夕霏.
芰荷迭映蔚, 蒲稗相因依.
披拂趨南逕, 愉悅偃東扉.
慮澹物自輕, 意愜理無違.
寄言攝生客, 試用此道推.

〈石壁에 있는 精舍에서 湖中으로 돌아오며〉

아침저녁으로 날씨가 바뀌나,
山水는 변함없이 맑고 빛남을 간직했다.
맑고 빛남은 사람을 즐겁게 하니,

노니는 사람 마음 편해 돌아감도 잊는다.
골짜기 나섰을 때는 해가 일렀는데,
배에 들 때 태양은 이미 기울어간다.
숲과 계곡은 저녁의 어스름이 삼켰고,
구름과 노을도 저녁안개가 가려버렸다.
마름과 연꽃은 교대로 빛나며 무성하고,
부들과 피는 서로 기대고 의지해있다.
풀을 헤치고 남쪽 길로 나아가,
기쁜 마음으로 동쪽 창 아래 눕는다.
생각이 담담하면 外物은 절로 시시해지고,
뜻이 흡족하면 道는 어긋남 없구나.
이 뜻을 養生하는 이에게 전하니,
이 방법을 밀고 나가보시라.

▷石壁 : 始寧에 있다.

▷精舍 : ① 道士·僧侶의 修道하는 곳. ② 學舍. 書齋. 여기서는 작고 아담한 집을 가리킨다.

▷湖 : 巫湖를 말한다.

▷昏旦 : 저녁과 새벽. 즉 아침과 저녁.

▷氣候 : 天氣. 날씨의 뜻으로 쓰였다.

▷淸暉 : 맑고 깨끗한 광택.

▷暝色 : 暮色. 夜色. 저녁의 어스름함.

▷夕霏(석비) : 저녁의 안개·아지랑이.

▷芰荷(기하) : 마름과 연꽃.

▷蒲 : ① 菖蒲. ② 蒲柳 즉 갯버들. ③ 香蒲 즉 부들.

▷稗(패) : 피.

▷披拂(피불) : 무성한 풀 따위를 헤치다.

▷偃(언) : 눕다. 쉬다.

▷東扉(동비) : 동쪽의 문짝. 여기에서는 동쪽의 창문.

▷ 愜(협) : 흡족하다. 만족하다.

▷ 攝生 : 養生.

☛ **參考(三)**

〈登石門最高頂〉 謝靈運

晨策尋絶壁, 夕息在山棲.
疏峯抗高館, 對嶺臨廻溪.
長林羅戶庭, 積石擁基階.
連巖覺路塞, 密竹使徑迷.
來人忘新術, 去子惑故蹊.
活活夕流駛, 噭噭夜猿啼.
沈冥豈別理, 守道自不攜.
心契九秋幹, 目翫三春荑.
居常以待終, 處順故安排.
惜無同懷客, 共登靑雲梯.

〈石門山 最高峰에 오르다〉

새벽에 지팡이 짚고 깎아지른 절벽의 石門山을 찾아,
저녁에 山莊에서 쉰다.
먼 산봉우리는 높은 집과 상대하여 있고,
마주한 영마루는 빙빙 도는 개울을 굽어본다.
울창한 수풀은 집 뜰 앞에 벌려있으며,
쌓인 돌들은 집터와 섬돌을 에워 쌓다.
잇닿은 바윗돌에 길이 막힘 깨닫고,
빽빽한 대나무는 길을 헷갈리게 한다.
오는 사람은 막 온 길을 잊고,

가는 사람은 왔었던 길을 헤맨다.
괄괄 저녁 물은 급히 흘러가고,
깩깩 밤 잔나비는 슬피 운다.
꾸민 흔적 없이 고요한 텅 빈 마음이 어찌 별다른 이치리오,
正道를 지키면 절로 마음에서 떠나지 않아 둘이 아닌데.
마음은 九秋의 松柏 줄기와 합쳐지고,
눈은 三春의 띠풀 싹을 즐긴다.
평소대로 살며 죽음을 기다리니,
변화에 순응하여 자연을 따를 뿐이다.
아깝구나! 靑天白雲의 사다리를 함께 오를,
심회가 같은 사람 없는 것이.

▷策 : 지팡이. 여기에서는 동사로 쓰임.

▷山棲 : 山中에 살다. 山中의 집. 山莊. 山房.

▷疏峰 : 遠峰. 疏에는 멀다는 뜻이 있다.

▷長林 : 高大之樹林.

▷戶庭 : 戶外庭院.

▷路, 徑, 術, 蹊는 모두 길이다.

▷活活(괄괄) : 괄괄 물 흐르는 소리.

▷駛 : 달리다. 빨리 가다.

▷噭噭(교교) : 울다.

▷沈冥 : 玄虛하고 寂靜하여 흔적이 없음.

▷不攜 : 마음이 떠남이 없는 것. 不二.

▷契 : 一致함. 합쳐짐.

▷九秋 : 가을 구십일.

▷幹(간) : 기둥. 줄기. 여기에서는 눈·서리를 견딘 松柏의 줄기를 말한다.

▷三春 : 봄 석달.

▷荑(제) : 띠풀의 싹.

▷居常：常道를 지킴. 平常대로 사는 것.

▷處順：變化에 順應함. 自然에 順從함.

▷安排：自然의 變化에 맡김.

▷青雲梯：青天의 白雲에 오르는 사다리. 은거하는 길을 말한다.

☛ **參考(四)**

〈石門巖上宿〉 謝靈運

朝搴苑中蘭, 畏彼霜下歇.
暝還雲際宿, 弄此石上月.
鳥鳴識夜棲, 木落知風發.
異音同致聽, 殊響俱清越.
妙物莫爲賞, 芳醑誰與伐.
美人竟不來, 陽阿徒晞髮.

〈石門山의 바위 위에서 잠자다〉

아침에 동산의 쉽싸리 뽑으며,
서리 아래 사라질까 두려웠네.
저녁에 돌아와 구름 가 잠자며,
돌 위의 달빛을 즐겼네.
새 지저귀니 밤에 깃듬 알았고,
나뭇잎 떨어지니 바람 이는 것 깨달았네.
서로 다른 소리 함께 들을 수 있으며,
같지 않은 음향이나 모두 맑고 높았네.
이 아름다운 것들 함께 감상할 이 없으니,
향기로운 술을 누구와 함께 칭찬할까.
고운 님 끝내 오지 않으니,

볕드는 언덕에서 공연히 감은 머리 말렸다네.

▷搴(건) : 뽑다. 빼다.
▷蘭 : 澤蘭. 쉽싸리.
▷歇(헐) : 다하다. 사라지다.
▷暝(명) : 저녁. 어두움.
▷淸越 : 소리가 맑고 가락이 높음.
▷醑(서) : 맛있는 술. 맑은 술.
▷伐 : 자랑하다. 칭찬하다.
▷陽阿徒晞髮 : 『楚辭 · 九歌 · 少司命』에서 "與女沐兮咸池, 晞女髮兮陽之阿. 望美人兮未來, 臨風怳兮浩歌. 너와 咸池에서 머리 감고, 너의 머리칼 볕바른 언덕에서 말린다네. 님을 기다려도 오지 않으니, 바람 맞으며 실망하여 목 놓아 노래하네."라 하였다.

☛ **參考(五)**

〈於南山往北山經湖中瞻眺〉 謝靈運

朝旦發陽崖, 景落憩陰峯.
舍舟眺逈渚, 停策倚茂松.
側逕旣窈窕, 環洲亦玲瓏.
俛視喬木杪, 仰聆大壑灇.
石橫水分流, 林密蹊絶蹤.
解作竟何感, 升長皆豐容.
初篁苞綠籜, 新蒲含紫茸.
海鷗戲春岸, 天鷄弄和風.
撫化心無厭, 覽物眷彌重.
不惜去人遠, 但恨莫與同.
孤遊非情歎, 賞廢理誰通.

〈南山에서 北山으로 가다가 湖水를 지나며 바라보다〉

아침 해 뜰 때 볕드는 언덕인 南山을 떠나,
해 떨어질 때에야 그늘진 봉우리인 北山에서 쉰다.
되짚어 보니 배를 버리고 뭍에 올라 먼 물가를 보다가,
지팡이 멈추고 우거진 솔에 기대기도 했었다.
비스듬한 오솔길은 깊고 그윽하였는데,
둥근 물섬은 하늘과 물이 어울려 영롱하게 빛났다.
몸 굽혀 큰키나무의 꼭대기를 보았고,
우러러 들었다 깊은 골짜기의 물소리를.
돌이 가로 놓이니 물은 나뉘어 흘렀고,
숲이 빽빽하여 오솔길은 그 자취 사라졌다.
봄날의 우렛소리 빗소리에 무엇을 느꼈던가,
오르고 자라며 모두가 풍성한 자태였다.
갓 나온 대나무는 아직 푸른 죽순껍질에 싸여있었고,
새로 자라는 부들은 보랏빛 잔털이 보송보송했다.
바다 갈매기는 봄날의 언덕에서 놀았고,
들꿩은 온화한 바람 속에 까불었다.
自然의 변화에 따라 物我一體되어 싫증나지 않았으며,
만물을 구경하매 애착이 더욱 깊어졌었다.
떠난 님 멀리 갔어도 아쉽지는 않았지만,
함께 노닐 이 없는 것 한스러웠다.
홀로 노는 것 마음으로 탄식할 것 못되니,
즐김을 그만두면 物我一體의 이치가 어찌 통하겠는가.

▷景落 : 해 지는 것.

▷憩(게) : 쉬다. 休息하다.

▷舍舟 : 捨舟. 배를 버림. 즉 뭍에 오름.

▷窈窕 : 산길이 그윽하고 으슥함.

▷玲瓏 : 물과 하늘이 한빛이 되어 드러내는 투명하고 맑은 모양.

▷俛(부) : 俯와 같다.

▷杪(초) : 나무의 끝. 우듬지.

▷大壑 : 여러 갈래의 시내가 모여드는 깊은 골짜기.

▷瀧(총) : 潨潨. 淙淙. 물 흐르는 소리.

▷解作 : 『易』의 〈解卦〉를 보면 象에 이르기를 "天地解而雷雨作, 雷雨作而百果草木皆甲坼. 하늘과 땅이 풀려 천둥과 비가 일고, 천둥과 비가 일면 百果와 草木이 모두 싹튼다."라 하였다.

▷篁(황) : 대나무. 대 숲.

▷苞 : 包와 같다. 싸다.

▷籜(탁) : 대껍질.

▷茸(용) : 우거지다. 새 싹. 잔털이 보송보송하다.

▷撫化 : 萬物을 따라 變化함. 物我合一이 됨.

▷眷(권) : 돌이켜 봄. 돌봄. 애호함.

## 9. <送張十二參軍赴蜀州因呈楊五侍御>(五言律詩)

好去張公子, 通家別恨添.
兩行秦樹直, 萬點蜀山尖.
御史新驄馬, 參軍舊紫髯.
皇華吾善處, 於汝定無嫌.

### ❖詩題

註

▸參軍 : 官名. 東漢末에 비로소 "某某한 軍事에 參豫하다. 參某某軍事."라는 名義가 보였으니 軍事에 參與하여 謀議하는 것을 말하며 간략하게 參軍이라 불렀다.

▸呈 : 드리다. 올리다. 바치다.

▸侍御 : 官名. 唐代에는 殿中侍御史・監察御史를 侍御라 하였다.

解說

〈張參軍이 蜀州에 赴任하므로 전송하며 인하여 楊侍御에게 올린다〉

### ❖제1・2구 : 好去張公子, 通家別恨添.

註

▸好去 : 남아있는 사람이 가는 사람을 安慰하는 말이며, 好住는 가는 사람이 남아있는 사람을 安慰하는 말이다.(張相의 『詩詞曲語辭滙釋』)

▸張公子 : 앞에 나온 〈贈翰林張四學士垍〉에서 자세히 설명하였다. 武帝때 御史大夫를 지낸 張湯, 그의 아들인 張安世는 昭帝때 富平侯가 되었고 그의 아들 延壽, 다시 아들 勃로 이어지며 勃의 아들인 臨은 元帝의 누이인 敬武公主를 尙하여 駙馬가 되었다. 그의 아들인 放은 史上 가장 임금의 총애를 받은 것으로 有名한데 成帝와 許皇后의 극진한 사랑을 받았다. 張氏하면 張放이 생각나게 되었으며 張氏는 張放 덕분에 의례 張公子라 불리게 된 것이다.

▸通家 : 世交. 대대로 맺어온 친분. 선대로부터 양쪽 집안이 친하게 왕래하며 지낸 것이다.

▸別恨添 : 이별의 한이 늘어나다. 이별의 한이 보태진다.

*添字가 있는 유명한 例

① 唐나라의 盧仝이 아들을 낳자 이름을 添丁이라 하였다. 나라에 服役할 하나의 壯丁이 늘었다는 뜻이다. 그는 일찍이 少室山에 隱居하였는데 극히 빈한하여 이웃의 승려들이 쌀을 보내주곤 하였다. 조정에서 諫議大夫로 두 번이나 불렀으나 응하지 않았다. 이때 韓愈가 河南令으로 있었는데 아주 융숭하게 대하였다. 茶를 좋아하여 茶歌를 지었는데 아주 유명하다.(『古文眞寶』에 실려 있다.) 元和 年間에 〈月蝕詩〉를 지어 당시의 奸黨을 풍자하니 韓愈가 그 工巧함을 극찬하였으나 이로부터 黨人에게 죄를 짓게 되었다. 甘露之變에 우연히 宰相인 王涯의 집에서 客들과 會食하였는데 저녁에 留宿하다가 吏卒들에게 체포되었다. 盧仝은 자기가 山人이라 죄가 없다 하였으나 吏卒이 기왕에 山人이라면서 재상집에 온 것이 죄가 안 되겠나 하였다. 盧仝은 늙어 머리카락이 없었는데 잡은 사람들이 뒤통수에 釘 즉 못을 박고 끌어가니 결국 살해되었다. 添釘하여 죽자 사람들은 아들 이름을 添丁이라 한 것이 讖言이라 하였다.

② 高麗의 鄭知常은 〈大同江〉이라는 詩 한 首로 不朽의 명성을 얻었다.

雨歇長堤草色多, 送君南浦動悲歌.

大同江水何時盡, 別淚年年添綠波.

비 갠 긴 둑에 풀빛은 짙은데, 南浦에서 님 보내니 슬픈 노래 퍼진다.

大同江 물이 언제 다 하리오, 이별의 눈물이 해마다 푸른 물결에 보탤 텐데.

**解說**

잘 가시오 장공자여, 대대로 친분이 있는 사이니 이별의 한이 보태지는 구료.

### ❖제3 · 4구 : 兩行秦樹直, 萬點蜀山尖.

**註**

▸兩行(양항) : 길을 사이에 두고 두 줄로 늘어서 있는 가로수를 말한다.

＊『杜臆』: "兩行의 秦樹는 지나가는 길을 말함이며 萬點의 蜀山은 이르는 곳을 말함이다. 兩行秦樹, 言所經之途; 萬點蜀山, 言所至之境." 조금 어이가 없다. 이 어려운 것을 어떻게 알아내었소?

＊杜詩鏡銓』에서 인용한 張上若의 말씀 : "直字는 秦中의 나무요 尖字는 蜀中의 山이다. 단지 두 글자로 化工(自然스럽게 工巧함)의 妙가 있게 되었다. 直字是秦中之樹, 添字是蜀中之山, 只兩字有化工之妙." 만약 우리가 이렇게 묘사했다면 욕을 직사하게 먹었을 것이다.

＊直字를 잘 쓴 例는 따로 있다.

王維는 〈使至塞上〉에서 “大漠孤煙直, 長河落日圓. 광활한 사막 한줄기 연기 곧게 오르고, 길게 흐르는 강 지는 해는 둥글다.”라 했다. 쓰려면 이렇게 써야 할 것이다.

李賀가 빠질소냐? 〈秋來〉에서 한번 그럴듯하게 집어넣었다. “思牽今夜腸應直, 雨冷香魂弔書客. 생각이 잡아끄니 오늘밤 창자도 곧게 펴질 것인데, 비 차가울 때 옛 詩人의 香魂은 이 書生을 위로하리.”

**解說**

두 줄로 늘어선 秦中의 나무는 곧은데, 萬點의 蜀山은 뾰족하겠지.

## ❖제5 · 6구 : 御史新驄馬, 參軍舊紫髯.

**註**

▸驄馬(총마) : ① 즉 靑驄馬니 털빛이 靑 · 白이 뒤섞인 말이다. ② 後漢의 桓典이 侍御史가 되었다. 그때 宦官들이 크게 專橫하였는데 桓典은 正道를 지켜 宦官들을 피하지 않았다. 그는 늘 驄馬를 탔는데 모든 사람들이 두려워하였다. 이후로 驄馬는 御史를 나타내게 되었다.

* 우리도 사 오십년 전 검은 지프차가 檢警의 상징 비슷한 때가 있었다.

▸紫髯(자염) : 자줏빛 구레나룻. 『杜詩詳注』에서 『晉書』를 인용하였는데 郗超(치초)가 桓溫의 參軍이었는데 그에게 구레나룻이 있어 府中에서 髯參軍이라 불렀다한다. 그러면 紫는 왜 붙였느냐? 驄馬는 靑白色이며 으레 靑驄馬라 부른다. 그래서 여기에도 빛깔을 넣어야 짝이 맞는데 髯에 빛깔을 보태려니 紫髯이 등장하게 된 것이다. 깊은 내용은 없다.

『杜詩詳注』에서 인용한 『獻帝春秋』에서 張遼가 오나라의 항복한 자에게 紫髯將軍이 있다는데 누구냐 하니 말하기를 孫會稽입니다 하였다. 小說 『三國志』에서 關羽가 吳에 사로잡힌 뒤 孫權을 향해 욕하는데 "碧眼小兒. 눈 푸른 어린 놈" "紫髯鼠輩. 자줏빛 수염의 쥐새끼"라 하였다. 이 5・6 두 구도 짝이나 맞춘 평범한 글이라 하겠다.

解說

楊侍御는 새로 靑驄馬를 탄 御史요, 張參軍은 예부터 紫髯으로 이름난 參軍이지요.

### ❖제7・8구 : 皇華吾善處, 於汝定無嫌.

註

▸皇華 : 『詩・小雅・皇皇者華』는 임금이 使臣을 보낼 때 부르는 노래라 하였다. 內容을 보면 使臣으로 가는 사람이 途中의 感懷를 노래한 것인데 뒤에 使臣을 보낼 때 부르게 되었다 한다. 하여튼 皇華는 朝廷의 명을 받아 지방으로 나가는 使臣을 뜻하게 되었다.

▸善處 : ① 『杜詩鏡銓』 : "相好處" 서로 도움 주다. 서로 호의 베풀다. ② 『讀杜心解』 : "吾善處는 내가 往年에 노닐던 곳의 사람으로 극히 서로 아끼던 사람이다. 옛날 해석은 흐리멍텅하고 어긋난다. 吾善處, 言是吾往年游處之人, 極相好者也. 舊都鶻突." ③ 『漢語大詞典』 : "妥善處理" 즉 적당하게 처리하다. "善于處理" 즉 처리를 잘하다. 예로 本 詩를 들었다. ④ 『杜詩詳注』 : 좋은 곳. 훌륭한 지위. 惡處의 상대어. 本 詩의 내용을 보건대 『杜詩鏡銓』이 적당할 듯하다. 요새말로 하면 서로 사이가 좋다. 관계가 좋다가 되겠다.

▸定 : 분명히. 틀림없이.

▶嫌(혐) : 싫어하다. 꺼리다. 불만스럽게 생각하다. 증오. 원한. 미움. 앙심. 불만.

＊『杜詩詳注』에 引用된 黃生의 注 : "楊은 필시 蜀中의 諸道使였으며 張이 그의 參軍이 되었을 것이다. 이것은 사십 자로 된 추천서다. 楊必爲蜀中諸道使, 而張參其軍, 此四十字薦書也."

＊『杜詩詳注』: "아래 네 句는 楊侍御에 드리는 것이다. 下四呈楊侍御." 이 말은 조금 어긋나는 듯하다. 7・8구는 杜甫가 張參軍에게 직접 하는 말이다. 물론 추천서라는 것을 감안하면 楊侍御에게 드리는 것도 되지만 그렇다면 한 首 전부가 楊侍御에게 드리는 것이지 아래 네 句만은 아니다.

＊『讀杜心解』에서 인용한 〈鶴注〉: "楊侍御가 蜀에 使命을 받고 나갔는데 張參軍이 가서 의지함이다. 楊侍御使蜀, 張參軍往依云."

＊『讀杜心解』: "이것은 본래 추천서다. 그러나 다만 張에게 고하는 말만 있고 張을 칭찬하는 말도 없으며 楊에게 부탁하는 말도 없다. 다만 張이 자기의 通家이며 楊은 吾善處라 하고 好去・無嫌이라 했을 뿐이다. 극히 뛰어나다. 此本薦書也. 卻祇是告張之詞, 無贊語, 無囑託語. 但云張也吾'通家', 楊也'吾善處', '好去', '無嫌'而已, 超絶." 超絶(극히 뛰어나다)은 조금 과장된 말이나 전체 내용은 맞는 말이다. 즉 모두가 張에게 한 말이며 이것을 가지고 능히 추천을 한 것이다.

＊7・8구를 통해 杜甫와 楊侍御가 莫逆한 사이라고 짐작할 수 있다. 혼자서 판단하고 혼자서 다 결정한듯하니 말이다.

＊다시 강조하지만 이 詩는 一首 全部가 張參軍에게 고하는 形式인데 또한 一首 全部가 楊侍御에게 推薦하는 內容도 되는 것이다.

**解說**

皇華使인 楊侍御와는 서로 호의를 베풀고 잘 지내는 사이니 분명 그대에게 꺼리거나 불만스러운 일은 없으리라.

## 10. <送韋書記赴安書>(五言律詩)

夫子欻通貴, 雲泥相望懸.
白頭無藉在, 朱紱有哀憐.
書記赴三捷, 公車留二年.
欲浮江海去, 此別意茫然.

### ❖詩題

註

▸安西 : 『杜詩詳注』에 인용된 鶴注에 의하면 安書都護府의 治所는 龜玆國城內에 있으며 節度使는 西域을 按撫 平定한다 하였다. 『杜詩詳注』에서 天寶 11年에 封常淸은 安西副大都護가 되어 御史大夫를 兼職하였으며 符節을 지니고 安西四鎭節度·經略·度支·營田副大使에 充任되어 節度使의 직무를 수행하였다 하였는데 韋는 필시 그의 書記였을 것이다.

解說

安西都護府에 書記로 赴任하는 韋先生을 전송하다.

### ❖제1·2구 : 夫子欻通貴, 雲泥相望懸.

註

▸夫子 : ① 學者나 年長者에 대한 존칭. ② 제자의 스승에 대한 존칭.

▸欻(훌) : 홀연히. 갑자기.

▸通貴 : 亨通하고 顯貴해짐. 즉 일이 뜻대로 잘되어 크게 출세함.

▸雲泥：구름과 진흙. 구름은 고상한 은자의 삶을, 진흙은 세속의 삶을 비유한 말이었다. 후에는 지위가 크게 차이가 난다는 뜻으로 쓰였다. 『後漢書·逸民傳·矯愼』을 보면 "矯愼은 字가 仲彦으로 扶風 茂陵人이었다. 어려서부터 黃老之術을 좋아하여 山谷에 은둔하였으며 동굴로 집을 삼고 赤松子·王子喬의 導引術을 仰慕하였다. ……汝南의 吳蒼이 몹시 존경하였는데 글을 보내 그의 뜻을 살폈다. 가로돼 '仲彦先生께서 검약한 생활을 애쓰고 사십니다. 비록 구름을 타는 것과 진흙길 걷는 것은 사는 길이 같지 않다 하나 매양 서풍이 불 때마다 어찌 탄식하지 않으리오 云云' 矯愼字仲彦, 扶風茂陵人也. 少好黃·老, 隱遯山谷, 因穴爲室, 仰慕松·喬導引之術. ……汝南吳蒼甚重之, 因遺書以觀其志曰：'仲彦足下, 勤處隱約, 雖乘雲行泥, 棲宿不同, 每有西風, 何嘗不歎. ……'"

* 『杜詩詳注』에 인용된 『杜臆』："書記는 顯官이 아닌데도 雲泥之歎을 한 것으로 그 窮 함을 알 수 있다. 〈投贈哥舒翰〉 같은데서 극도로 讚揚稱頌하여 일개 書記를 바랐어도 얻을 수 없었다. 書記未是顯官, 而作雲泥之歎, 其窮可知. 如投贈哥舒翰, 語極贊頌, 望一書記尙不可得也."

▸懸：懸殊. 懸隔. 즉 차이가 매우 큼.

解說

선생께서 갑자기 뜻대로 일이 잘 돼 존귀하게 되시니 바라보면 구름과 진흙처럼 크게 차이가 납니다.

### ❖제3·4구：白頭無藉在, 朱紱有哀憐.

註

▸無藉在：無聊賴(의지할 곳이 없다)와 같다.(張相의 『詩詞曲語辭滙

釋』) 藉(자)는 깔개, 깔다, 의뢰하다의 뜻이 있다.

▸朱紱(주불) : ① 佩玉이나 印章을 묶는 붉은 끈. ② 禮服 위에 덮는 蔽膝. 蔽膝(폐슬)은 朝服이나 祭服을 입을 때 앞에 늘여 무릎을 가리던 사다리꼴의 붉은 헝겊으로 亞字무늬 도끼무늬 등이 있었다. 後에는 官服의 代稱이 되었다.

『杜詩詳注』에서 "唐制에 御史는 金印과 朱紱을 받았으므로 韋書記는 필시 御史를 겸직하였기에 이렇게 말했을 것이다. 唐制, 御史賜金印朱紱, 韋書記必兼御史, 故云."라 하였는데 이때에는 인끈의 뜻으로 쓰인 듯하다.

▸哀憐 : 哀는 슬프다는 뜻 말고 憐憫, 同情의 뜻도 있다. 哀憐은 연민 즉 불쌍하고 가련하게 여김, 동정이다.

**解說**

흰머리의 이 몸은 의지하고 기댈 곳 없으니 붉은 官服의 선생께서 가련하게 여기십니다.

### ❖제5 · 6구 : 書記赴三捷, 公車留二年.

**註**

▸三捷 : 『詩 · 小雅 · 采薇』에서 "豈敢定居? 一月三捷. 어찌 한곳에 머무를 수 있나? 한 달에 세 번은 승리해야 하는데."이라 하였다. 이 詩는 玁狁(험윤)과 戰爭하러 나간 사람들의 노래다. 즉 西北의 邊境에서 外族과의 분쟁과정을 읊은 것이니 韋書記가 赴任하는 安西都護府를 비한 것이다.

▸公車 : 본래 官車 즉 관청의 수레. 요즈음의 말로 官用車를 가리켰다. 이것이 官署를 나타내게 되었으니 漢代에 衛尉의 隷屬機構로 公車令이 設置되었고 宮殿 司馬門의 警衛를 담당하였다. 또한 天

下의 上書하는 일, 人才를 徵召하는 일도 여기를 경유하게 하였다. 생각하건대 수레를 민간에서는 거의 사용하기 어려운 옛날에 관청에서 독점하다시피 하여 중요한 사건이나 인물의 徵召 등에 수레를 썼으므로 情報 通信이 모두 公車를 중심으로 이루어져 公車가 官署가 된 듯하다. 『史記·滑稽列傳』에서 "東方朔이 처음 長安에 왔을 때 公車에 이르러 上書하였다. 朔初入長安, 至公車上書."라 하였으며 『後漢書·丁鴻傳』에서 "御衣와 띠를 내리고 公車에서 음식을 주어 博士와 예우를 같게 하였다. 賜御衣及綬, 稟食公車, 與博士同禮."라 하였는데 李賢의 注에서 "公車는 官署의 이름으로 官用의 수레가 있어서 그것으로 이름을 삼았다. 뭇 待詔하는 즉 임금의 詔勅을 기다리는 사람들이 모두 여기에서 命을 기다리므로 그래서 음식을 주게 하였다. 公車, 署名, 公車所在, 因以名. 諸待詔者, 皆居以待命, 故令給食焉."이라 하였다.

* 公車에 태워 有名하거나 學識있는 또한 德望있는 人物을 徵召하였으므로 後世에는 擧人들이 科擧에 應試하는 것을 公車라 하였다.

『杜詩詳注』: 杜甫는 天寶 10년에 三大禮賦를 바치고 부름을 받아 文章을 시험받고 集賢院에서 待制(즉 御命을 기다림)하고 있었다. 詩에서 公車에서 2년을 머무르다 하였으니 이 작품은 天寶 11년에 지은 것이다.(公以天寶十載獻三賦, 召試文章, 待制集賢. 詩云公車留二年, 當是十一年作.)

**解說**

韋書記께서 옛날 周나라가 玁狁을 한 달에 세 번이나 이겼다는 邊方 즉 지금의 安西로 赴任하러 가실 때는 제가 漢나라의 公車요 唐에서는 集賢院인 官署에서 待制한지 이년이 되는 시기입니다.

### ❖제7 · 8구 : 欲浮江海去, 此別意茫然.

註

▸浮海 : 『論語 · 公冶長』에서 "나의 主張이 받아들여지지 않으면 뗏목 타고 바다에나 떠갈까. 道不行, 乘桴浮于海."라 하였으니 孔子도 지치면 가끔 이런 생각을 하였다. 杜先生도 심심찮게 써먹었다. 〈奉贈韋左丞丈二十二韻〉에서 "장차 동쪽으로 바다에나 들어가려 하니 서쪽의 秦땅을 떠나려 합니다. 今欲東入海, 卽將西去秦."이라 하였음이라.

▸江海 : 『讀杜詩說』에서 "지금 살피건대 日知錄에서 말하기를 古人의 詩文에서 한 글자를 서로 이어서 함께 쓴 것이 있다 했는데 여기의 江海 또한 그렇다. 본래 그저 論語의 乘桴浮海의 의미로 쓴 것이며 江은 서로 이어져 함께 쓴 字다. 今按日知錄言古人詩文有一字相連幷用者, 此江海亦然, 本但用論語乘桴浮海意, 江則相連幷用字."라 하였다.

▸茫然 : 아무 생각이 없이 멍하다. 茫然自失 : 멍하니 정신을 잃음.

解說

저도 이제는 다 포기하고 바다에 배나 띄워 멀리 가려하니 지금의 이별에 마음은 아무 생각 없이 정신을 잃고 멍할 뿐입니다.

## 11. <寄高三十五書記>(五言律詩)

歎息高生老, 新詩日又多.
美名人不及, 佳句法如何?
主將收才子, 崆峒足凱歌.
聞君已朱紱, 且得慰蹉跎.

### ❖詩題

*『杜詩鏡銓』:"이별한 뒤 안부 묻는 뜻을 부친 것이다. 此別後寄候之作."

**解說**

〈高書記에게 부친다〉

### ❖제1·2구 : 歎息高生老, 新詩日又多.

**註**

▸歎息 : ① 탄식. 즉 한탄하여 한숨을 쉼. ② 贊嘆. 즉 칭찬하며 감탄함. 嘆美 즉 감탄하여 크게 칭찬함.

▸新詩 : 새로운 詩作. 〈巳上人茅齋〉에서 "巳公茅屋下, 可以賦新詩."라 하였다. 〈解悶〉其七에서 "陶冶性靈存底物? 新詩改罷自長吟. 性靈을 陶冶하는데 무엇이 있을까? 새로 지은 詩를 고친 뒤 길게 읊조린다."이라 하였다. 詩人들은 끊임없이 新詩를 내놓고 발표하여야 인정받고 스스로도 부끄럽지 않은 것이다.

解說

칭찬하며 감탄할 밖에. 高先生은 연로하셔도 새로운 詩作이 날로 풍성해지시니.

### ❖제3・4구 : 美名人不及, 佳句法如何?

註

▸美名 : 아름다운 聲譽・名稱.

▸佳句 : 詩文 中에 精彩있는 語句. 〈與李十二白同尋范十隱居〉에서 "李侯有佳句, 往往似陰鏗. 李公께는 佳句가 있어, 왕왕 陰鏗과 비슷하다오."라 하였고 〈秋日夔府咏懷奉寄鄭監李賓客一百韻〉에서도 "遠遊凌絶境, 佳句染華箋. 遠遊하여 絶境을 넘고, 佳句로 華箋을 적신다."라 하였다.

＊『杜詩鏡銓』에서 제4구는 "卽欲與細論文意"라 하였다. 즉 〈春日憶李白〉에서 "何時一樽酒, 重與細論文. 언제쯤 될까? 술 한 통 앞에 두고, 다시 찬찬히 詩文을 논할 때가."라는 것과 같은 의미라는 것이다.

＊徐仁甫의 『杜詩注解商榷續編』: "如字는 有 또는 又라고 쓰일 때가 많다. 또한 杜甫는 何當을 合當의 뜻으로 쓸 때가 많다. 佳句法如何는 佳句法有合, 佳句法又合인 것이다." 徐氏의 의견을 따르면 美名을 남들이 미치지 못하니, 뛰어난 詩句짓는 법은 꼭 合當합니다가 되겠다.

解說

아름다운 명성과 명예를 남들은 미치지 못하니 그 뛰어나고 훌륭한 詩句짓는 법은 어떠합니까?

## ❖제5 · 6구 : 主將收才子, 崆峒足凱歌.

**註**

▸主將 : 河西節度使 哥舒翰을 가리킨다.

▸才子 : 옛날에는 德과 재주를 겸비한 사람을 가리켰다. 高適을 말한다.

▸足 : ① 多. ② 充分. 充足.③ 完備. ④ 充滿.

▸凱歌 : 승리의 노래. 『杜詩鏡銓』에서는 高適의 〈九曲詞〉로 보았다.

＊『杜詩鏡銓』에서 『樂府詩集』을 인용하였다. 즉 『新唐書』에 의하면 "天寶中에 哥舒翰이 吐蕃의 洪濟 大莫 등의 城을 공격 함락시켜 黃河九曲을 수복하고 그 땅에 洮陽郡을 설치하였다"하며 高適이 이에 〈九曲詞〉 三首를 지었다 한다.

＊우리 생각에 5 · 6句는 高適이 詩의 才能말고도 武才를 겸비하여 主將을 도와 崆峒山에서 凱歌(이때에는 단순히 승리의 뜻이다)를 올림이 많았다 하는 것이 文武兼備 文武雙全의 칭찬이 되어 더 그럴듯하지 않나 생각된다. 따라서 浦起龍은 아래와 같이 풀었다.

＊『讀杜心解』: "才子 · 凱歌는 여전히 詩 에 접근하여 말한 것이나 幕府의 主人인 哥舒翰과 軍功을 아울러 드러낸 것이다. 才子 · 凱歌仍就詩說, 而幕主與軍功兼表矣." 즉 凱歌는 승리의 노래인 〈九曲詞〉 等의 勝戰의 詩도 되고 凱歌를 올렸다는 말 즉 단순한 勝利도 된다는 것이다.

**解說**

主將께서 才子를 거두셨으니 崆峒에는 승리의 노래가 자주 울려 퍼집니다.

### ❖제7 · 8구 : 聞君已朱紱, 且得慰蹉跎.

註

▸朱紱 : 앞에서 설명했다.

*『草堂詩箋』: "高適이 이미 官爵과 俸祿이 더 올랐음을 말한다. 謂適已增爵秩也."

▸且 : 마음에 꼭 드는 것은 아니지만 그럭저럭. 아쉽지만 하는 수 없이.

▸蹉跎 : ① 발을 헛디디다. 失足하다. ② 때를 놓치다. 失時하다. ③ 失意하다. 허송세월하다. 杜甫가 자신을 나타낸 말이다.

解說

듣건대 선생께서 이미 승진하여 붉은 관복 입으셨다니 선생의 재능에 비하면 꼭 마음에 드는 것은 아니지만 그럭저럭 괜찮으니 때 놓치고 발 헛디뎌 실의 속에 허송세월하는 저의 마음을 적이 위로해 줍니다.

## 12. <故武衛將軍挽詞三首>(五言律詩)

### ❖詩題

註

* 『杜詩詳注』: "開元·天寶間에 府兵制를 파하고 折衝府를 없앴으며 民間의 兵器 휴대를 금하였다. '王者今無戰'은 이때를 가리킨다. 아마 天寶 6·7年 서울에 있을 때 지은 것 같다. 開元·天寶間, 府兵罷, 折衝停, 民間挾兵器者有禁, 王者今無戰, 正指其時. 蓋天寶六七載, 時在京師作也."
* 『杜詩詳注』에서 인용한 『唐書』: "좌우무위에는 대장군이 각각 한 명 장군이 각각 한 명으로 宮禁의 警衛를 統領하는 法을 맡는다. 左右武衛, 大將軍各一員, 將軍各一員, 掌統領宮禁警衛之法."
* 『杜詩詳注』에서 인용한 張希良의 注: "詩題에서 姓名을 적지 않았다. 唐·喬潭의 〈裴將軍舞劍賦序〉를 보면 '後元年 秋九月에 羽林 裴公이 서울에 戰利品을 바치니 上께서 花萼樓에 납셔 크게 酒宴을 베푸셨다. 술자리가 무르익자 장군에게 칼춤을 추게 하니 천하의 壯觀이었다.'하였으며 賦에서 '장군이 幽·燕의 굳센 士卒을 거느리고 아득한 북쪽 불모의 땅에 武威를 떨쳤다. 바다의 夷族을 사로잡고 산의 羯人을 포로로 하여 북소리 맞춰 隊伍를 갖추고 대궐에 功을 바치네.'라 하였다. 後元年은 明皇의 天寶初年을 가리키며 花萼樓 또한 명확한 증거다. 또한 詩中의 '橫行沙漠外' '匈奴氣不驕'와 합치된다. 따라서 將軍은 裴羽林이다. 裴의 이름은 旻이고 활을 잘 쏘아 하루에 호랑이 열한마리를 죽

였다고『唐書・李白傳』『太平廣記・虎部』에 나온다. 이 또한 詩中의 '舞劍過人絶, 鳴弓射獸能'과 합치되니 고증을 기다린다. 王維 또한〈贈裴旻將軍〉詩에서 '허리춤에 빛나는 寶劍은 七星의 무늬요, 팔위의 아로새긴 활은 百戰百勝의 功이네. 듣건대 雲中에서 약은 오랑캐 잡았다니, 비로소 알겠네 天上의 神將임을.'하였으니 또한 '舞劍' '鳴弓'과 합치된다. 또한 唐의 裴氏는 대부분 山西가 本籍인데 詩中에 '新阡絳水遙'라 하였으니 이 또한 裴旻을 가리키는 듯하다. 다만『唐書・宰相表』에 裴旻은 金吾將軍을 지냈다 하여 武衛將軍과 일치하지 않으니 맞는지 틀리는지 알 수 없다. 詩題不記姓名, 按唐喬潭〈裴將軍舞劍賦序〉: '後元年秋九月, 羽林裴公獻戎捷於京師, 上御花萼樓, 大置酒. 酒酣, 詔將軍舞劍, 爲天下壯觀.' 賦云 : '將軍以幽燕勁卒, 耀武窮髮. 俘海夷, 虜山羯, 振旅闐闐, 獻功魏闕.' 後元年, 當是明皇之天寶初載, 花萼樓亦其明驗, 少陵詩中 "橫行沙漠外" "匈奴氣不驕"等語合. 將軍, 意卽裴羽林也. 裴名旻, 善射, 一日斃十一虎, 見『唐書・李白傳』『太平廣記・虎部』. 又與詩之"舞劍過人絶, 鳴弓射獸能"者合, 存以俟考. 王維亦有〈贈裴旻將軍〉詩云 : '腰間寶劍七星文, 臂上琱弓百戰勳. 見說雲中擒黠虜, 始知天上有將軍.' 亦與舞劍鳴弓合. 又唐之裴氏, 多籍山西, 篇中 '新阡絳水遙', 似亦指裴旻. 但『唐書・宰相傳』裴旻官金吾將軍, 與武衛將軍不合, 未知是否也."

* 우리의 생각 : 本 詩 中의 舞劍과〈裴將軍舞劍賦序〉中의 舞劍은 다르다. 序의 舞劍은 칼로 춤을 춤이니 즉 劍舞다. 이것은 장수들이 대개 술자리에서 餘興으로 하는 것이니 娛樂性과 遊戲性이 짙은 것이다. 詩中의 舞劍은 劍術을 말함이니 이때의 舞는 揮 즉 휘두르다는 뜻이다. 여기에는 娛樂・遊戲가 끼어들 여지가 없다. 다만 劍術에 능하고 勇猛한 장군의 기상을 나타냈을 뿐이며

生과 死, 勝과 敗가 달려있는 것이니 第二首의 전체적인 內容과도 一致됨은 말할 것 없다. 杜甫詩 中의 "舞劍過人絶, 鳴弓射獸能." "橫行沙漠外" "匈奴氣不驕"는 詩人의 故人에 대한 儀禮的인 言辭일 것이며 이것을 가지고 고증함은 지나친 일이 될 것이다. 즉 武衛將軍은 누구인지 알 수 없는 것이다.

* 劍舞가 餘興이며 娛樂性이 짙다했는데 물론 例外는 있다. 『史記・項羽本紀』에서도 가장 精彩있는 부분은 鴻門의 宴일 것이다. 范增이 劉邦을 죽이려고 項莊과 일을 꾸몄다. 項莊이 말하기를 "君王과 沛公이 飮酒하심에 軍中에 즐길 것이 없으니 劍舞를 하겠나이다. 君王與沛公飮, 軍中無以爲樂, 請以劍舞."하여 拔劍起舞하였다. 이것은 娛樂을 빙자하여 殺害하려는 것이니 보통의 劍舞와는 전혀 다르다.
* 死刑囚를 斬하는 劊子手・망나니도 刑을 執行하기 전에 칼을 휘두르며 일종의 춤을 추었다. 이 또한 오락과는 별개일 것이다.
* 挽詞 : 挽辭. 輓詞. 죽은 이를 애도하여 지은 글이다.
* 挽歌 : 상엿소리. 즉 상여꾼들이 상여를 메고 가면서 부르는 구슬픈 소리. 후에는 죽은 이를 애도하는 노래나 가사, 또는 滅亡한 옛 事物을 슬피 탄식하는 글도 가리켰다.

其一

嚴警當寒夜, 前軍落大星.
壯夫思果決, 哀詔惜精靈.
王者今無戰, 書生已勒銘.
封侯意疏闊, 編簡爲誰靑!

### ❖제1 · 2구 : 嚴警當寒夜, 前軍落大星.

註

▶嚴警 : 嚴密한 警戒. 森嚴한 警戒.

＊『杜詩詳注』: "武衛는 宮闕의 警備를 주관하므로 嚴警이라 하였다. 武衛主警衛宮禁, 故云嚴警."

우리 생각에는 武衛將軍의 有故를 對備함의 뜻도 있다고 본다.

▶前軍 : 前陣. 先頭 部隊로 가장 勇猛하고 決斷力이 있다. 이것으로 宮禁의 警備를 담당한 武衛將軍의 部隊를 비유한 것이다.

▶落大星 : 『杜詩詳注』에서 인용한 『晉陽秋』에서 "별이 붉으며 내쏘는 빛이 있었는데 東北쪽에서 西南쪽으로 가 諸葛亮의 陣營에 떨어졌다. 잠시 후에 諸葛亮이 죽었다. 有星赤而芒角, 自東北往西南, 投於諸葛亮營, 俄而亮卒."이라 하였다.

＊옛날의 落星이란 지금의 隕石이다.

＊落星이 죽음을 나타내는 것만은 아니다. 서울의 관악구 봉천동에 있는 落星垈는 강감찬 장군의 출생지다. 하늘에서 큰 별이 떨어진 날 장군이 태어났다고 하여 붙은 이름이다.

解說

차가운 밤을 맞아 삼엄한 경비가 펼쳐졌는데 큰 별 하나 前軍에 떨어졌다.

### ❖제3 · 4구 : 壯夫思果決, 哀詔惜精靈.

註

▶壯夫 : 씩씩한 남자. 豪傑. 『讀杜心解』에서는 將士라 하였다. 將士란 將帥와 士卒이니 모든 軍隊의 人員을 말한다.

▸果決：果敢하고 堅決 즉 단호함. 果決이 敢決로 된 곳도 있다. 敢決은 果斷이니 결국 같은 말이다.

▸哀詔：『漢語大詞典』에서는 帝王이 崩御한 뒤 뒤를 이은 임금이 나라 안에 布告하는 詔書라 하였다. 本 詩의 內容과는 동 떨어진다. 本 詩에서는 임금이 내린 애통해 하는 詔書가 되겠다. 참고로 哀痛詔라는 것도 있는데 災害가 잦아 백성들이 편하지 않고 對內的으로는 政治・經濟, 對外的으로는 外國과의 관계 모두가 困難할 때 帝王이 스스로를 책망하여 내리는 詔書다.

▸精靈：① 정신. ② 靈魂.

解說

將帥와 士卒 上下가 모두 將軍의 果敢하고 斷乎함을 그리워하며 聖上의 哀悼하는 詔書는 將軍의 정신을 아쉬워하고 靈魂을 아까워한다.

### ❖제5・6구：王者今無戰, 書生已勒銘.

註

▸王者：帝王. 天子. 一般 諸侯王과는 전혀 다른 말이다.

▸無戰：『杜詩詳注』에 인용된 盧注："이때 府兵制를 파하고 折衝府를 그만두었으며 民間의 武器所持를 금지하였다. 그래서 今無戰이라 하는 것이다. 是時罷府兵, 停折衝, 禁民間挾兵器. 故云今無戰."

＊『杜詩鏡銓』에서 "偃武"라 言及하였다. 즉 偃武修文을 말한다.

＊偃武修文：『書・武成』에서 "王이 商에서 와서 豐에 이르러 이에 武를 멈추고 文을 닦았다. 王來自商, 至于豐, 乃偃武修文."라 하였다. 즉 전쟁을 끝내 무기를 사용하지 않으며 文教를 닦는 것을 말한다.

▶書生 : 讀書人. 옛날에는 대개 儒生을 가리켰다. 여기에서는 武人과 대조적으로 썼다.

▶勒銘 : 勒은 새기다, 조각하다. 銘은 文體의 하나로 金石에 새기는 功德을 稱頌하는 글이다. 勒銘은 銘을 金石에 새김이다.

* 『杜詩詳注』 : "蔡邕의 〈張伯雅祠堂碑〉에서 돌을 써서 銘을 새긴다라 하였는데 이것은 墓銘(돌에 새겨 무덤 속에 넣는 것인데 내용은 死者의 찬양·애도다)이다. 옛 注에서 班固가 〈燕然山銘〉을 지어 돌에 새겨 공을 기록했다 하는 것은 맞지 않는다. 蔡邕〈張伯雅祠堂碑〉 : 假石勒銘. 此謂墓銘也. 舊引班固作〈燕然山銘〉, 勒石紀功, 未合."

  『杜詩詳注』의 내용은 文을 崇尙하고 武를 棄置하니 將帥들이 세운 功은 세상에서 보답도 인정도 받지 못하고 墓銘에나 기록될 뿐이라는 것이다.

* 『杜詩鏡銓』 : "班固가 匈奴를 크게 이긴 竇憲을 위하여 〈燕然山銘〉을 지어 돌에 새겨 공을 기록하였다. 이 句는 또한 마땅히 偃武의 뜻으로 보아야 하며 앞에서 나온 崆峒의 凱歌와 같은 종류다. 『杜詩詳注』에서 墓碑를 가리킨다 하였는데 아래 위가 맞지 않는다. 班固爲竇憲作〈燕然山銘〉, 勒石紀功. 此句亦當作偃武意, 卽上崆峒凱歌之類. 仇注謂指墓碑, 與上下不合,"

  『杜詩鏡銓』은 전쟁이 끝나 평화가 왔으므로 그것을 可能하게 한 勝戰紀念의 글을 지었다는 것이다.

* 우리의 생각 : ① 第7·8句를 보면 將軍은 그렇게 得意하지 못한 것 같으며 勝戰의 報答도 받지 못한 것 같다. 따라서 5·6句도 이것과 일관되게 해석되어야 할 것이다. 偃武修文하면 당연히 武는 찬밥신세다. 따라서 將軍들도 賤待받게된다. 지금 〈燕然山銘〉 같은 대우는 기대하기 어렵다. 書生已勒銘에서 已는 멈추다 그치

다의 뜻으로 쓰인다. 따라서 書生들도 이 文治의 時代에는 勒銘은 그만두고 하지 않게 되었다고 해석할 수 있다.

② 王者今無戰 하니 백성들은 바야흐로 堯舜時節같은 太平聖代, 康衢煙月을 謳歌한다. 이럴 때에는 書生이 한판 벌일 때이니 그들은 聖上의 河海같은 은덕을 稱頌 讚揚하는 법. 돌에 새기고 碑에 담을 글을 지어 올리게 되어있다. 즉 勒銘의 대상이 장군이 아니고 聖上이신 王者인 것이다.

解說1

王者가 다스리는 이 天下에 平和가 왔으니 더 이상 전쟁이 없게 되었다. 글 잘하는 書生들은 이 太平聖代 康衢煙月을 있게 한 聖上을 稱頌 讚揚하는 글을 짓는다.

解說2

王者가 다스리는 이 天下에 平和가 到來 더 이상 전쟁도 없다. 글 잘하는 書生들도 더 이상 勝戰이니 勝捷이니 하는 것을 記念하는 글을 짓지 않게 되었다.

解說3

平和가 오고 戰爭은 없다. 將軍들의 공로는 잊혀지고 그것은 단지 墓銘에나 기록될 뿐이다.

解說4

勝戰한 將軍들을 칭찬하는 글이나 지어 그들을 위로한다. 그것으로 일은 끝난다.

### ❖제7·8구 : 封侯意疏闊, 編簡爲誰靑!

註

▸封侯 : 侯爵에 封해짐. 顯赫한 功名을 세움도 뜻한다.

▸意 : ① 將軍의 意志, 願望, 內心. ② 朝廷의 意思, 見解.

▸疏闊 : ① 粗略. 不周密. 대충. 그럭저럭. 주도면밀하지 못함. ② 迂闊함. 實際에 切實하지 못함. ③ 疏遠함. 親近하지 못함.

▸編簡 : 엮어 놓은 竹簡, 木簡. 이것으로 書籍 특히 史冊을 가리킨다.

▸靑 : 殺靑을 말한다. 대나무를 불에 쪼여 진액을 빼고 푸른 表皮를 긁어 내 書寫에 편하게 하고 좀벌레도 예방하였다. 이렇게 만든 竹簡을 엮어서 冊을 만들었다. 그래서 殺靑으로 書籍·記錄·史書를 나타내기도 하였다. 또한 靑色의 表皮를 긁어낸 뒤 여기에 기록하였기에 靑史라고도 하였다.

*『杜詩詳注』: "누구를 위해 殺靑하는가는 史書에 전할 만하다는 말이다. 爲誰靑, 史簡足傳也."

*『杜臆』: "封侯句 는 感慨가 無限하니 漢의 文帝가 李廣이 때를 만나지 못함을 애석해 하는 것과 같은 뜻이다. 封侯句, 無限感慨, 與漢文帝惜李廣不遇時者同意."

*『九家集注』의 趙注 : "朝廷의 封侯하려는 뜻이 疏闊하니 장군은 허위가 없는 믿을만한 史書에 적혀 전해질 수 없다. 비록 엮어놓은 史冊이 있다한들 누구를 위해 殺靑했단 말인가. 朝廷封侯之意已疏闊矣, 則將軍無傳以書於信史. 雖有編簡爲誰而靑乎?"

*『杜詩諺解』: "史書에 功績을 기록할 수 없음을 말한다. 言不得策勳於史冊也."

*『杜詩鏡銓』에 인용된 朱注 : "장군은 대저 변방에서 일찍이 공을 세우고도 爵位와 賞賜를 못 받은 者다. 그러므로 이런 태평하고 武를 숭상하지 않는 때를 당하여 封侯之志는 이룰 수 없었지만 엮어진 簡冊은 그를 위해 殺靑하였지 누구를 위해 殺靑했겠는가 하고 말한 것이다. 즉 그 功名이 반드시 史冊에 드리울 것을 인정

한 것이다. 將軍大抵嘗立功塞外而未加爵賞者. 故言當此太平不尙武之秋, 封侯之志雖未得遂, 然編簡不爲之靑而誰靑乎? 許其功名之必垂於史冊也.”

* 徐仁甫의 『杜詩注解商榷』: “朱注가 맞는다면 ‘編簡爲誰靑’은 ‘編簡爲之靑’ 즉 엮은 史冊은 그를 위해 殺靑했다가 되어야 한다. 그러나 그렇게 하면 ‘封侯意疏闊’과 내용이 일관되지 않는다. ‘誰’는 ‘何’다. 『左傳・僖公24年』에 ‘非君而誰’라 했는데 『說苑・報恩』에서는 ‘非君而何’로 되어있으니 ‘誰’는 ‘何’다 ‘編簡爲誰靑’은 編簡은 무엇 때문에 殺靑했단 말인가 이니 곧 史冊에 기록되지 못한다는 뜻이 뻔하다. 朱氏・仇氏는 모두 ‘誰’의 용법에 미숙하여 시를 해설함에 공교롭게 반대로 하였으니 虛詞가 글의 大義에 관계됨이 이와 같은 것이다. 若如朱說, 當作‘編簡爲之靑’, 然與‘封侯意疏闊’意思不貫. 誰, 何也. 『左傳・僖公24年』 ‘非君而誰’, 『說苑・報恩』作‘非君而何’. 是‘誰’猶‘何’也. ‘編簡爲誰靑’言編簡爲何靑, 則不書于史冊, 其意甚明. 朱・仇皆不達‘誰’之用法, 而說詩義適得其反, 虛詞關係大義, 有如此者.”

**解說**

第3首의 “大樹”로 미루어 보건대 장군은 封侯에 아등바등하지 않았으며 겸양할 뿐이었고 朝廷도 “無戰”으로 不尙武함을 알겠으니 封侯에 적극적이지 않았다. 결국 封侯의 意志도 意思도 다 대충 그럭저럭 지나갔으니 엮어놓은 대쪽 또한 그 무엇 때문에 殺靑했단 말인가!

〈故武衛將軍挽詞三首〉 其二

舞劍過人絶, 鳴弓射獸能.
銛鋒行愜順, 猛噬失蹻騰.
赤羽千夫膳, 黃河十月冰.
橫行沙漠外, 神速至今稱.

**❖제1 · 2구 : 舞劍過人絶, 鳴弓射獸能.**

註

▶ 舞 : 휘두르다. 舞劍은 칼을 휘두름이니 칼을 쓴다는 말이다. 점잖게 말하면 劍術을 行한다가 되겠다.

▶過人 : 능력 · 재주 · 지식 · 덕망 따위가 보통사람보다 뛰어나다.

▶絶 : ① 獨特함. 唯一無二함. ② 극히. 매우. 몹시.

▶鳴弓 : 鳴弓弦. 활시위 울리다.

▶射(석) : 맞히다. 的中시키다. 명중함.

解說

칼을 쓰는 것은 사람들 보다 극히 뛰어나 唯一無二라 할 만하였고 활시위 울리면 능히 짐승을 맞히는 능력이 있었다.

**❖제3 · 4구 : 銛鋒行愜順, 猛噬失蹻騰.**

註

▶銛(섬) : 날카롭다. 예리하다.

▶鋒 : 창 · 칼의 尖端이나 銳利한 부분.

▶愜(협) : ① 만족함. 흡족함. ② 적당하다. 알맞다. 적절하다. 합당하

다. 愜順 : 뜻대로 되다. 마음대로 되다. 如意하다.

*『杜詩詳注』: "칼날이 예리하니 군사의 행동이 순조롭다, 이것은 칼의 뛰어남이다. 鋒利而師行皆順, 此劍之雄."

*『杜詩鏡銓』: "第1句를 받았다. 향하는 대로 칼이 나가니 뜻대로 되지 않음이 없다. 承一. 謂投之所向, 無不如意."

▶噬(서) : 물다. 깨물다. 물어뜯다. 씹다. 猛噬는 사납게 물어뜯는 맹수를 말한다.

▶蹻 (교) : 날쌔다. 힘차고 왕성하다. 蹻騰(교등) : 힘차게 달리다.

*『杜詩詳注』: "화살에 맞아 맹수가 날램을 잃었다. 이것은 활의 민첩함이다. 中箭而猛獸失威, 此弓之捷."

**解說**

날카로운 칼날은 마음먹은 대로 나갔으며 민첩한 활에 사납게 물어뜯는 맹수도 힘차게 달림을 잃었다.

### ❖제5 · 6구 : 赤羽千夫膳, 黃河十月冰.

**註**

▶赤羽 :『杜臆』『箋注』: 赤羽之箭. 즉 붉은 깃 꽂은 화살이다.『草堂詩箋』: 羽가 雨로 된 곳도 있다. 赤雨는 落葉이다.『杜詩詳注』『杜詩鏡銓』: 붉은 깃 꽂은 깃발이다.

▶千夫 : 軍士를 가리킨다.(『杜詩詳注』)

▶膳 : 요리한 음식. 먹다.

▶冰 :『箋注』: "『左傳 · 昭公25年』에 '公의 군사들이 싸울 마음이 없어 갑옷을 벗고 화살통 뚜껑으로 물 먹으며 쭈그리고 앉아있다. 公徒釋甲, 執冰而踞'의 注에서 '冰은 화살 담는 통의 뚜껑이다. 冰, 櫝丸蓋也'라 하였다." 錢牧齋의 의견은 冰은 화살통 뚜껑이라는 것

이다. 『杜詩槧詁』 : "斧冰作糜. 도끼로 얼음을 깨고 그것을 녹여 죽을 끓이다."

❖제5·6구는 예부터 諸說이 紛紛하였는데 鄭文의 『杜詩槧詁』가 총정리 하였으므로 여기에 적어 보겠다.

『集注』에서 宋나라 修可·黃願의 말을 인용하였는데 赤羽는 즉 『家語』의 "赤羽若日, 白羽若月"로 보아 旗의 뜻이고 千夫膳은 먹는 자가 천명의 兵士다 하였다. 그런데 『杜臆』은 이것이 틀렸다 하고 赤羽는 새며 飛鳥로 식량을 삼는 것을 가리킴이니 또한 善射를 이어받은 것이며 走獸를 먹는 것은 말할 필요도 없다 하였다. 또 한사람이 활 잘 쏘면 백 명이 활 쏠 때 쓰는 깍지 끼고 토시를 찬다(一夫善射, 百夫決拾.) 즉 백 명이 덩달아 잘 쏘게 된다는 것이니 李陵이 거느린 부하들이 모두 뛰어난 재능의 劍客으로 힘은 범을 잡아 누르고 쏘면 명중하였으므로 行軍함에 양식을 지니지 않았다 하였다. 『錢牧齋箋注』도 또한 말하기를 "赤羽千夫膳 두 句는 沙漠外의 풍경을 묘사한 것이다. 외진 변방 먼 사막에 식량의 운송도 끊어졌고 싸가지고 간 양식도 다 떨어지니 軍中에서는 모두가 화살 한 대를 의지해 음식을 공급하므로 위의 두 句 를 이어 받은 것이 아니고 장군의 활솜씨를 자랑한 것이다. 萬里黃河氷도 『左傳·昭公25年』에서 公의 군사들이 싸울 마음이 없어 갑옷을 벗고 화살통 뚜껑으로 물먹으며 쭈그리고 앉아있다는 대목의 注에서 氷은 櫝丸蓋니 혹 이르기를 櫝丸은 箭筒 즉 화살통으로 그 뚜껑은 물을 마실 수 있다는 것이다. 黃河가 시월이면 군사들이 물이 부족하여 화살통의 뚜껑으로 물을 마시니 苦寒을 극도로 묘사한 것이다. 만약 氷을 얼음 언다는 氷으로 해석하면 무슨 의미가 있단 말인가? 위의 銛鋒 한 句와 붙여서 푼다면 의미가 통하지 않는다."하였다. 내 생각에 구월이면 이슬이 차고 서리가 내려 철새들은 남으로 날고 시월이면 겨울이 닥쳐 기온이 더욱 낮아지니 외진 변방 먼 사막에서 새를 찾기가 아주 힘들며 짐승도 달아나 무리에서 떨어지니 찾기가 더욱 힘들 것이다. 화살 한 대에 의지해 음식을 장만한다면 몇 사람에게도 공급할 수 없는데 하물며 천명의 군사에 있어서랴? 『杜臆』 『箋注』의 說은 이 때문에 합당하지 않다. 화살통 뚜껑으로 물 마신다는 것은 어찌 의미가 난해한 정도리오. 또한 졸렬하다. 氷이란 무엇이냐? 대저 斧氷作糜 즉 도끼로 얼음을 깨고 그것을 녹여 죽을 끓인다는 것은 전해 온지 오래되었고 하기가 아주 쉬운 것이다. (우리가 찾은 바로는 曹操의 〈苦寒行〉에서 斧氷持作糜라 하였으니 軍中에서는 흔히 쓰던 방법 같다.)

그러므로 氷은 斧氷作糜가 맞을 것이다. 詩에서 黃河十月氷이라 한 것은 기후가 아주 추워 그 辛苦함을 형용한 것이다. 이로써 말한다면 내가 말한 뜻이 무어 잘못 되었으리오? 『箋注』 해석은 타당하지 않다. 『詳注』에서 “赤羽 장식한 깃발 아래에서 千夫가 모여 먹는다는 것은 孤軍이 敵地로 깊이 들어간 것을 말함이다. 변경 밖의 黃河는 시월이면 얼음이 어는데 그 苦寒을 피하지 않으니 이것은 바로 그들의 橫行이 神速함을 형용한 것이다.”라 했으니 맞는 해석이다. 『集注』에서 師氏의 說을 인용하여 “古詩에서 桃花亂落如紅雨(복사꽃 어지럽게 지니 붉은 비 같다. 우리가 아는 바로 이것은 李賀의 〈將進酒〉에 나오는 句다.)라 하였는데 赤羽도 羽가 雨라 된 곳도 있으니 古詩와 비슷하게 붉은 잎 즉 낙엽이다.”하였고 『草堂詩箋』도 또한 인용하여 “或 말하기를 赤羽는 낙엽을 말한다.”하였으며 明의 修遠·顧宸도 『草堂詩箋』을 인용하면서 다시 확대하여 이르기를 “千夫가 낙엽을 모아 밥을 짓는 것을 말한다. 즉 솥을 걸고 밥을 짓는 뜻이니 黃河 두 글자와 정확한 짝이 된다.”하면서도 또한 “이 說은 그 뿌리를 알 수가 없다 따라서 내가 생각하기로는

赤羽는 깃발이다. 公의 詩에서 '春殿晴曛赤羽旗'라 했으니 군대가 가면 깃발이 앞에 있는 것이다. 『尙書』에서 千夫長·百夫長이라 했으니 모두 隊伍인 것이다. 군대가 가면 千夫가 모여서 식사하니 즉 公의 詩 '野膳隨行帳'이 그것이다. 前漢의 永平6年 겨울 시월에 黃河가 얼었다. 『後漢書』에 의하면 光武帝가 虖沱河(호타하)에 이르러 속여서 말하기를 黃河의 얼음이 단단하니 건널 수 있다 하였는데 黃河에 이르니 黃河의 얼음이 모두 얼었다. 이것은 將軍이 勤王하면서 용감하게 싸우니 두려워함이 없는 것이다." 하였다. 만약 師氏나 『草堂詩箋』의 說대로라면 사막을 횡행하는데 어디서 낙엽을 얻을 수 있단 말인가?

鄭文 先生의 말씀인즉 赤羽는 깃발이고 氷은 斧氷作糜다 赤羽를 落葉으로 본 것은 황당하며 氷을 화살통 뚜껑이라 한 것도 語不成說인 것이다. 모두 일리가 있는데 다만 하나 맨 끝의 사막을 횡행하는데 어디서 낙엽을 얻나 하는 것은 조금 문제가 있다. 즉 赤羽 를 落葉이라 한 것은 확실히 엉뚱하지만 낙엽을 얻을 수 없다는 것은 조금 경우가 다르다. 『史記·淮陰侯列傳』에서 "樵蘇後, 爨, 師不宿飽. 나무하고 풀 베 밥 짓는 불을 때면 군대는 배부르지 않다."라 한 것으로 보아 나무하고 풀 베는 것은 꽤 있었던 일인 듯하며 曹操의 〈苦寒行〉에서도 "擔囊行取薪. 자루 메고 땔나무 구한다."라 한 것으로 알 수 있듯이 軍中에서 땔감을 구하는 것은 그리 드문 일이 아닌 듯하다. 本 詩에서 사막을 횡행하는 것은 行軍중의 한 부분이지 애오라지 사막만 다닌 것은 아니다. 따라서 낙엽을 구하는 것 자체는 아주 틀린 일은 아닐 것이다.

우리가 보기에 赤羽의 辭典에 있어서 가장 대표적인 뜻은 역시 새다. 그래서 우리는 이렇게 해석하였다. 새를 한 마리든 백 마리든 (여기에는 짐승도 당연히 포함된다.) 잡았다 하면 장군이나 높은 계급의 장교들만 먹은 것이 아니고 모든 軍士들과 함께 먹었다는 뜻이다. 그래야만 兵士들이 헌신적으로 복무하게 될 것이니까. 『史記・孫子吳起 列傳』을 보면 "兵卒중에 종기를 앓는 자 있으면 吳起가 입으로 빨아냈다. 卒有病疽者, 起爲吮之."라 하였으며 『貞觀政要・仁惻』에서 "太宗이 遼東을 칠 때 白巖城을 공격하는 중 右衛大將軍인 李思摩가 流矢에 맞았는데 임금이 친히 썩은 피를 빨아냈다. 太宗征遼東, 攻白巖城, 右衛大將軍李思摩, 爲流矢所中, 帝親爲吮血."라 하였다. 本 詩에서도 將軍의 兵士들과 一心同體・苦樂을 함께함을 부각시키려 한 듯하다. 그렇지 않으면 깃발 아래 천명이 밥을 먹었다가 무슨 대단한 일이 되겠는가?

氷을 斧氷作糜로 푼 鄭文 先生에게는 삼가 경의를 표한다. 이 또한 얼음 얼다로 해석한다면 겨울에 黃河가 어는 것이 무어 大書特記할 일이겠는가? 鄭先生의 見解가 백번 옳다고 본다.

解說

따뜻한 봄날・찌는 듯 더운 여름날 활이나 칼을 써서 붉은 깃의 새든 갈색 깃의 새든 또한 어떤 짐승이든 잡았다 하면 모든 병사들과 같이 먹었으며 멀고 먼 변방 시월에 黃河가 얼면 도끼로 얼음 깨 그것으로 죽을 끓여 모두 함께 요기하였었다.

### ❖제7・8구 : 橫行沙漠外, 神速至今稱.

註

▸橫行 : ① 게처럼 모로 감. ② 非爲를 마음대로 저지름. 아무 거리낌 없이 제멋대로 행동함. ③ 縱橫으로 馳騁함. 대개 征戰에 있어 향하는 곳마다 대적할 자 없음을 말한다.

* 소설가 廉想涉의 號가 橫步다. 깊은 뜻이 무엇인지?

▸神速：유난히 빠르고 특별히 빠른 것을 말한다. 글자대로 풀자면 鬼神처럼 迅速함이 될까?

▸至今：至于今. 예로부터 只今에 이르기까지.

▸稱：일컫다. 말하다. 찬양하다. 칭찬하다.

解說

아득히 먼 사막의 바깥까지 縱橫으로 누비고 다녔으니 귀신처럼 빠름이 지금에 이르기까지 칭송되고 있다.

*『讀杜心解』："이 詩는 〈李廣傳〉을 換骨奪胎한 것이다. 此詩脫胎李廣傳." 아마 『史記・李將軍列傳』을 말하는 듯하다.

〈故武衛將軍挽詞三首〉 其三

哀挽靑門去, 新阡絳水遙.
路人紛雨泣, 天意颯風飈.
部曲精仍銳, 匈奴氣不驕.
無由睹雄略, 大樹日蕭蕭!

**❖제1・2구：哀挽靑門去, 新阡絳水遙.**

註

▸哀挽：① 슬픈 상엿소리. ② 슬프게 靈柩를 끌다. 슬프게 運柩하다.

▸靑門：『杜詩詳注』에서 인용한 〈三輔黃圖〉에서 "長安城에서 동쪽으로 나갈 때 남쪽의 첫 번째 문을 霸城門이라 하는데 민간에서는 그것이 푸른색이므로 靑城門이라 불렀다. 長安城東出, 南頭第一門曰霸城門, 民見其靑色, 因名靑城門."

▸阡：본래 밭 사이의 남북으로 난 작은 길을 뜻했는데 너그럽게 밭

사이의 작은 길로도 쓰이다가 다시 무덤으로 가는 길·묘지로 통하는 길로 확대 되었으며 여기에서 아예 墳冢 墳墓로 바뀌어 버렸다. 『杜詩詳注』에서는 阡은 墓表라 하였으니 墓表는 즉 墓碑라 뜻이 더 넓어진 것이다.

▸絳水(강수) : 강물이름. 『杜詩詳注』에서 인용한 『水經注』에 의하면 "絳水는 絳山의 西北에서 나와 澮水로 흘러든다. 絳水出絳山西北, 流注於澮."라 하였는데 應劭가라사대 "絳水는 絳縣의 西南에서 나온다. 絳水出絳縣西南."이라 하였고 邵注에서는 "絳州는 長安에서 六百里 떨어졌다. 絳州去長安六百里."라 하였다.

* 靑門이나 絳水나 다 固有名詞다. 그런데 靑은 푸른색이고 絳은 眞紅色이니 빛깔도 서로 짝이 맞았다.

解說

슬픈 상엿소리 속에 靑門을 떠나니 새로 造成한 墳墓는 아득히 絳水 있는 곳이다.

### ❖제3·4구 : 路人紛雨泣, 天意颯風飄.

註

▸路人 : 길 가는 사람들. 아무 상관없는 사람들.

▸紛 : 많다. 왕성하다.

▸雨泣 : 비 오듯 눈물 흘리다. 『詩·邶風·燕燕』의 "바라보아도 미칠 수 없으니, 눈물만 비 오듯 하다. 瞻望勿及, 泣涕如雨."가 뿌리가 된다.

▸颯(삽) : 쏴하는 바람소리. 빠른 모양. 스치고 지나감.

▸飄(표) : 飈. 飆. 폭풍. 강풍. 회오리바람.

解說

길 가던 사람들은 아무 상관없는 사람들이나 또한 주룩주룩 비 오듯 눈물 흘리며 하늘의 뜻이 분명하겠지. 휙 휙 하고 바람은 회오리가 일다니.

❖제5 · 6구 : 部曲精仍銳, 匈奴氣不驕.

註

▸部曲 : 『漢語大詞典』에 의하면 部曲은 古代의 軍隊編制單位를 말하니 大將軍營은 五部로 校尉가 一人이며 部에는 曲이 있고 曲에는 軍侯 一人이 있다 하였다. 後에는 이것으로 軍隊를 가리키게 되었다 한다. 지금으로 말한다면 육군의 편성단위 가운데 행정 및 전술과 병력규모가 가장 큰 부대가 軍이며 그 아래에 軍團이 있고 다시 師團, 그 밑에 聯隊 · 大隊가 있게 된다. 따라서 部曲은 師團, 聯隊쯤 된다고 보면 될 것이다.

▸精仍銳 : 『杜詩詳注』에서 "精神과 氣力이 여전히 勇猛하고 强悍(강한) 즉 사납다는 뜻이다. 精仍銳, 精力仍然勇銳也."라 했다.

▸氣 : 氣魄. 氣像. 氣勢.

▸驕 : 驕慢. 放恣. 건방짐. 이 驕는 語源이 있다. 『漢書 · 匈奴傳上』에 보면 "單于가 使臣을 파견하여 漢에 글을 보냈는데 이르기를 南에는 大漢이 있고 北에는 强胡가 있으니 胡란 하늘의 귀염둥이 자식이니라. 單于遣使遺漢書云 : 南有大漢, 北有强胡, 胡者, 天之驕子也."라 하였다. 이때의 驕 는 교만 · 방자의 驕가 아니고 귀여운 사랑스러운의 嬌가 된다. 嬌子는 嬌兒라고도 하며 ① 사랑하는 자식. 愛兒. ② 응석꾸러기. 응석둥이. 응석받이를 말한다. 그런데 中國에서는 기왕에 匈奴가 驕字를 썼으므로 그들을 卑下할 때 물론

두려움이 섞인 마음이 있지만 驕라 하여 禮義廉恥를 모르고 驕慢放恣하며 건방지다고 써왔다. 杜先生도 이 始末을 모를 리 없는데 다만 天驕의 驕를 字面 그대로 사용한 것이다.

解說

軍部隊는 精神과 氣力이 여전히 勇猛하고 强悍하니 장군이 없다고 匈奴의 氣勢는 감히 교만 방자하지는 못하다.

### ❖제7・8구 : 無由睹雄略, 大樹日蕭蕭!

註

▶覩(도) : 睹와 같다. 보다. 目睹하다.

▶雄略 : 非凡한 謀略. 雄才大略 즉 뛰어난 재능과 원대한 계략.

▶大樹 : 『後漢書・馮異傳』에서 "여러 장수들이 모여 앉아 功을 따지는데 馮異는 홀로 나무 밑에 물러나 있으니 軍中에서 大樹將軍이라 불렀다. 諸將幷坐論功, 異獨屛樹下, 軍中號大樹將軍."라 하였다. 武衛將軍의 論功行賞에 초연함을 나타냈다.

▶蕭蕭(소소) : 쓸쓸하다. 처량하다. 생기가 없다. 바람이 쏴쏴 부는 것. 나뭇잎 나무 가지가 우수수 떨어지거나 흔들림.

*『讀杜心解』: "7・8句는 封侯疏闊의 뜻을 詠歎하는 것으로 맺었다. 七八, 詠歎封侯疏闊意作收."

解說

뛰어난 才能과 遠大한 計略을 더 이상 볼 길 없으니 큰 나무는 날로 쓸쓸해질 것이다.

## 13. <奉留贈集賢院崔國輔于休烈二學士>(五言排律)

昭代將垂白, 途窮乃叫閽.
氣衝星象表, 詞感帝王尊.
天老書題目, 春官驗討論.
倚風遺鶂路, 隨水到龍門.
竟與蛟螭雜, 徒聞燕雀喧.
青冥猶契闊, 陵厲不飛翻.
儒術誠難起, 家聲庶已存.
故山多藥物, 勝槪憶桃源.
欲整還鄉旆, 長懷禁掖垣.
謬稱三賦在, 難述二公恩.

### ❖詩題

* 『杜詩詳注』에서 인용한 鶴注 : "이것은 天寶 十一年의 作이다. 公이 三大禮賦를 바치니 明皇이 기특하게 여겨 불러서 文章을 시험했다. 崔·于 두 學士는 응당 文章을 시험하는 관리였을 것이다. 公의 詩에서 '集賢 學士가 담처럼 둘러서서 내가 中書堂에서 붓 달림을 보았다.' 하였다. 此當是天寶十一載作. 公獻三賦, 明皇奇之, 召試文章. 崔·于二學士, 當是試文之官. 公詩云 : '集賢學士如堵牆, 觀我落筆中書堂.'"
* 『杜詩詳注』에서 인용한 『唐詩紀事』: "崔國輔는 吳郡人으로 처음에 許昌令이 되었다가 여러 차례 승진하여 集賢直學士·禮部員外郎이 되었다. 崔國輔, 吳郡人, 初受許昌令, 累遷集賢直學士

・禮部員外郞."

* 『杜詩詳注』에서 인용한 『唐書』: "于休烈은 開元初에 進士及第하였고 秘書省正字에서 누차 승진하여 集賢殿學士가 되었고 比部員外郞으로 옮겼다. 于休烈, 開元初, 第進士, 自秘書省正字, 累遷集賢殿學士, 轉比部員外郞."
* 『杜詩詳注』에서 인용한 『唐六典』: "開元 十三年에 學士 張說等을 불러 集仙殿에서 잔치한 뒤 集賢殿으로 改名하고 서적을 편찬하는 곳을 集賢殿書院으로 하였다. 五品以上은 學士고 六品以下가 直學士였다. 開元十三年, 召學士張說等, 宴於集仙殿, 改名集賢殿, 修書所爲集賢殿書院. 五品以上爲學士, 六品以下爲直學士."
* 『讀杜心解』: "天寶 十年에 三大禮賦를 바치고 集賢院에서 待制하니 불러 文章을 시험하였다. 鶴注에서 二學士가 분명 文章을 시험했던 官吏일 것이다 하였는데 내 생각에는 그렇지 않다. 詩中의 倚風・隨水 等의 句를 음미해 보면 아마도 불러서 시험 본 결과 不遇하여 장차 하직하고 돌아가려 함이니 二學士는 다만 集賢院長 일뿐이다. 天寶十載獻賦, 待制集賢院, 召試文章. 鶴云: 二學士, 當是試文之官. 愚謂不然. 玩詩中倚風・隨水等句, 殆由召試不遇, 意將辭別而歸. 二學士特集賢院長耳."
* 陳貽焮 教授에 따르면 集賢院長은 宰相이 맡으므로 이 說은 틀렸다고 하였다. 또한 二學士는 시험하던 관리가 맞다고 하였다. 初代 集賢院長은 宰相 張說 副院長은 散騎常侍 徐堅이었으며, 이후 院長은 재상이 겸임하였고 부원장은 常侍가 겸임하였다고 한다.

**解說**

〈集賢院의 崔國輔 于休烈 두 분 學士에게 삼가 남겨 드리는 글〉

### ❖제1 · 2구 : 昭代將垂白, 途窮乃叫閽.

註

▸昭代 : 昭世. 政治가 清明한 時代. 本朝나 그 時代를 稱頌하여 이렇게 쓴다. 清明한 時代에는 能力을 발휘하여야 하는 것이 儒家의 행동준칙이다.

▸垂白 ① 백발을 늘어뜨리다. 즉 늙었다는 말이다. ② 늙은 사람을 가리킨다.

* 그런데 우리나라에서는 垂白과 垂老는 같은 뜻이며 나이 칠십의 노인을 가리킨다. 이유는 알 길이 없다.

▸窮途 : 막다른 길. 궁지. 곤궁이나 곤궁한 처지를 비유한다.

▸叫閽 : 閽(혼)은 天門이나 宮門을 말하고 守門人도 나타낸다. 叫閽이란 옛날에 吏民들이 억울하거나 원통한 일이 있을 때 朝廷을 향하여 직접 호소하던 것을 말한다. 叫는 이때 힘든 일을 하소연하다, 억울한 일을 부르짖다의 뜻이 되겠다. 그러니까 叫閽을 글자 그대로 풀면 억울하고 원통하여 天門 즉 대궐문을 향해 울부짖다가 되겠다. 杜先生의 경우 글을 바친 것이 되겠으니 『錢箋』에 의하면 "『唐六典』에 延恩匭가 있으니 재주 있고 능력 있는 자가 알려지길 바랄 때 여기에 投書하는 것이다. 公이 〈三大禮賦〉를 바치고 〈鵰賦〉〈封西嶽賦〉를 올림은 모두 延恩匭에 投書함이니 그래서 叫閽이라 한 것이며 帝王을 감동시켰다 하는 것이다. 『唐六典』 : 延恩匭, 凡懷才抱器希於聞達者投之. 公獻〈三大禮賦〉, 進〈鵰賦〉〈封西嶽賦〉, 皆投延恩匭, 故曰叫閽. 曰詞感帝王也"

* 叫閽하면 우리의 申聞鼓 · 擊錚이 떠오른다.

申聞鼓는 조선시대에 백성이 억울한 일을 하소연할 때 치게 하던 북으로 太宗 때 대궐의 門樓에 달았다. 擊錚은 擊金이라고도 한다.

조선시대에 원통한 일을 당한 사람이 임금이 거둥하는 길에서 꽹과리를 쳐서 하문을 기다리던 일을 말한다. 秋史 金正喜도 擊錚을 한 적이 있었다.

解說

이렇게 清明한 時代에는 일찌감치 두각을 나타내 능력을 발휘하여야 하거늘 장차 백발을 늘어뜨리게 되었건만 길이 막혀 나아가지 못하니 억울하고 원통하여 하늘 문을 향해 크게 울부짖었습니다.

### ❖제3 · 4구 : 氣衝星象表, 詞感帝王尊.

註

▸氣 : 氣魄. 氣勢.

▸衝 : 위로 솟다. 솟구치다. 돌진하다. 돌파하다. 충돌하다. 부딪치다.

▸星象 : 星體의 明暗 位置 등 現象. 여기에서는 간단히 별자리다.

▸詞 : 文辭. 言辭.

▸帝王尊 : 우수한 것, 특출 난 것, 훌륭한 것, 드물고 희한한 것은 다 보아서 어지간한 것에는 꿈쩍도 안하는 帝王의 尊貴함을 말한다.

解說

그 氣魄과 氣勢는 하늘 위 별자리 밖에 까지 돌진하여 솟구쳤으며 그 言辭와 文詞는 어지간한 일에는 움직이지 않는 존귀하신 帝王을 감동시켰습니다.

### ❖제5 · 6구 : 天老書題目, 春官驗討論.

註

▸天老 : 『後漢書 · 張衡傳』의 李賢注 : "『帝王世紀』에서 이르기를

黃帝는 風后를 上台에 배치하고 天老를 中台에 배치하며 五聖을 下台에 배치하였다 함. 『帝王世紀』曰 : 黃帝以風后配上台, 天老配中台, 五聖配下台." 天老는 즉 宰相인 것이다.

＊上台·中台·下台는 三台로 하늘의 별이름인데 이것을 본 떠 사람에게는 三公을 만들었다. 우리의 朝鮮時代에는 三政丞 六判書의 三政丞이 이에 해당하니 領議政 左議政 右議政이 그것이다. 따라서 天老는 中台니 左議政이 될 것이다.

▶題目 : ① 冊의 標題. ② 試題 즉 글제. ③ 問題. 물음. ④ 品評.

▶春官 : 唐 光宅(684년. 則天武后의 年號)年間에 禮部를 春官이라 고쳤다. 이후 春官은 禮部의 別稱이 되었다.

＊『杜詩鏡銓』: "5·6 二句는 불러서 文章을 試驗함을 말한다. 二句指召試文章而言."

＊『杜詩詳注』에서 인용한 『杜臆』: "驗討論은 그 文詞의 出處를 考驗함이니 그래서 시험에 임하는 사람들의 文詞는 반드시 典雅해야 하였다. 唐詩가 後世의 標準 模範이 되는 것은 이 때문이다. 驗討論, 謂考驗其文詞所自出, 故赴試者語必典雅. 唐詩可爲後世羽儀者以此."

**解說**

宰相 李林甫와 陳希烈이 글제를 내고 禮部의 官吏들이 文章의 出處 典故 故事 等을 探討하고 論議하여 하나하나 검증하였습니다.

### ❖제7·8구 : 倚風遺鶂路, 隨水到龍門.

**註**

▶倚風 : 바람 따라 몸이 기울어 흔들거림. 가려고 하는 방향으로 바람이 불어 그 바람을 타고 쉽게 나는 것을 말한다.

▸遺：棄. 失. 離脫.

▸鶂(역)：鷁(익)과 같다. 『左傳・僖公16年』에 "여섯 마리의 鷁새가 뒤로 날아 宋의 都邑을 지났으니 바람 때문이다. 六鷁退飛, 過宋都, 風也." 이 때문에 後世에는 鷁路로 困境에 처하거나 벼슬길이 불리함을 나타내게 되었다. 『杜詩詳注』에서는 "뒤로 나는 것을 면하기를 기대하다. 期免退飛."라 하였는데 간단히 말하면 遺鶂路는 鶂새의 길 잃음을 벗어나다, 鶂새의 길 잃음을 던져버리고 제 길로 들어섰다는 말이 되겠다. 상당히 까다롭게 표현했는데 龍門과 짝을 맞추기 위하여 그리 되었다.

▸隨水：黃河라는 물을 따라서다. 이것은 물의 흐름을 따라서는 아니다. 그것은 沿인데 龍門의 位置를 고려하면 물을 거슬러 즉 溯하여야 到龍門할 것이다.

▸龍門：『讀杜心解』『杜詩鏡銓』에서 『三秦記』를 인용하였다. "每年暮春이면 黃・黑의 잉어가 바다와 여러 내에서 오는데 오를 수 있으면 龍이 되고 그렇지 못하면 아가미를 볕에 쬐고 이마에 점이나 찍고 물러난다. 每暮春有黃黑鯉魚自海及諸川來赴, 得上者化爲龍, 否則曝鰓點額而退."

* 後世에는 科擧의 失敗를 點額曝鰓(점액폭새)라 하였다.
* 이 7・8구는 5・6구의 앞에 와야 해석이 순통하다.

**解說**

강한 逆風 만난 鷁鳥의 뒤로 나는 곤경은 저리 가라! 順風탄 나에게는 전진이 있을 뿐이다. 또한 물 따라 거슬러 龍門에 이르렀으니 오로지 騰躍만이 있을 뿐이다. 이렇게 하여 宰相과 禮部의 검증을 거치게 된 것이다.

### ❖제9 · 10구 : 竟與蛟螭雜, 徒聞燕雀喧.

註

▶蛟螭(교리) : 無角之龍 즉 뿔 없는 용이라 하였는데 뿔이 없어도 용은 용이다. 여기에서는 용이 못된 이무기를 말한다. 이무기는 어떤 저주에 의해 용이 되지 못하고 물속에 산다는 여러 해 묵은 큰 구렁이를 말한다.

▶燕雀 : 『史記 · 陳涉世家』 : "陳涉이 장탄식하며 말했다. 아! 제비 참새 따위가 어찌 기러기와 고니의 뜻을 알랴! 陳涉太息曰 : 嗟乎! 燕雀安知鴻鵠之志哉!" 『史記 · 日者列傳』 : "봉황새는 제비 참새와는 한 무리가 되지 않는다. 鳳凰不與燕雀爲群."

▶喧(훤) : 시끄럽다. 떠들썩하다. 시끌시끌하다.

＊『草堂詩箋』 : "龍門에 이르렀는데 넘지 못하였으니 이무기와 같고 鵷鳥의 길을 버렸지만 진출하지 못하였으니 燕雀의 비웃음을 면하지 못한 것을 말한다. 謂到龍門而不過, 則猶蛟螭也. 遺鵷路而不進, 則不免爲燕雀之所喧笑也."

＊『杜詩詳注』 : "蛟螭雜은 龍門에 오르기 어려움이요 燕雀喧은 鵷새의 길로 퇴각함이다. 蛟螭雜, 龍門難上矣, 燕雀喧, 鵷路却回."

＊『杜詩鏡銓』에서 인용한 張注 : "蛟螭는 권력을 휘둘러 악행을 저지르는 奸臣의 방해요 燕雀은 同時代의 小人으로 得志한 者를 말하는데 모두 비유로 말하였으므로 절로 渾然하다. 蛟螭謂權奸所阻, 燕雀指同時小人得志者, 却俱用喩說, 故自渾然."

＊『杜甫評傳』 : "左相 陳希烈과 右相 李林甫가 天寶 6년의 制試에서 野無遺賢이라 하였으니 지금 쓸 리가 없고 당연히 냉대하였다."

解說

결국 龍門에 오르지 못하여 龍이 못되었으니 이무기의 잡된 몸들과 어울리게 되었고 공연히 제비 참새 같은 市井 인간들의 떠들썩한 비아냥이나 듣게 되었습니다.

### ❖제11・12구 : 靑冥猶契闊, 陵厲不飛翻.

註

▶靑冥(청명) : 푸르고 높고 아득한 곳이니 하늘, 仙境, 山嶺을 말하는데 여기에서는 하늘의 뜻에서 발전한 朝廷, 天子의 뜻으로 쓰였다.

▶契闊(결활) : ① 勤苦. 『詩・邶風・擊鼓』에서 "死生契闊, 與子成說. 죽고 살고 애쓰고 고생함을 같이 하자 했었다."라 함. ② 久別. 『後漢書・獨行傳・范冉』에서 "行路倉卒, 非陳契闊之所, 可共到前亭宿息, 以叙分隔. 길에서는 어쩔 수 없이 급작스러우니 오랜 이별의 이야기를 말할 곳이 아니요. 앞의 驛亭에 함께 가 머물러 쉬면서 헤어졌던 감회를 풉시다."라 함.

＊11구의 해석은 두 가지가 가능하다. ① 하늘같은 朝廷, 天子의 곁에 머물려고 그래도 갖은 애를 쓰고 고생을 하였었다. ② 하늘같은 朝廷, 天子와는 영영 이별하게 되었다.

▶陵厲 : 凌厲. 하늘에 올라 높이 남. 超越함.

▶翻 : 翻도 飛의 뜻으로 쓰인다. 飛翻은 결국 중복된 말이다.

＊『杜詩鏡銓』에서 인용한 朱注 : "公은 詞賦로 人主의 알아주심을 얻었는데 다시 恩澤을 내림이 단지 담당 관리에게 보내 맡겨서 정식으로 人才를 선발하거나 승진시키는 과정에 列入시켰을 뿐이다. 그래서 靑冥契闊의 탄식이 있는 것이다. 公以詞賦爲人主所知, 再降恩澤, 止送隷有司參列選序, 故有靑冥契闊之歎."

＊鄭文의 『杜詩檠詁』 : "『集注』에서 趙注를 인용하였는데 이르기를

公이 文采로 人主를 감동시켰으니 생각하기로는 단박에 높이 뛰어 올라 進用되리라 했으나 단지 河西尉를 제수하였으므로 가지 않으니 다시 바꿔 左衛率府兵曹로 하였을 뿐이라 이것이 公이 탄식한 소이이다. 公의 〈奉贈韋左丞丈二十二韻〉에서 '근자에 主上께서 불러주셨으니 뜻하지 아니하게 갑자기 평생의 포부를 펼 수 있는 듯 하였답니다. 靑冥에 마음껏 날 줄 알았으나 도리어 날갯죽지를 늘어뜨리게 되었으며 龍門에 올라 龍 될 줄 알았으나 발 헛디딘 듯 힘 잃었으니 언제 뛰어 오른 적 있었나요.'라 한 것과 同意다라 하였다. 이 鄭文의 생각에 本 詩의 11·12句의 의미와 〈奉贈韋左丞丈二十二韻〉 詩의 四句가 同意라 한 것은 맞는 말이나 단지 河西尉를 제수하였으므로 가지 않으니 다시 바꿔 左衛率府兵曹로 하였을 뿐이라 이것이 公이 탄식한 所以다 라고 한 것은 틀렸다. 子美가 〈三大禮賦〉를 바쳐서 明皇이 기특히 여겨 불러 文章을 시험하니 崔·于 두 사람이 文章의 試驗을 主管하였는데 이때는 天寶 11年이다. 그런데 13年 겨울에 子美가 〈進西嶽賦表〉에서 '長安의 일개 필부'라 하였으니 그때에도 벼슬을 얻지 못한 것이다. 率府參軍으로 바꿔준 것은 14年이니 趙說은 틀렸다. 『集注〉.引趙曰 : '公以文采動人主矣, 意其遂騰踏進用. 止受河西尉, 不行, 改左衛率府兵曹而已, 此公所以嘆也. 公〈與韋左丞〉詩云 "主上頃見徵, 欻然欲求伸. 靑冥卻垂翅, 蹭蹬無縱鱗."同意.' 按 : 謂二句之意與〈與韋左丞〉詩四句同意, 是也; 謂止受河西尉, 不行, 改左衛率府兵曹而已, 此公所以嘆, 非也. 蓋子美獻三賦, 明皇奇之, 召文章. 崔·于二人主持詩文, 時在天寶十一載, 而十三載冬, 子美〈進西嶽賦表〉云 : "長安一匹夫" 則其時未得官也. 其改率府參軍, 乃在十四載, 趙說誤矣."

**解說**

아무리 애쓰고 노력해도 아득하고 높은 푸른 하늘(朝廷의 高位職)

은 인연이 없어 영영 이별하게 되었으니 솟구쳐 높이 오르려 해도 더 이상 날 수 없게 되었습니다.

### ❖제13 · 14구 : 儒術誠難起, 家聲庶已存.

註

▸儒術 : 儒家의 原則 · 學說 · 思想. 여기에서 儒術은 〈奉贈韋左丞丈二十二韻〉의 "임금님을 보좌하여 堯임금 舜임금보다 어 聖明하시게 하고 風俗을 그 옛날처럼 다시 淳朴 · 敦厚하게 하겠다고 생각했었습니다. 致君堯舜上, 再使風俗淳."이리라.

▸家聲 : 집안에 대대로 내려오는 名聲 · 榮譽. 『杜詩詳注』: "家聲은 詩名이 충분히 祖父를 이을만함을 말한다. 家聲謂詩名猶足紹祖也."

* 杜甫는 그의 祖父인 杜審言을 아주 자랑스럽게 여겼으며 詩人의 집안인 것을 自負하였다. 그는 〈宗武生日〉에서도 "詩是吾家事. 詩는 우리 집안의 일이다."라 하였다.

▸庶 : ① 거의. 대체로. ~에 가까운. ~과 비슷한. ② 다행히. ③ 아마도. 혹시.

解說

儒家의 理想 目標는 제가 합당한 자리를 얻지 못해 진실로 일으키고 실천하지 못하였으나 집안에 대대로 내려오는 詩의 名聲은 다행히 지켜낼 수 있었습니다.

### ❖제15 · 16구 : 故山多藥物, 勝概憶桃源.

註

▸故山 : 舊山. 故鄕을 나타낸다.

『杜詩鏡銓』에서 인용한 朱注 : "公의 宗族은 長安의 杜陵에 있으나 田園은 洛陽에 있는데 이것은 東都 洛陽의 故居를 가리키는 것이다. 公族在杜陵而田園在洛陽, 此指東都故居而言." 『杜詩詳注』 『讀杜心解』도 모두 朱注를 따랐다.

▸藥物 : 疾病이나 病蟲害를 막거나 다스리는 약의 재료가 되는 물질. 藥草(뿌리 · 줄기 · 잎 · 열매를 쓴다)가 主가 되지만 動物性인 鹿茸 · 犀角 · 牛黃 · 熊膽 · 麝香도 있고 鑛物性인 朱砂 · 水銀 · 雲母 · 磁石 · 雄黃 · 白礬도 있다. 그런데 本 詩에서 말하는 藥物은 아무래도 藥草를 말하는 듯하다. 杜甫는 생계를 위해 약초를 기른 적도 판 적도 있다.

▸勝概 : 아름다운 風景. 뛰어난 경치.

▸桃源 : 무릉도원. 『杜詩詳注』에서 "秦人들이 亂世를 피한 것같이 하려함이다. 欲如秦人之避世耳"라 하였는데 『杜詩鏡銓』과 『讀杜心解』도 이를 따랐다.

解說

故鄕땅 옛 산에는 여러 藥草가 많으니 몸 保養도 하고 팔아서 살림에 보탤 수 있겠으며 그 뛰어난 경치는 武陵의 桃源을 연상시키니 저도 亂世를 피해 숨은 秦人들처럼 돌아가겠습니다. (昭代가 졸지에 亂世로 바뀌니 거 너무한 것 아니요 나무랄 수도 있겠지만 할 수 없지요.)

### ❖제17 · 18구 : 欲整還鄕旆, 長懷禁掖垣.

註

▸整旆(정패) : 깃발을 정돈함이니 군대를 출동시켜 征伐함의 뜻으로 썼다. 고향으로 돌아가는 깃발을 정돈함이란 말에는 다분히 自嘲的

인 느낌이 있다. 예부터 立德·立功·立言을 三不朽라 하였다. 남들은 立功하기 위하여 整旆하는데 자신은 還鄕의 旆나 整하다니 하고 말이다.

▸長懷 : 사색에 잠기다. 몹시 그리워하다. 思索.

▸禁掖(금액) : 대궐의 泛稱.

▸掖垣(액원) : 대궐의 담장. 『杜詩詳注』에서 인용한 師氏의 말씀에 "대궐에는 東西 두 掖垣이 있으니 바로 禁牆이다. 禁中有東西兩掖垣, 乃禁牆."이라함.

*『補注杜詩』에서 인용한 趙注에서 "崔·于 二學士를 그리워함이다. 懷 崔·于二學士也"라 하였다. 그러나 우리생각에는 그리움도 있다지만 넘을 수 없는 높은 담을 절감하는 뜻도 담겨있다고 본다.

解說

뛰어난 인재는 立功을 위해 깃발을 정돈하는데 저는 고향으로 가는 깃발이나 정리하는 판입니다. 그리하여 이제 떠나가니 궁중 담장 안의 두 분을 생각하며 동시에 넘을 수 없는 높은 담을 切感하고 痛感합니다.

**❖제19·20구 : 謬稱三賦在, 難述二公恩.**

(原注 : 甫獻三大禮賦出身, 二公常謬稱述)

註

▸謬(류) : 誤謬. 錯誤. 謙讓의 뜻으로 붙이는 말.

▸稱(칭) : 칭찬. 찬양.

▸述(술) : 記述. 敍述. 陳述.

▸出身 : ① 몸을 일으킴. 즉 출세함. ② 身分. 資格.

解說

잘못 아시고 잘못 칭찬하신 〈朝獻太淸宮賦〉·〈朝饗太廟賦〉·〈有事於南郊賦〉의 〈三大禮賦〉는 그 덕택으로 영원히 남아 있을 것이니 두 어른의 은혜는 記述하기 어려울 따름입니다.

☛ 參考

〈桃花源記〉幷詩 晉 陶淵明

晉太元中, 武陵人捕魚爲業. 緣溪行, 忘路之遠近. 忽逢桃花林, 夾岸數百步, 中無雜樹. 芳草鮮美, 落英繽紛. 漁人甚異之. 復前行, 欲窮其林, 林盡水源, 便得一山. 山有小口, 髣髴若有光. 便捨船從口入. 初極狹, 纔通人. 復行數十步, 豁然開朗. 土地平曠, 屋舍儼然. 有良田·美池·桑竹之屬. 阡陌交通,鷄犬相聞. 其中往來種作, 男女衣著, 悉如外人. 黃髮垂髫, 竝怡然自樂. 見漁人, 乃大驚. 問所從來,具答之. 便要還家, 爲設酒殺鷄作食. 村中聞有此人, 咸來問訊. 自云先世避秦時亂, 率妻子邑人, 來此絶境, 不復出焉. 遂與外人間隔. 問今是何世. 乃不知有漢, 無論魏晉. 此人一一爲具言所聞, 皆歎惋. 餘人各復延之其家, 皆出酒食. 停數日, 辭去. 此中人語云, 不足爲外人道也. 旣出, 得其船, 便扶向路, 處處誌之. 及郡下, 詣太守說如此. 太守卽遣人隨其往. 尋向所誌, 遂迷不復得路. 南陽劉子驥, 高尙士也. 聞之, 欣然規往, 未果. 尋病終, 後遂無問津者.

晉나라 太元年間에 武陵사람이 고기 잡아 살아갔는데 시내를 따라가다가 길의 멀고 가까운 거리를 잊고 홀연히 복사꽃 수풀을 만났다. 시내 언덕을 낀 수백 보 사이에 다른 나무는 없고 향기로운 풀이 싱싱하고 아름다운데 복사꽃잎이 분분히 떨어졌다. 어부가 매우 이상히 여겨 다시 앞으로 가서 그 수풀의 끝을 보려하였다. 수풀은 水源에서 다하고 산 하나를 만났다. 그 산에는 작은 어귀가 있고 어렴풋이 빛이 있는 듯 하였다. 곧 배를 뇌두고 그 어귀로 들어가니 처음에는 아주 좁아서 겨우 사람이 지나갈 정도였는데 다시 수십 보를 가니 툭 터져 환히 드러났다. 땅은 평탄하고 넓었으며 집들은 번듯하였고 기름진 밭, 아름다운 못, 뽕나무, 대나무 등속이 있었으며 동서와 남북으로 밭길이 서로 교차하였고 닭 우는 소리 개 짖는 소리가 들렸다. 그 속에서 오고가며 씨 뿌리고 밭 갈고 남녀의 옷 입은 것은 다 외부의 사람과 같았으며 누런 머리의 늙은이와 다박머리의 아이들은 모두 기껍고 즐거운 모습이었다. 어부를 보고는 몹시 놀라 어디로 해서 왔느냐 물으니 그는 자세하게 대답하였다. 이에 그를 데리고 집으로 돌아가 술자리를 차리고 닭을 잡아 음식을 장만하였다. 마을사람들이 이 사람이 있다는 말을 듣고는 모두 와서 소식을 물었다. 그리고 그들 자신이 말하기를 선대에 秦나라 때의 난리를 피하여 처자와 동네사람들을 데리고 이 단절된 곳에 와 다시는 나가지 않아 드디어 외부사람과 격리되었다는 것이다. 지금이 어느 시대냐 묻는데 漢 나라를 모르니 魏·晉이야 말할 것도 없었다. 이 사람이 자기가 들은 것을 하나하나 말하니 모두 감탄하고 놀랐다. 나머지 사람들도 각각 그들의 집에 맞아다가 술과 밥을 내어 대접하였다. 며칠 머물다 하직하고 떠나니 그곳의 사람들이 외부사람에게 말할 것이 못된다 하였다. 나오자 자기의 배를 찾았고 먼저 온 길을 따라 곳곳에 표를 해놓았다. 고을에 가서 太守를 뵙고 이러한 이야기를 하니 太守는 곧 사람을 보내 그가 갔던 곳을 따라서 표해 놓은 곳을 찾았으나 마침내 헷갈려 더 이상 길을 찾을 수 없었다. 南陽땅의 劉子驥는 고상한 선비였는데 이것을 듣고는 흔연히 갈 계획을 세웠으나 실천하지 못하고 얼마 뒤 병으로 죽었다. 그 후에는 마침내 그곳으로 가는 길을 묻는 이가 없었다.

嬴氏亂天紀, 賢者避其世.
黃綺之商山, 伊人亦云逝.
往跡浸復湮, 來徑遂蕪廢.

相命肆農耕，日入從所憩.
桑竹垂餘蔭，菽稷隨時藝.
春蠶收長絲，秋熟靡王稅.
荒路曖交通，鷄犬互鳴吠.
俎豆猶古法，衣裳無新製.
童孺縱行歌，斑白歡遊詣.
草榮識節和，木衰知風厲.
雖無紀曆誌，四時自成歲.
怡然有餘樂，于何勞智慧.
奇蹤隱五百，一朝敞神界.
淳薄旣異源，旋復還幽蔽.
借問游方士，焉測塵囂外.
願言躡輕風，高擧尋吾契.

秦나라의 嬴氏(영씨)가 하늘의 紀綱을 어지럽히니,
賢者들은 그러한 세상을 피해 갔다.
夏黃公・綺里季・東園公・甪里先生의 四皓는 商山으로 갔고,
이 사람들 또한 세상을 떠나갔다.
간 자취 차츰 사라져갔고,
온 길도 드디어 황폐해졌다
서로 찾고 부르며 힘써 밭갈이 하고,
해 지면 쉴 곳을 찾아갔다.
뽕나무・대나무는 풍성한 그늘 드리웠는데,
콩・기장은 철 따라 심었다.
봄누에 쳐서 긴 명주실 거두었고
가을 곡식 익어도 나라에 세금 낼 일 없었다.
황폐해진 길은 통할 듯 말듯 아련해졌고,
닭과 개는 서로 울고 짖어댔다.
조두(俎豆)같은 祭器그릇은 옛 법대로 였고,

입은 옷들은 새로운 유행이 없었다.
어린것들은 제멋대로 다니며 노래했고,
반백의 늙은이들은 기쁘게 맞이하고 찾아다녔다.
풀이 무성하면 계절이 따뜻한 것 알았고,
나뭇잎 시들면 바람이 세찬 것 짐작했다.
冊曆(책력)의 기록이 없다 해도,
春・夏・秋・冬의 四時가 절로 한 해 이루었다.
기껍게 넘치는 즐거움 있었으니,
무엇 때문에 애써 지혜를 쓰겠는가.
기이한 자취 오백 년을 숨어 있다가,
하루아침에 신선의 세상이 드러났다.
순박함과 각박함은 근원이 다른지라,
곧바로 다시 깊이 가리워졌다.
여보시오 속세에 노니는 사람들이여,
어찌 티끌세상의 밖을 헤아리겠소.
원컨대 가벼운 바람 밟고서
높이 올라 내 마음속 벗님들 찾으리라.

## 14. <奉贈鮮于京兆二十韻>(五言排律)

王國稱多士, 賢良復幾人?
異才應間出, 爽氣必殊倫.
始見張京兆, 宜居漢近臣.
驊騮開道路, 鵰鶚離風塵.
侯伯知何算, 文章實致身.
奮飛超等級, 容易失沈淪.
脫略磻溪釣, 操持郢匠斤.
雲霄今已逼, 台袞更誰親?
鳳穴雛皆好, 龍門客又新.
義聲紛感激, 敗績自逡巡.
途遠欲何向, 天高難重陳.
學詩猶孺子, 鄉賦忝嘉賓.
不得同鼂錯, 吁嗟後郤詵.
計疏疑翰墨, 時過憶松筠.
獻納紆皇眷, 中間謁紫宸.
且隨諸彥集, 方覬薄才伸.
破膽遭前政, 陰謀獨秉鈞.
微生霑忌刻, 萬事益酸辛.
交合丹青地, 恩傾雨露辰.
有儒愁餓死, 早晚報平津.

## ❖詩題

註

▸鮮于仲通 :『杜詩鏡銓』에서 인용한 『唐書・楊國忠傳』에 의하면 “國忠은 品行이 말씀이 아니어서 집안 내에서 함께하지 않았다. 蜀의 부호인 鮮于仲通이 경제적으로 상당히 도움을 주었다. 國忠이 御史大夫가 되자 仲通을 京兆尹으로 발탁하였다. 國忠無行檢, 不爲姻族齒, 蜀大豪鮮于仲通頗資給之. 國忠拜御史大夫, 引通爲京兆尹.”이라 함.

*天寶 十年, 夏 四月 壬午에 劍南節度使 鮮于仲通이 南詔를 쳐서 瀘南에서 크게 이겼다. 이때 仲通은 8萬의 兵士를 거느렸다. 南詔王인 閤羅鳳이 謝罪하며 그만 두기를 청하였으나 듣지 않았다. 西洱河로 進軍하여 싸웠으나 크게 패해 士卒 6萬이 죽고 仲通은 가까스로 몸을 빼내 화를 면했다. 楊國忠은 敗北한 情狀을 감추고 戰功에 따라 賞과 벼슬을 주었다. (以上은『資治通鑑』에서 간단히 추린 것인데 이미 앞에 나온 〈兵車行〉의 參考資料에 자세히 나와 있다.)

*『資治通鑑』天寶 十一年 十二月. 楊國忠이 人望을 거두어들이려고 建議하였다. “吏部에서 사람을 뽑을 때에는 똑똑하거나 모자라거나를 따지지 말고 오래 기다린 사람을 뽑아 그 자격에 따라 빈자리에 맞춰 임관하도록 합시다.” 재주 있으나 밑바닥에 머물던 사람들이 일제히 칭찬하였다 國忠이 무릇 시행하고 조치한 것들은 모두가 사람들의 희망에 맞춰 正道를 구부려 따른 것인데 꽤 衆人들의 칭송을 얻었다. 十二月, 楊國忠欲收人望, 建議 ; “文部選人, 無問賢不肖, 選深者留之, 依資據闕注官.” 滯淹者翕然稱之, 國忠凡所施置, 皆曲徇人所欲, 故頗得衆譽.”

* 陳貽焮 教授의 『杜甫評傳』에 의하면 楊國忠은 직접 두 번의 選官을 시행하였으니 수속을 간단히 하여 빠르게 진도가 나갔지만 실상은 갈수록 엉망이 되고 말았다. 그 이유는 첫째 『資治通鑑』에서 나온 대로 똑똑하거나 모자라거나를 안 따지고 오래 기다린 사람을 뽑아 우선적으로 임관한 것이니 간단히 말하면 지금 말로 年功序列만을 본 것이다. 둘째 胥吏들로 하여금 任官의 명단을 미리 정하게 하니 뇌물이 공공연히 행해진 것이다. 朱鶴齡은 "本 作品은 杜甫가 謁選할 때에 올린 것이다. 此殆公謁選時所上."라 하였는데 만약 정말로 이 두 차례의 아이들 장난 같은 選官에 참가하였다면 그는 당연히 속고 무시당하여 落選으로 끝났을 것이다. 그는 〈三大禮賦〉를 바친 뒤 集賢院에서 시험을 보았고 재상 李林甫에 의하여 담당관리에게 보내 맡겨져 정식으로 인재를 선발하거나 승진시키는 과정에 列入시켜졌었다. 그렇다면 그는 대기한지 이 삼 년밖에 안되니 똑똑하거나 모자라나를 안 따지고 오래 기다린 사람을 우선적으로 뽑는 것에 해당이 되지 않았을 것이다. 또한 뇌물이 공공연히 행해지는데 그는 겨우 京兆尹에게 本 作品을 보냈을 뿐이니 예부터 "秀才人情紙半張. 秀才가 선물·인정을 씀은 겨우 종이 반장이라는 뜻."이라 했는데 꼭 그 짝이라 무슨 수로 金銀의 神通廣大함을 따라갈 수 있었으리오.
* 『資治通鑑』 天寶 十二年, 春. 京兆尹인 鮮于仲通이 임관을 기다리는 즉 관리의 후보자들에게 넌지시 암시를 주어 楊國忠의 頌을 새겨 관청의 문에 세우도록 청하게 하였다. 御命으로 仲通이 그 글을 짓게 되었고 上께서 몇 글자를 수정하시니 仲通이 그 부분을 金으로 메웠다. 京兆尹鮮于仲通諷選人請爲國忠刻頌, 立於省門, 制仲通撰其辭; 上爲改定數字, 仲通以金塡之.
* 『資治通鑑』 天寶 十二年, 春.楊國忠이 사람을 시켜 安祿山을 구슬

려 李林甫와 阿布思가 謀反했다고 誣告하게 하였다. ……이때 林甫를 아직 장사지내지 않았다. 二月 癸未에 御命으로 林甫의 官爵을 삭탈하였다. ……林甫의 棺을 쪼개고 입안의 含珠를 꺼냈으며 金魚袋와 紫衣를 벗겨내고 다시 작은 관으로 庶人의 禮에 따라 장사지내게 하였다. 楊國忠使人說安祿山誣李林甫與阿布思謀反. ……時林甫尙未葬. 二月, 癸未, 制削林甫官爵, ……剖林甫棺, 抉取含珠, 褫金紫, 更以小棺如庶人禮葬之.

* 陳貽焮의 『杜甫評傳』에 의하면 李林甫가 政治上으로 철저히 망하지 않았다면 高官에게 올리는 詩作에서 "破膽遭前政, 陰謀獨秉鈞."이라고 公開的으로 痛斥할 수 없었을 것이니 따라서 本作品은 天寶 十二年 二月 李林甫의 獄事가 이루어진 뒤 오래지 않아서 지어진 것이다. 따라서 諸家들이 十一年 十一月이나 十二月에 이루어졌다고 하는 것은 부당하다고 하였다.

▶京兆 : 漢代에 長安을 에워싼 三輔의 하나다. 三輔는 이밖에 左馮翊·右扶風이 있는데 京兆는 장안의 동쪽과 남쪽에 걸쳐있었으며 右扶風은 長安의 서쪽 즉 渭城 一帶를 관할하였고 左馮翊(좌풍익)은 長安의 북쪽 즉 長陵 북쪽 一帶를 관할하였다. 그중 京兆가 가장 중요하였던지 京兆府는 長安城 안에 있었다. 결국 京兆는 後世에 京都를 나타내는 말로 쓰였고 京兆尹은 지금의 서울市長을 뜻하게 되었다. 朝鮮時代에도 漢城府判尹을 멋있게 부른다고 京兆尹이라 하였다.

**解說**

〈鮮于 京兆尹에게 받들어 올리는 20韻의 詩〉

### ❖제1 · 2구 : 王國稱多士, 賢良復幾人?

註

▸王國稱多士 : 『詩 · 大雅 · 文王』에서 "빛나는 많은 선비가 이 王國에서 태어났으니, 이 왕국이 그들을 낳음은 周나라의 기둥을 삼기 위함이네. 많고 많은 선비들이여, 文王은 이로써 편안하시리. 思皇多士, 生此王國. 王國克生, 維周之楨. 濟濟多士, 文王以寧."이라 하였다. 唐나라를 은연중 聖人인 周文王이 다스리던 周에 비한 것이다. 물론 玄宗도 덩달아 聖君이 되는 것이다.

▸賢良 : 賢은 德行이 뛰어나고 良은 才能이 뛰어남을 말한다.

▸復幾人 : 復는 又 · 再 · 更의 뜻이다. 또 얼마나 되겠는가? 결국 士는 많아도 賢良은 그리 많지 않다는 말이다.

解說

文王같은 聖人이 다스리던 周와 같은 이 나라에는 당연히 선비가 많다고 하지만 德行과 才能을 겸비한 賢良이 또한 얼마나 되겠습니까?

### ❖제3 · 4구 : 異才應間出, 爽氣必殊倫.

註

▸異才 : 特出한 才能. 特出한 才能을 가진 사람. 異士 · 異人으로 쓸 때도 있는데 異士는 傑出한 人材, 異人은 平凡하지 않은 사람으로 약간 느낌이 다르다.

▸間出 : 間은 間或, 가끔의 뜻이다. 出은 出現하다. 出生하다.

▸爽氣 : 豪邁(호매)한 氣概. 즉 시원시원하고 호탕한 기상, 절개. 이 爽氣는 『唐書 · 楊國忠傳』에서 言及한 것. 즉 남들이 무시하고 멸

시하는 國忠에게 아무 조건 없이 경제적 도움을 준 것으로 알 수 있듯이 호쾌하고 시원한 성품을 말하고자 한 듯하다.

▸殊倫 : 異類. 보통의 무리와는 다르다.

解說

特出한 才能을 가진 인물은 분명 가끔 출현하는 법, 그 시원하고 호탕한 기상은 반드시 보통의 무리와는 다를 것입니다.

### ❖제5 · 6구 : 始見張京兆, 宜居漢近臣.

註

▸張京兆 : 前漢의 張敞을 가리킨다. 대단히 有能한 사람이었으며 宣帝때 京兆尹이 되었다. 그때 "朝廷에 매양 大議가 있으면 古今을 인용하여 답답한 규정에 얽매이지 않고 짐작하여 처리하니 公卿들이 모두 탄복하고 天子도 자주 따랐다. 그러나 위인이 威儀가 없어 항상 朝會가 파하면 번화가 유흥가인 章臺街로 말을 달려 馬夫로 하여금 몰게 하고 자신도 얼굴가리는 紗扇으로 말을 쳐서 재촉하였다. 또 부인을 위해 눈썹을 그려주니 長安에 張京兆의 그린 눈썹 곱다네 라는 말이 떠돌았다. 有司가 이것을 上奏하여 上께서 下問하니 대답하길 '臣이 듣건대 閨房의 안에서 夫婦의 사랑함으로 눈썹 그리는 것보다 더한 일도 있더이다.' 하니 上께서 그의 才能을 아껴 그에게 완벽함을 추구하지는 않았으나 또한 아주 고귀한 벼슬도 얻을 수는 없었다. 朝廷每有大議, 引古今, 處便宜, 公卿皆服, 天子數從之. 然敞無威儀, 時罷朝會, 過走馬章臺街. 使御吏驅, 自以便面拊馬. 又爲婦畫眉, 長安中傳張京兆眉憮. 有司以奏敞, 上問之. 對曰 : '臣聞閨房之內, 夫婦之私, 有過於畫眉者.' 上愛其能, 弗備責也, 然終不得大位."(『漢書』 卷76, 〈張敞傳〉에서)

古來로 京兆尹을 지낸 인물이 한둘이 아닌데 京兆하면 張敞이 나오게 된다. 그가 있는 곳에는 도둑이 다 달아나고 대단히 평화로워지며 그야말로 治安에 있어서는 第一의 能力者이건만 다 잊혀지고 오직 "走馬章臺街" "爲婦畵眉"만 떠오르게 되어 張京兆의 등록상표가 되고 말았다.

本 詩에서는 물론 鮮于仲通을 가리킨다.

▶漢 : 唐을 말한다.

▶近臣 : 임금 左右의 친근한 신하.

解說

막 張敞같이 有能한 京兆尹을 뵈오니 마땅하고말고요. 나라의 임금님 좌우에 가까이 계심이.

**❖제7 · 8구 : 驊騮開道路, 鵰鶚離風塵.**

註

▶驊騮(화류) : 周나라 穆王의 여덟 駿馬의 하나임. 후에는 그냥 駿馬의 泛稱이 되었다.

▶開道 · 開路 : 길을 열다. 길을 내다. 막힌 곳을 시원하게 뚫고 나아감을 말한다. 『杜詩詳注』에서 第7구는 第3구의 異才를 비유한다 하였다.

▶鵰鶚(조악) : 수리와 물수리. 흔히 才力의 雄建함을 말할 때 썼다.

▶離風塵 : 風塵은 어수선하고 복잡한 현실생활의 경계를 말한다. 離風塵은 즉 세상의 땟물을 벗어났다는 것이다. 『杜詩詳注』에서 第8구는 第4구의 爽氣를 비유한다 하였다.

*『杜詩鏡銓』에 인용된 朱注 : "史書에서 仲通이 재물을 가벼이 여기고 베풀기를 좋아한다 하였으니 그 위인이 호탕하고 재기가 있었을

것이다. 그래서 驊騮와 鵰鶚으로 보아준 것이다. 史稱仲通輕財好施, 其人必豪邁有才氣, 故以驊騮鵰鶚目之."

* 伏波將軍 馬援이 일찍이 子姪들을 警戒하였다. "畵虎不成反類狗"라고. 鮮于仲通은 豪邁하다 하나 士卒 6萬人을 희생하고도 뻔뻔하게 宦路에 머물렀으니 더 말해 무엇하랴.

解說

驊騮駿馬처럼 시원하게 길을 뚫고 달리시며 鵰鶚 猛禽같이 어지러운 세상을 벗어나셨습니다.

**❖제9 · 10구 : 侯伯知何算, 文章實致身.**

註

▸侯伯 : 公爵 · 侯爵 · 伯爵 · 子爵 · 男爵의 諸侯를 말하는데 後世에는 高官大爵을 가리켰다.

▸知 : 不知의 뜻으로 쓰인다.

▸知何算 : ① 어떻게 헤아릴지 모르겠다. 즉 많다는 뜻이다. ② 何算은 何別이다. 어떻게 구별할지 모르겠다.

▸致身 : 『論語 · 學而』에서 "事君能致其身, 임금을 섬김에 그 몸을 바쳐야한다."이라 하여 致身은 獻身의 뜻으로 쓰였으나 後世에는 出仕하는 典故가 되었다.

解說

① 지금 侯伯같은 高官大爵들이 너무 많아 어떻게 헤아릴지 모르겠으나 어른만이 진실로 文章으로 벼슬을 하심입니다.

② 지금 侯伯같은 高官大爵들과 무엇으로 구분해야할지 모르겠으나 확실한 것은 어른이 文章으로 벼슬하심입니다.

* 異才 · 爽氣 · 驊騮 · 鵰鶚을 열거하다보니 仲通이 豪邁한 性品으로

楊國忠같은 건달을 돕다가 홀연히 출세한 듯하니까 文章을 들고 나온 것 같다. 그러나 솔직히 말한다면 앞뒤가 연결이 잘 안된다고 하겠다.

### ❖제11 · 12구 : 奮飛超等級, 容易失沈淪.

註

▸奮飛 : 날개를 치며 높이 날아오름. 대개 속박을 벗어나 분발함을 비유한다. 『詩 · 邶風 · 柏舟』 : "靜言思之, 不能奮飛. 가만히 생각해 봄이여, 날개 치며 훨훨 날아갈 수도 없다네." 本 詩에서는 官吏들의 정해진 等級을 훌쩍 뛰어넘었다는 말이다. 즉 순서에 의하여 승진하지 않고 초특급으로 승진했다는 것이다.

▸超 : 超越하다. 벗어나다.

▸等級 : 높고 낮음이나 좋고 나쁨 따위의 차이를 여러 층으로 구분한 단계. 等位. 班位.

▸容易 : 자신을 비롯한 불우한 선비와 아주 대조되는 말이다.

▸失 : 본래 잃어버리다는 뜻인데 없어지다로 쓰였다. 用字 가 상당히 기발하다. 일찍이 梁柱東 先生도 눈 온 경치를 "天地失玄黃"이라고 표현했었다.

▸沈淪(침륜) : 沈이나 淪 모두 물에 가라앉다, 물에 빠지다의 뜻이다. 따라서 沈淪은 埋沒됨, 埋沒된 불우한 인재, 깊이 가라앉아 숨겨짐의 뜻으로 쓰인다. 本 詩에서는 깊이 가라앉아 세상에 알려지지 않고 쓰이지 않는 상태를 말한다.

解說

힘차게 날아올라 等級의 속박을 벗어났으니 참으로 용이하게 가라앉았던 곳에서 벗어나셨습니다.

## ❖제13 · 14구 : 脫略磻溪釣, 操持郢匠斤.

註

▸脫略 : 구애되지 않다. 구속되지 않다. 벗어나다.

▸磻溪釣(반계조) : 陝西省 寶鷄市 東南에 있는 磻溪에서 姜太公 즉 呂尙이 낚시질하며 때를 기다렸다. 그러다가 周文王을 만나 중용되니 그때 칠십이었으며 다시 武王을 도와 殷나라 紂王을 쳐 天下를 정하였다. 『杜詩詳注』에서 이 句는 때를 만남이 늦음을 말한다 함. 『杜詩詳注』에 인용된 顔眞卿의 〈墓碑〉에 의하면 "仲通은 나이가 사십이 다 되어 鄕貢進士에 천거되었고 오십에 비로소 일등으로 급제하였다. 벼슬한지 십년 뒤에 四方의 諸侯의 위치로 뛰어올랐다. 仲通年近四十, 擧鄕貢進士, 五十始擢一第, 從官十年而後, 超登四岳."라 하였으니 늦게 벼슬길에 오른 것을 알 수 있으며 벼슬길에 한번 들어간 뒤로는 승승장구하였음을 알 수 있다.:

▸操持 : 잡다. 쥐다.

▸郢匠斤(영장근) : 『莊子 · 徐无鬼』 : "郢땅 사람이 코끝에 白土를 파리날개처럼 얇게 바른 뒤 匠人인 石으로 하여금 깎아내게 하였다. 匠石은 도끼를 휘둘러 바람을 일으키며 깎았는데 白土가 다 없어지도록 코는 상하지 않았으며 郢땅 사람도 안색이 변하지 않았다. 郢人堊慢其鼻端若蠅翼, 使匠石斲之. 匠石運斤成風, 聽而斲之, 盡堊而鼻不傷, 郢人立不失容."

『杜詩詳注』에서 이 句는 "鋒鋩之利"를 말한다 하였으니 즉 筆鋒이 날카롭다 간단히 말해 글을 잘썼다는 뜻이다. 그런데 우리생각에는 안색이 변하지 않는 郢人은 鮮于의 후원자 知己가 되며 匠石은 鮮于가 어울리는 듯하다. 즉 楊國忠의 絶對的인 支援 · 後援 아래 마음껏 實力을 發揮하며 乘勝長驅하듯 出世의 街道를 달림을 은

연중에 비치고 있다고 하겠다.

解說

磻溪의 긴 세월 낚싯대를 던져버리고 알아주는 분 만난 듯. 郢 땅의 匠石이 도끼를 두 손으로 잡고 運斤成風하듯 재주와 능력을 마음껏 펼치셨습니다.

### ❖제15 · 16구 : 雲霄今已逼, 台袞更誰親?

註

▸雲霄(운소) : 高空. 天際. 구름 있는 높은 하늘.

▸逼(핍) : 迫近. 접근하다. 다가오다. 박두하다. 육박하다. 『杜詩詳注』에서 "雲霄는 天子에 접근함을 말한다. 雲霄, 言得近天子."라 하였다.

▸台袞(태곤) : 台는 三台星으로 三公 즉 宰相을 가리키고 袞은 帝王과 三公의 禮服이다. 즉 台袞은 台輔니 三公 즉 宰相을 나타내는데 여기에서는 楊國忠을 말함이리라.

『杜詩詳注』에서 "台袞은 宰相과 사귈 수 있음을 말함이다. 台袞, 言得交宰相."라 하였다.

解說

아득히 높은 하늘에 이미 다가가셨으며 三公의 어른을 또 누가 있어 친하게 지내겠습니까?

### ❖제17 · 18구 : 鳳穴雛皆好, 龍門客又新.

註

▸鳳穴 : 봉황새의 居處.

▸雛 : 병아리. 새 새끼. 어린아이.

* 鳳雛 : 어린 봉황으로 未完成, 未活動의 俊傑을 나타낸다. 『三國志・蜀志・諸葛亮傳』에서 "諸葛孔明은 臥龍이다. 諸葛孔明者, 臥龍也."라 하였고 裴松之의 注에서 晉나라 習鑿齒의 〈襄陽記〉를 인용하였는데 曰 : "劉備가 世事를 司馬德操에게 물으니 德操가 이르기를……時務를 아는 사람은 俊傑속에 있지요. 이곳에 본래 伏龍 즉 엎드린 용과 鳳雛 즉 봉황새 새끼가 있지요 하니 劉備가 누구냐고 물은즉 대답하기를 諸葛孔明과 龐士元 즉 龐統 이라 하였다. 劉備訪世事於司馬德操. 德操曰 : ……識時務者在乎俊傑. 此間自有伏龍・鳳雛. 借問爲誰? 曰 : 諸葛孔明・龐士元也."라 하였다. 또한 『晉書・陸雲傳』에서 "어렸을 때 吳의 尙書인 廣陵사람 閔鴻이 보고 기특하게 여겨 말하기를 이 아이는 만약 용의 새끼가 아니면 분명 봉황의 새끼일 것이다. 幼時, 吳尙書廣陵閔鴻見而奇之, 曰 : 此兒若非龍駒, 當是鳳雛."라 하였다. 『杜詩鏡銓』에서 顔魯公의 〈墓碑〉를 인용하였는데 "아들 여섯이 모두 명성이 있었다. 子六人皆有令聞."라 하였다. 鮮于가 아들 농사도 잘 지었다는 말씀이다.

▸龍門 : 黃河의 상류에 있으며 물고기가 오르면 용이 된다 하였다. 여기에서 나아가 명망 높은 사람의 집을 가리키게 되었다. 『世說新語・德行』에 "李元禮 즉 李膺은 風度가 빼어났고 品格은 嚴正하였다. 스스로에 대한 평가와 자부가 아주 높아 天下의 名敎를 바르게 하고 是非를 정하는 것을 자기의 임무로 알았다. 경력이 얕은 後進들이 그의 집 대청에 올라 대접받으면 모두들 龍門에 올랐다고 하였다. 李元禮風格秀整, 高自標持, 欲以天下名敎是非爲己任. 後進人士, 有升其堂者, 皆以爲登龍門."

本 詩에서는 물론 鮮于의 집을 가리키는데 조금이 아니고 대단히 과하다 싶다.

▸新：舊, 陳腐와 상대되는 말이니 때 묻지 않고 깨끗함. 新鮮 즉 새롭고 산뜻함을 뜻한다. 여기에는 자신이 당연히 포함될 것인데 상당히 자부심을 가지고 쓴 말이다.

解說

봉황새의 거처에 있는 鳳雛들은 모두 훌륭하며 龍門에 오르는 손들은 또한 때 묻지 않고 산뜻합니다.

### ❖제19·20구：義聲紛感激, 敗績自逡巡.

註

▸義聲：德義의 名聲. 德義란 무엇이냐. ① 道德信義. ② 善을 칭찬하고 장려함이 德이요, 악을 싫어하고 멀리함이 義다. 善善爲德, 惡惡爲義.(『國語·晉語』의 韋昭注) 제대로 된 사람을 상주고 죄 있는 자를 멀리하는 것 이것이 德義다. 賞得其人, 罰當其罪, 是爲德義.(『國語·周語』의 韋昭注) 德義는 결국 上層階級 支配層이 지녀야 할 德目이다.

▸紛：盛多貌. 衆多貌. 많은 사람들이 와글 북적함.

▸敗績：① 크게 진 것을 말하니 『書·湯誓』의 孔傳에서 "大崩曰敗績"이라 함. 우리나라의 경우 자기나라가 싸움에 짐을 말함이라 하였다. ② 事業에 失敗하거나 손해 봄.

本 詩에서는 杜甫 자신의 科擧落第, 制試의 失敗 등을 말한다.

▸逡巡：어떤 일을 단행하지 못하고 우물쭈물함. 또는 뒤로 멈칫멈칫 물러남.

解說

높은 자리에 계시면서 善을 장려하고 惡을 멀리하시며 信賞必罰하신다는 名聲이 자자하시니 모든 사람들이 와글 북적 모여들어 감격

하는데 저는 실패한 인생이라 저절로 우물쭈물하고 멈칫멈칫 물러나며 뵙기가 두렵습니다.

### ❖제21 · 22구 : 途遠欲何向, 天高難重陳.

註

▸途遠 : 벼슬길이 멀기만 하다고 할 수도 있으나 넓게 보아 자기가 가야할 인생길이 아득하다는 말이 되겠다. 『史記 · 伍子胥列傳』에서 "나는 해는 지는데 갈 길이 머니 그래서 거꾸로 가고 뒤집어 실천한다. 吾日暮途遠, 吾故倒行而逆施之."라 하여 유명해졌다.

▸天高 : 임금이 계신 곳은 높기만 하다. 朝廷은 아득하다. 그러나 屈原의 〈天問〉을 본받아 하늘을 원망한다 해도 된다.

▸難重陳 : 科擧 · 制試 · 〈三大禮賦〉 등에서 이미 자신의 뜻을 펴보였으니 이제 다시 거듭 陳述하기 어렵다는 말이다.

解說

길이여 멀고머니 어디로 향해 가야 할까요. 하늘이여 높고 높으니 다시 陳述하기 어렵습니다.

### ❖제23 · 24구 : 學詩猶孺子, 鄉賦忝嘉賓.

註

▸學詩 : 杜先生은 祖父 杜審言이 이름난 詩人인 것에 큰 자부심을 가졌으며 學詩를 집안의 전통이라 여겨 〈宗武生日〉에서 "詩是吾家事"라 하였다.

▸孺子 : 幼子. 兒童. 우리 사전에서는 나이 어린 남자라고 하였다.

* 本 句를 施鴻保 先生은 『讀杜詩說』에서 기이하게 풀었다. 學詩를

지금의 일로 誤認하여 이때 公의 나이가 41세인데 늙었다고 할 수도 없지만 어리다고도 할 수 없단다. 그래서 孺子는 『孟子』에 나오는 〈孺子歌〉를 쓴 듯하며 學歌라 하지 않고 學詩라 한 것은 現成字이기 때문이란다. 『孟子·離婁上』에 나오는 〈孺子歌〉는 "滄浪之水淸兮, 可以濯我纓 ; 滄浪之水濁兮, 可以濯我足. 창랑의 물 맑으면 내 갓끈을 씻고 ; 창랑의 물 흐리면 내 발을 씻으리."인데 孔子가 물이 "自取"한 것이라 평했다. 제하기 나름이라는 것이다. 제가 흐리면 발이나 씻고 제가 맑으면 갓끈을 씻어준다는 말이다. 屈原의 〈漁父〉에도 같은 글이 실렸는데 그때에는 環境에 맞춰 살아나간다는 내용으로 되어있다. 施鴻保의 말인즉 杜甫가 〈孺子歌〉를 學歌하였다는 것은 즉 스스로의 處身을 潔白하게 하려 노력했다고 본 것이다. 상당히 동떨어진 해석이라 굳이 여기에 소개하였다.

▸鄕賦 : 鄕貢과 같다. 唐代에 學館의 考試를 거치지 않고 州縣의 推薦에 의해 科擧에 應試하는 선비를 말한다.

▸忝(첨) : 황송하게. 송구스럽게. 분에 넘치게. 욕되게.

▸嘉賓 : 훌륭한 손님. 〈奉贈韋左丞丈二十二韻〉에서 "甫昔少年日, 早充觀國賓. 이 杜甫는 지난날 젊은 시절에 國都의 盛德과 文物의 光華를 관람, 임금님의 손님이 된다고 말하여지는 科擧에 참가하였습니다."이라 하였다. 『易·觀』에서 "觀國之光, 利用賓于王. 서울의 盛德과 光輝를 본다. 임금의 손님 노릇하는데 이로울 것이다."라 하였다. 그 후 科擧에 應試하는 新進氣銳의 선비들을 임금의 嘉賓이라고 추어올려 대접해 주었으니 東西古今이 學生에게는 다 관대하였다. 本 句는 간단히 말하면 23세에 鄕貢이 되어 24세에 서울 長安에서 치르는 과거에 응시했다는 것이다. 물론 落第했다.

**解說**

詩를 배운 것은 오히려 어린아이였을 때부터였으며 鄕貢으로 송구하게도 임금님의 손님 노릇한다는 응시생 되어 서울의 과거에 참가하였습니다.

❖제25・26구 : 不得同晁錯, 吁嗟後郤詵.

註

▸晁錯(조조) : 보통 鼂錯로 쓴다. 漢・文帝・景帝때 활약하였다. 申商의 刑名學을 배웠는데 위인이 강직하나 너무 각박하였다. 文帝때 『尚書』를 伏生에게 배웠고 太子家令이 되었는데 다들 그를 智囊 즉 꾀주머니라 불렀다. 景帝가 즉위하자 극히 총애를 받아 御史大夫가 되었으나 諸侯들을 억제하며 그 封地를 깎아내려하자 吳楚七國이 亂을 일으키고 鼂錯의 除去를 구실로 삼으니 朝服을 입은 체 斬刑되었다. 그는 文帝時 賢良文學對策을 뽑을 때에 가장 좋은 성적으로 붙어서 이름이 났었다.

▸吁嗟(우차) : 탄식하는 소리. 아아!

▸後 : 뒤떨어지다. 뒤처지다. 落後하다.

▸郤詵(극선) : 흔히 郄詵으로 쓴다. 晉나라 사람으로 博學多才하였다. 泰始中에 賢良對策에 일등으로 뽑혀 議郎이 되었고 吏部尚書 崔洪의 추천으로 左丞이 되었다. 후에 雍州刺史가 되어 떠날때 武帝가 東堂에서 전송하며 물었다, 스스로를 어떻게 여기는지. 이에 대답하기를 賢良對策에 第一이 되었다하나 계수나무숲의 겨우 계수 한 가지요 옥이 가득한 崑山의 한 조각 옥일 따름입니다 하였다. 이 때문에 후세에 과거에 급제함을 桂林一枝・崑山片玉이라 하였다.

*賢良・賢良文學・賢良方正은 漢代부터 시작된 인재선발 科目의 하나다. 鼂錯나 郤詵 모두 여기에서 좋은 성적으로 합격하였으므로 杜甫가 자신과 비교하여 쓴 것이다. 『杜詩詳注』에서 "知遇가 古人

만 못하다" 하였다.

解說

漢의 晁錯와 같지 못하였고 晉의 郤詵에게 뒤처졌습니다.

### ❖제27 · 28구 : 計疏疑翰墨, 時過憶松筠.

註

▸計 : 計策. 謀略. 計劃. 策略. 方策.

▸疏 : 疏忽. 疏陋. 淺薄. 粗略. 不精密. 엉성함. 迂闊. 實際에 절실하지 않음.

▸翰墨 : 翰은 새 깃인데 이것으로 붓을 만들었으므로 翰으로 筆을 代稱한다. 翰墨은 筆墨이니 이것으로 文章書畵를 가리킨다.

＊27句의 풀이는 두 가지가 있다. ① 자기의 계획 · 도모함이 자꾸 어긋나고 엉성한 결과를 낳는 것이 자기의 글재주가 시원치 않은가 의심하는 것. ② 唐代 落榜擧子들의 詩를 보면 文을 때려치우고 武로 나아갈까 붓 대신 劍이나 잡아볼까 하는 것이 多數있다. 즉 翰墨의 장래성 · 價値 · 功能을 懷疑하는 것이다. (우리들이 譯注한 月印출판사의 『落第生들의 노래』를 참고하시라.) 本 句에서도 杜甫가 하도 답답하니까 文에 대해 회의하는 것이다.

▸時 : 젊은 시절. 한창때. 적당한 때.

▸松筠 : 소나무와 대나무. 추운 시절 푸르름을 잃지 않는 것으로 節操를 나타낸다. 『杜詩詳注』 : "晩年時節의 節操를 거두련다. 欲收晩節也." 『杜詩鏡銓』 : "晩年時節에 成功을 거두련다. 欲收功晩節也."

＊『杜詩詳注』 : "제23구에서 제28구까지는 과거에 응시하여 낙방한 것을 돌이켜 서술함이니 開元 23년에 있었던 일이다. 此追敍應擧下

第事, 在開元23年."

解說

나의 계획 나의 포부는 항상 엉성하게 끝나고 마니 나의 글재주가 시원치 않아서인가 아니면 文이라는 것이 武에 비하여 그 가치가 시시하고 장래성이 없는 것인지. ……그래도 나의 길을 계속 나아가야 하겠지요. 비록 좋은 시절 한창때는 지나갔어도 솔과 대가 추위 속에 푸르름을 잃지 않는 것을 생각하며 내 晩年에는 꼭 功을 이루겠다 결심합니다.

### ❖제29 · 30구 : 獻納紆皇眷, 中間謁紫宸.

註

▸獻納 : 〈三大禮賦〉 바친 것을 말한다.

▸紆 : 구부리다. 돌리다. 나를 위해 높은 분이 구부려주고 돌려줌을 말한다. 예컨대 紆軫 · 紆駕는 屈駕 · 枉駕 · 枉臨이니 자기 같은 사람을 황송하고 송구하게 찾아주셨다는 말이다.

▸皇眷 : 皇帝의 眷顧. 眷顧는 愛顧, 眷注, 眷愛라고도 하는데 돌봐주다, 관심하다. 돌보다, 관심 갖고 돌보다의 뜻이다.

*紆皇眷 : 『杜詩詳注』 : "主上의 알아주심을 송구하게 받다. 曲荷主知."

▸謁(알) : 謁見(알현)하다. 拜謁하다.

▸紫宸 : 殿閣의 이름. 『杜詩詳注』에서 인용한 『唐六典』에 의하면 "內朝의 正殿이다. 卽內朝正殿."

*謁紫宸 : 『杜詩詳注』 : "殿中에서 應試것이다. 應試殿中."

解說

〈三大禮賦〉를 받쳐 皇上의 관심 갖고 돌보심을 황송하게 입었으며 그 사이 紫宸殿에서 謁見을 하였습니다.

### ❖제31 · 32구 : 且隨諸彦集, 方覬薄才伸.

**註**

▸諸彦(제언) : 뭇 賢才. 杜甫는 이 말을 좋아한듯하니 〈積草嶺〉에서도 "卜居尙百里, 休駕投諸彦."이라고 함. 彦은 男子의 美稱으로 才德이 뛰어난 인물, 훌륭한 선비를 彦士라 한다. 〈三大禮賦〉를 바친 뒤 앞의 〈奉留贈集賢院崔 · 于二學士〉에서 "春官驗討論"이라 한 것을 참고하시라.

▸方 : 바야흐로. 지금. 한창.

▸覬(기) : 冀字와 通한다. 바라다. 기대하다.

▸薄才 : 不才와 같으니 시시한 재능이다. 이것은 자신에 관해서 겸손하게 말할 때 쓴다.

**解說**

다시 集賢院의 뭇 뛰어난 學士들을 따라 함께 모여서 바야흐로 시시한 저의 재능을 펼쳐볼까 하였습니다.

### ❖제33 · 34구 : 破膽遭前政, 陰謀獨秉鈞.

**註**

▸破膽 : 膽은 쓸개. 놀라서 肝膽이 터진다는 것이니 몹시 경악하고 공포에 떠는 것을 말한다. 보통 破膽寒心이라 많이 쓴다. 우리는 간담이 서늘하다로 쓴다.

▸前政 : 以前에 政權을 擔當하던 사람. 여기에서는 죽은 宰相 李林甫를 가리킨다.

▸陰誅 : 暗中劃策하며 秘密히 計議함.(『漢語大詞典』) 나쁜 목적으로 몰래 흉악한 일을 꾸밈, 또는 그런 꾀.(『표준국어대사전』)

▸獨 : 도리어. 여전히. 의연히.

▸鈞(균) : 질그릇 만들 때 쓰이는 바퀴 모양의 녹로. 이것을 돌려 갖가지 그릇을 자유로이 만들 수 있으므로 발전하여 만물의 조화의 뜻으로 쓰여 하늘 곧 조물주를 大鈞이라 한다. 다시 한 나라의 최고 정권을 장악함을 秉鈞 즉 鈞을 잡다라 하니 執政者, 宰相을 가리킨다.

解說

간담이 터지도록 무섭고 놀라운 것은 이전의 집정자를 만남이니 暗中에 악을 꾸미고 비밀리에 흉한 일을 만들건만 도리어 一國의 政權을 잡고 있었던 것입니다.

### ❖제35 · 36구 : 微生霑忌刻, 萬事益酸辛.

註

▸微生 : 시시한 생명. 미천한 인생. 자신을 겸손하게 나타내는 말이다.

▸霑(점) : 젖다. 적시다. 닿다. 물들다. (은혜 · 덕을) 입다.

▸忌刻(기각) : 질투심이강하고 박정, 냉혹함.

▸益 : 더욱. 한층 더.

▸酸辛 : 흔히 辛酸이라 하는데 協韻上 酸辛으로 썼다. 辛은 매운 것 酸은 신 것. 이것으로 힘들고 고생스러운 세상살이를 비유적으로 이르는 데 辛楚라고도 한다.

* 天寶 6年의 制詩에서 李林甫는 “野無遺賢”이라고 하며 합격자를 한명도 내지 않았는데 이때 杜甫도 不合格되어 상당한 충격을 받았

으며 〈贈韋左丞丈濟〉에서 자세히 記述하였으니 참고하시라.

* 天寶 10年에 杜甫는 〈三大禮賦〉를 바쳐 임금이 가상히 여기고 集賢院에서 시험하도록 하였으니 바로 앞의 〈奉留贈集賢院崔・于二學士〉에서 "天老書題目, 春官驗討論"이라 하였다. 그런데 李林甫는 몇 년 전에 "野無遺賢"이라 하였는데 지금 출중한 인재가 있다고 관직을 주자니 앞뒤가 안 맞는지라 황제의 체면을 살려 그냥 내보내지는 않고 다만 담당 관리에게 보내 맡겨서 정식으로 인재를 선발하거나 승진시키는 과정에 列入시켰을 뿐이다. 즉 待期組로 만든 것이다. 杜甫로서는 李林甫에 대한 원한이 골수에 사무쳤을 것이다. 지금 李林甫가 역적으로 몰려 관을 쪼개고 입안의 구슬을 꺼냈으며 金魚袋와 紫衣를 벗겨 작은 관에 넣어 庶人으로 장사지내기에 이르니 마음속에 품은 생각을 노골적으로 표현할 수 있었던 것이다.

**解說**

저와 같이 미천한 몸 시시한 인생이 執政者의 박정, 냉혹함에 푹 젖었으니 생각할수록 人生萬事는 더욱 신산이라 맵고 시며 고생투성이 입니다.

### ❖제37・38구 : 交合丹青地, 恩傾雨露辰.

**註**

▸丹青 : 丹墀青瑣之間. 丹墀(단지)는 붉은 칠을 한 궁전의 址臺(지대)를 말한다. 址臺는 건축물을 세우기 위하여 터를 잡고 돌을 쌓은 부분을 가리킨다. 이것으로 宮闕・朝廷・廟堂을 나타낸다. 青瑣(청쇄)는 임금이 계신 궁궐의 문을 말하는데 문짝에 사슬 모양을 새기고 푸른 칠을 하여 이렇게 부른다. 이것 또한 宮闕・朝廷・廟堂을

나타낸다.

▸地：地位. 位置.

▸雨露：높은 사람의 은혜를 말한다.

▸辰(신)：때. 날.

解說

어른의 교제・교유는 丹墀・靑瑣의 朝廷・高官大爵들과 이루어지며 또한 지금은 비와 이슬 같은 은혜를 기울여 남에게 쏟아주시는 때 입니다.

**❖제39・40구：有儒愁餓死, 早晩報平津.**

註

▸早晩：何時. 어느 때. 그런데 『杜臆』은 旦夕으로 풀이하여 "저의 餓死가 旦夕에 달렸으니 平津에 알려주십시오 라고 말함이니 10字가 한 句이다. 言餓死只在早晩, 因報平津, 十字爲句."라 하였다. 너무 어렵게 풀었다. 早晩을 시기의 절박으로 보았기 때문이다.

▸平津：平津侯. 漢의 公孫弘. 東閣을 열어 여러 빈객들을 맞이하고 대우하였다. 여기에서는 楊國忠을 나타낸다.

解說

굶어 죽을 것을 걱정하는 孺者가 있으니 어느 때 平津侯에게 아뢰어 주시겠습니까?

*『杜詩詳注』："少陵이 京兆에게 投詩함은 餓死와 이웃함이요 昌黎가 宰相에게 上書함은 饑寒에 쫓김이라. 당시 부득이 잠시 임시변통의 계책으로 한 것이니 후세사람은 그 苦心을 양해하고 宋儒의 出과 處로 唐人을 깊이 책망하지 말 것이다. 少陵之投詩京兆, 鄰於餓死. 昌黎之上書宰相, 迫於饑寒. 當時不得已而姑爲權宜之計, 後

世宜諒其苦心, 不可以宋儒出處, 深責唐人也."

* 春秋筆法·董狐直筆은 史에만 해당된다는 말씀 같은데 글쎄요 杜先生의 흠을 있는 그대로 받아들임이 좋을 듯합니다.

## 15. <麗人行>(七言古詩)

三月三日天氣新, 長安水邊多麗人.
態濃意遠淑且眞, 肌理細膩骨肉勻.
繡羅衣裳照暮春, 蹙金孔雀銀麒麟.
頭上何所有? 翠爲匎葉垂鬢脣.
背後何所見? 珠壓腰衱穩稱身.
就中雲幕椒房親, 賜名大國虢與秦.
紫駝之峰出翠釜, 水精之盤行素鱗.
犀筯厭飫久未下, 鸞刀縷切空紛綸.
黃門飛鞚不動塵, 御廚絡繹送八珍.
簫鼓哀吟感鬼神, 賓從雜遝實要津.
後來鞍馬何逡巡, 當軒下馬入錦茵.
楊花雪落覆白蘋, 靑鳥飛去銜紅巾.
炙手可熱勢絶倫, 愼莫近前丞相嗔.

### ❖詩題

註

▶麗人 : 美人. 佳人. 三國·魏·曹植의 〈洛神賦〉에서 "한 여인을 보네, 절벽의 가에 있는. 覩一麗人, 於巖之畔."이라 하였는데『杜詩鏡銓』에서는 "『困學紀聞』에서 王無功의 〈三月三日賦〉를 인용하였는데 '三都의 麗人을 모았다.'라 하였으니 杜甫의 이 말은 여기에 뿌리를 둔다. 困學紀聞 : 王無功〈三月三日賦〉: 聚三都之麗人. 杜語本此."라 하였다.

▶麗人行 : 『樂府廣題』에서 가로되 "『劉向別錄』에서 이르기를 '옛날 麗人이 있어 雅歌를 잘하니 후에 그것으로 曲의 이름을 삼았다. 『劉向別錄』云 : 昔有麗人善雅歌, 後因以名曲.'라 하였다." 『樂府詩集』을 보면 唐代 崔國輔:의 〈麗人曲〉이 있다. 여기에 소개해 보겠다.

〈麗人曲〉 唐 (玄宗前後) 崔國輔

紅顔稱絶代, 欲竝眞無侶.

獨有鏡中人, 由來自相許.

絶世의 美人이 있으니, 함께하려 해도 그 짝이 없다네.

다만 거울 속사람이 있어, 예부터 인정해 주었다네.

▶行 : 古詩의 한 體裁. 흔히 歌와 함께 歌行體라 한다.

解說

〈아름다운 사람의 노래〉

**❖제1 · 2구 : 三月三日天氣新, 長安水邊多麗人.**

註

▶三月三日 : 즉 上巳節을 말한다. 漢 以前에는 음력 三月 上旬의 巳日을 가리켰으나 三國 · 魏 以後에는 三月三日로 굳어졌으며 巳日을 따지지 않았다. 이날 물가에 가서 몸을 씻어 불결함과 불길함을 씻어냈으며 文人들은 술 마시고 글을 지었다. 우리나라에서는 삼월삼진날이라 하였으며 강남 갔던 제비가 돌아온다 하였다.

▶新 : 新鮮. 新潔. 淸新. 맑고 산뜻하다.

▶水邊 : 曲江가를 말한다.

*『杜詩鏡銓』에서 朱注를 인용하였다. "『舊唐書 · 后妃傳上 · 玄宗楊貴妃』에 이르기를 '玄宗이 매번 華淸宮에 납실 때마다 楊國忠 자

매 다섯 집이 扈從하였는데 한 집이 한 무리를 지어 한 가지 색의 옷을 입었다. 다섯 집이 합치면 꽃처럼 비쳤고 잃어버린 비녀와 떨어뜨린 신발의 구슬과 진주·비취가 길에 찬란하고 향기로웠다. 國忠은 虢國夫人과 私通하여 숫여우 — 齊나라 襄公이 그의 누이인 魯桓公夫人 文姜과 私通하였다. 이에 大夫가 노래를 지어 풍자하였으니 『詩·齊風·南山』이 그것인데 숫여우는 바로 오라버니인 齊나라 襄公을 가리킨다. — 라는 풍자도 피하지 않았다. 매양 入朝할 때마다 말 재갈을 나란히 하고 수레 몰며 휘장도 치지 않았다.' 그들이 華淸宮에 호종하면서 이러하였으니 짐작하건데 上巳節의 修禊(수계)에도 또한 그러했으리라. '玄宗每幸華淸宮, 國忠姊妹五家扈從, 每家爲一隊, 著一色衣. 五家合隊, 照映如花, 遺鈿墜舃瑟瑟珠翠, 燦爛芳馥於路. 而國忠私於虢國, 不避雄狐之刺, 聯鑣方駕, 不施帷幔.' 其從幸華淸如此, 度上巳修禊, 亦必爾也."

解說

삼월 삼짇날 바로 上巳節에 날씨는 맑고 산뜻한데 修禊를 위함인지 遊興을 위함인지 長安 曲江의 물가에는 아름답고 고운 사람이 많기도 많다.

### ❖제3·4구 : 態濃意遠淑且眞, 肌理細膩骨肉匀.

註

▶態 : 容貌와 姿態.

▶濃 : 濃艶.

▶意遠 : 神氣 즉 精神과 기운이 高遠함.

▶淑眞 : 貞淑하고 진실 됨. 三國·魏·王粲의 〈神女賦〉에서 "天地의 넓은 造化여 어찌 그리 精氣를 이룸이 淑眞하던가! 몸의 안팍

津液을 만들어 天麗한 神女를 기르도다. ……惟天地之普化, 何産氣之淑眞. 陶陰陽之體液, 育天麗之神人. ……”라 하였는데 여기에서 따온 말같다. 그런데 『杜詩鏡銓』에서는 “淑眞은 婦人의 美德인데 公은 반대로 말해 풍자한 것이다. 淑眞婦人之美德, 公反言以刺之也.”라 했고, 또 李安溪의 말을 인용하였으니 曰 : “歐陽修가 이르기를 諷刺가 切實하면 그 意旨는 더욱 微妙해지니 〈君子偕老〉가 그것이다. 이 詩는 실로 美目巧笑, 象揥·縐絺와 같은 旨意다. 歐陽文忠言刺之切則旨益微, 〈君子偕老〉是也. 此詩實與美目巧笑, 象揥·縐絺同旨.”라 하였다.

*『詩·鄘風·君子偕老』(衛나라 宣姜이 음란하여 남편 宣公을 바르게 따르지 못하자 이에 이 노래가 나왔다.)

君子偕老, 副笄六珈. 委委佗佗, 如山如河,
象服是宜, 子之不淑, 云如之何?
玼兮玼兮, 其之翟也. 鬒髮如雲, 不屑髢也.
玉之瑱也, 象之揥也, 揚且之晳也.
胡然而天也, 胡然而帝也?
瑳兮瑳兮, 其之展也. 蒙彼縐絺, 是紲袢也.
子之淸揚, 揚且之顔也. 展如之人也, 邦之媛也.

君子와는 해로해야지, 머리 틀고 여섯 개 구슬 박은 비녀 꽂았으며,
의젓한 걸음걸이 산처럼 무겁고 강물처럼 유유하여,
禮服인 象服이 어울리거늘 그대의 不貞은 어찌된 일인가?
빛나고 빛나는 것은 禮服인 翟衣(적의)인데,
숱 많은 머리 구름 같으니 가발이 필요 없지,
구슬 귀막이 하고 상아 빗치개 꽂았다네.
넓은 이마 희기도 하니 어찌 그리 天神같고 天帝같은가?

곱고 고운 것은 흰 禮服인 展衣인데,
가는 모시 걸치니 여름 적삼이네.
그대의 눈은 맑고 이마는 훤한 모습이라네.
진실로 이러한 사람이야말로 나라의 미인이네.

*『詩・衛風・碩人』의 抄(衛나라 莊公의 夫人인 莊姜은 美人이나 아들이 없어 이 노래가 나왔다 한다.)

……手如柔荑, 膚如凝脂, 領如蝤蠐.
齒如瓠犀, 螓首蛾眉. 巧笑倩兮, 美目盼兮. ……

……손은 부드러운 띠풀의 싹, 살결은 엉긴 기름.
목은 나무굼벵이, 이는 박씨, 매미 이마, 나방이 수염의 눈썹.
생긋 웃으면 입매 곱고, 아름다운 눈은 맑아……

*『杜詩詳注』: "濃은 붉은 복사꽃 이슬에 촉촉함이고 遠은 푸른 대나무 안개가 덮음이며 淑은 상서로운 태양에 오색구름 낀 것이요 眞은 맑은 내에 밝은 달 비침이라. 하나의 句에 絶世의 丰神(봉신)을 그려내었다. 濃如紅桃裛露, 遠如翠竹籠烟, 淑如瑞日祥雲 眞如澄川朗月, 一句中寫出絶世丰神."

▸肌(기) : 살가죽. 피부를 肌膚라 한다. 理는 결을 말하니 肌理는 살결이다.

*北韓에서는 美顔水를 살결물이라 한다.

*雨田 선생님께서 某 陶藝家의 作品을 평하여 "理含金石"이라 하시며 한 폭 써주셨는데 말씀하시기를 도자기에 대한 最上의 칭찬이 될 것이라 하셨다.

▸細膩(세니) : 곱고 매끈함. 膩는 기름, 비계, 기름지다, 반드르르하다

의 뜻이니 기름기가 있어야 살결이 고운 법이다.

▶骨肉匀(골육균) : 골격과 살집이 고르게 균형이 잡혔다. 匀은 고르다, 가지런하다는 뜻이다.

解說

밖으로 얼굴과 맵시는 무르익어 아름답고 안으로 정신과 기운은 높고 깊다. 살결은 곱고 매끄러우며 뼈대는 길쭉길쭉하고 살집은 알맞게 살이 올라 균형이 잘 잡혔다. 唐나라의 美人은 무르익고 풍만한 것이 표준이다.

### ❖제5 · 6구 : 繡羅衣裳照暮春, 蹙金孔雀銀麒麟.

註

▶照 : ① 비치다. 빛나다. 金孔雀 銀麒麟의 무늬가 저물어가는 봄날에 빛나다. ② 照應. 즉 호응하다. 호흡이 맞다. 『九家集注杜詩』에서 "『論語 · 先進』에 '늦봄에 봄옷이 완성된다. 莫春者, 春服旣成.' 라 하였으니 照暮春을 衣服에 쓰면 더욱 합당하리라."함.

▶蹙(축) : 일종의 자수기법. 자수 놓을 때 그 실을 팽팽하게 당겨 무늬가 빽빽하게 오그라들고 꼭 달라붙게 하는 것. 金실로 하면 蹙金이고, 銀실로 하면 蹙銀이 되겠다.

*『讀杜詩說』: "杜牧이 자신의 詩가 蹙金結綉같다 했으니 蹙金은 당시 일상어다. 杜牧自謂其詩如蹙金結綉, 知蹙金乃唐人常語."

解說

수놓은 비단 의상은 저물어가는 늦봄에 더욱 찬란하니 금실로 수놓은 孔雀과 은실로 짜 넣은 麒麟이 빛나기 때문이다.

### ❖제7 · 8구 : 頭上何所有? 翠爲㔩葉垂鬢脣.

註

▸頭上云云 : 雨田 선생님 말씀이 옛날 朝鮮 婦女들의 값진 寶貝는 거의 머리에 모여들며 男子들의 사치는 말안장에 집중된다 하심.

▸翠 : 翡翠(비취).

▸㔩葉(압엽) : 여인들이 머리에 꽂는 장식을 㔩彩(압채)라 하는데 그것의 花葉을 㔩葉이라 한다.

▸鬢脣 : 살쩍의 가장자리. 脣은 입술이라는 뜻 이외에 가, 가장자리, 변두리의 의미가 있다.

解說

머리 위에는 무엇이 있나? 머리 장식품인 㔩彩(압채)의 翡翠잎이 살쩍 가에 드리웠지.

### ❖제9 · 10구 : 背後何所見? 珠壓腰衱穩稱身.

註

▸珠壓 : 진주를 엮어 그 위에 매달면 허리띠를 눌러 밑으로 처지게 한다. 그것은 바람에 들썩거리지 않게 하기 위함이다.(蕭滌非 先生)

▸腰衱(요겁) : 衱은 옷자락이나 腰와 합쳐져 腰衱이 되면 허리띠 특히 허리띠의 뒤로 드리운 부분을 가리킨다.

▸穩稱(온칭) : 균형이 잡히다. 고르다. 알맞다.

解說

등 뒤에는 무엇이 보이는가? 진주가 누르는 허리띠가 몸과 알맞게 잘 어울린다.

* 뒷모습이 예뻐야 진짜 미인이라고 한다. 〈春香歌〉에서도 "이리 오너라 앞태를 보자, 저리 가거라 뒤태를 보자."라 하였다. 美人圖에도 〈背面美人圖〉가 있는데 齊白石의 것이 이름났다. 背面에서 面은 얼굴의 뜻이 아니니 얼굴을 돌린 미인이 아니다. 이때 面은 向의 뜻이 되며 背面은 등을 사람 쪽으로 향하고 있다는 말이 된다. 따라서 〈背面美人圖〉는 머리의 쪽, 목덜미, 등, 엉덩이 등을 알 수 있을 뿐 얼굴과 가슴 등 앞모습은 알 수 없다. 상상에 맡기는 것이다.
* 『杜詩詳注』: "……楊愼이 말하기를 松江의 陸深이 古本을 보았는데 '발아래 무엇을 신었나? 붉은 연꽃 수놓은 비단버선이 은 등자를 밟고 있네.'라고 두 句가 더 있었다 한다. 지금 보건대 두 단락이 각각 열 句를 한계로 삼으니 이것을 보태면 도리어 혹이 된다. ……楊愼謂松江陸深見古本, 尙有二句, 足下何所著, 紅蕖羅韈穿鐙銀. 今按, 兩段各十句爲界限, 添此反贅."

### ❖제11 · 12구 : 就中雲幕椒房親, 賜名大國虢與秦.

註

▸就中 : 其中과 같으니 許多한 麗人中 특히 몇을 들어 말한다는 것. 就中은 唐人의 口語니 李白의 〈憶舊遊〉에서 "海內賢豪靑雲客, 就中與君心莫逆. 해내에 현자 · 호걸 · 청운객이 있다지만 그중 그대와 진심으로 막역하네."이라 하였고 白居易의 〈西湖留別〉에서 "處處回頭盡堪戀, 就中難別是湖邊. 곳곳이 머리 돌려 생각하면 다 그리운 곳이지만, 그중에서도 이별하기 어려운 곳은 湖畔이라네."라 했다. (以上 蕭滌非 말씀) 就中은 衆多麗人之中이다.(王鍈의 말씀)

▸雲幕 : 가볍고 부드럽게 날리며 흔들림이 雲霧와 같은 장막. 그러나 帳幕을 이렇게 흔히 부르기도 한다.

▸椒房(초방) : 『三輔黃圖 · 未央宮』 : "椒房殿은 未央宮에 있는데 山椒열매와 진흙으로 벽을 발랐으니 溫暖함과 향기로움을 취한 것이다. 椒房殿在未央宮, 以椒和泥塗, 取其溫而芬芳也." 以後 椒房殿은 皇后가 거처하는 宮殿의 뜻으로 쓰였는데 溫暖함, 芬芳함 외에 多子의 뜻도 있다고 한다.

▸椒房親 : 后妃 · 王后의 친정 쪽 친족을 이르는 말. 여기에서는 楊貴妃의 친정 언니들을 가리킨다.

▸賜名 : 임금이 名號를 내림.

▸大國虢與秦(대국괵여진) : 虢國夫人과 秦國夫人.

▸國夫人 : 命婦의 一種 封號. 『通典 · 官職十六』에서 "大唐의 外命婦制度는 諸王의 어머니, 妻와 妃, 그리고 文武官 一品과 國公의 어머니, 妻는 國夫人이 된다. 大唐外命婦之制, 諸王母 · 妻及妃, 文武官一品及國公母 · 妻, 爲國夫人."라 했다. 참고로 文武官 二品 三品의 경우는 郡夫人이 된다.

* 『杜詩詳注』에 인용된 『舊唐書 · 后妃傳』 : "太眞의 언니 삼인이 모두 才貌가 있어 함께 國夫人에 봉해졌다. 大姊는 韓國夫人으로 三姨는 虢國夫人으로 八姨는 秦國夫人으로 봉해졌다."

* 『杜詩詳注』에 인용된 『通鑑』 : "崔氏에게 시집간 자는 韓國夫人이 되었고 裴氏에게 시집간 자는 虢國夫人이 되었으며 柳氏에게 시집간 자가 秦國夫人이 되었다."

**解說**

그중에서도 구름 장막 속에는 椒房인 貴妃의 친족이 있으니 大國의 이름을 받은 虢國 夫人과 秦國夫人이란다.

### ❖제13 · 14구 : 紫駝之峰出翠釜, 水精之盤行素鱗.

註

▸紫駝(자타) : 붉은빛 도는 밤색의 낙타. 그런데 紫는 꼭 色만을 나타낸 것 같지는 않으니 珍味인 경우, 高級인 경우에도 쓰는 듯하다. 맛 좋기로 이름난 게를 紫蟹라 하여 唐詩에 등장하고 朝鮮의 秋史詩에도 보인다.

▸峰 : 駱駝의 肉峰. 單峰 雙峰 두 가지가 있다. 간단히 말해 지방이 모여 이룬 큰 혹이다.

*『杜詩詳注』에 인용된 『酉陽雜俎』에서 “귀족집의 진미 중에 장군 曲良翰이 만든 駝峯炙 즉 낙타 육봉 불고기가 있는데 맛이 대단히 좋다. 衣冠家名食, 有將軍曲良翰作駝峯炙, 味甚美.”라 하였다.

▸翠釜(취부) : 『漢語大詞典』에서 精美한 炊器라 설명하였는데 좀 부족한 감이 있다. 우리생각에 ① 푸른빛이 나는 돌솥을 과장하여 비취 솥이라 한 듯하다. ② 琺瑯의 솥이 아닌지? 다만 중국에 琺瑯이 언제 등장하였는지가 문제다. ③ 쇠가 푸르스름한 것을 아름답게 翠釜라 한 듯하다. 以上 세 가지가 머릿속에서 뱅뱅 돈다.

▸水精之盤 : 水精은 水晶이라고도 쓰며 水玉이라고도 부른다. 본래 무색투명하나 불순물의 혼합 정도에 따라 煙水晶, 紫水晶, 黃水晶, 紅水晶, 黑水晶(一名 烏水晶, 中國에서는 墨晶이라함) 등으로 나뉜다.盤은 쟁반이다.

▸行 : 전하다. 돌리다.

▸素鱗 : 하얀 생선. 여기에서는 생선살인 듯하다.

*극히 적은 일부로 전체를 말하는 법 : 鱗은 비늘인데 이것으로 물고기를, 羽는 깃인데 이것으로 새를, 毛는 터럭인데 이것으로 짐승을 나타낸다.

解說

보랏빛 낙타의 肉峯요리는 비취 솥에서 나오고 맑은 수정쟁반은 하얀 생선살을 전한다.

### ❖제15 · 16구 : 犀筯厭飫久未下, 鸞刀縷切空紛綸.

註

▸犀筯(서저) : 코뿔소 즉 무소의 뿔이 犀角인데 이것으로 만든 젓가락. 참고로 말하면 물소는 水牛며 그 뿔은 당연히 水牛角이다.

▸厭飫(염어) : 厭은 그 뜻을 확실히 알게 饜으로도 쓴다. 饜이나 飫나 싫도록 먹다, 실컷 먹다, 포식하다의 뜻이다.

▸未下 : 젓가락을 대지 않다. 즉 안 먹는다는 말이다.

*『杜詩詳注』에서 인용한 『晉書』에 보면 "중국 역사상 제일 미식가라 할 何曾은 하루에 찬값으로 萬錢을 쓰면서도 오히려 젓가락 댈 곳이 없다고 말했다. 何曾日食萬錢, 猶曰 : 無下筯處."라 하였다.

▸鸞刀(난도) : 칼의 環(즉 손잡이의 자루 끝이 둥근 고리모양인 부분)에 방울이 달린 칼. 옛날 제사에서 희생을 자를 때 썼다 한다. 鸞은 흔히 鑾으로 쓰는데 둘 다 같은 뜻이니 방울이다. 鸞 하면 자꾸 새가 연상되니 아예 鑾으로 바꾸는 것이 상수다.

▸縷切(누절) : 실처럼 가늘게 살을 써는 것.

*『文選 · 潘岳 · 西征賦』: "雍人縷切, 鸞刀若飛. 요리사가 실처럼 써니 鸞刀가 나는 듯."라 했는데 劉良의 注에서 "切魚細如線縷. 생선을 실처럼 가늘게 썬다."라 했다.

▸紛綸 : 분망하다. 바쁘다. 바빠서 두서가 없다.

解說

실컷 먹어 물려서 犀角 젓가락을 오랫동안 대지 않건만 방울달린

칼은 실처럼 써느라고 부질없이 분망하고 바쁘다.

### ❖제17·18구 : 黃門飛鞚不動塵, 御廚絡繹送八珍.

註

▸黃門 : 宦官. 東漢때 黃門令·中黃門의 諸官들을 모두 宦官들로 充任하였으므로 이렇게 부르게 되었다.

▸鞚(공) : 말의 굴레. 이것으로 말을 나타낸다. 飛鞚은 나는 듯이 빠른 말을 가리킨다.

▸御廚(어주) : 수라간(水剌間)이니 임금의 진지를 짓던 주방을 말한다. 참고로 말하면 소주방(燒廚房)은 대궐안의 음식을 만들던 곳으로 간단히 廚房, 廚間이라고도 한다.

▸絡繹(낙역) : 往來가 不絶함. 連續不斷함.

▸八珍 : 예부터 말하는 八珍味는 淳熬(순오) 淳母(순모) 炮豚(포돈) 炮羊(포양. 炮牂으로 된 곳도 있다) 擣珍(도진) 漬(지) 熬(오) 肝膋(간료) 以上이다. 위의 음식들은 中國의 王仁湘의 著書를 주영하가 옮긴 『중국음식문화사』에 자세히 설명되어 있어 감사를 드리며 여기에 소개하겠다.

一珍 : 淳熬라고 한다. 잘 조린 육즙을 쌀밥인 稻米飯 위에 얹고 그 위에 다시 소량의 끓인 기름인 熟油를 뿌린다. 이것은 국에 만 밥인 湯泡飯과 비슷한 것으로 주식의 하나였다.

二珍 : 淳母라고 한다. 잘 조린 육즙을 기장밥인 黍米飯 위에 얹고 그 위에 다시 기름을 뿌린다. 만드는 방법은 一珍과 같지만 다만 주재료가 다르다.

三珍·四珍 : 炮豚, 炮羊이라고 한다. 새끼 돼지와 새끼 양을 도살하여 통째로 조리하여 만든다. 뱃속에 대추를 넣고 갈대 따위로 꼭 감싼다. 그 바깥에 물을 넣고 진흙을 한벌 바른 다음 센 불속에 넣고 굽는다. 이러한 조리법을 炮라고 한다. 바깥의 진흙이 불에 구워져 마르기를 기다린 후 흙과 갈대를 제거하고 깨끗한 손으로 그을린 돼지와 양의 껍질을 벗긴다. 이어서 잘 조미된 쌀가루를 돼지와 양의 전신에 바르고 곧장 다시 기름 솥에 넣어 끓인다. 이때 기름은 반드시 돼지와 양 전체를 넘치도록 해야 한다. 마지막으로 돼지와 양 그리고 향료가 들어간 脯 등을 조미하여 조금 작은 정에 담는다. 다시 작은 정에 담겨있던 재료를 국물이 담긴 큰 솥에 넣는다. 이때 국물이 정을 넘치게 하면 안 된다. 이렇게 연속으로 3일 낮과 밤을 끓여야 하는데 중간에 불을 끄면 안 된다. 또한 먹을 때 별도로 다섯 가지의 양념을 넣어야 한다. 사실 이와 같이 돼지 한 마리 양 한 마리를 조리하는 과정에서 炮·煎·烝의 세 가지 조리법이 행해진다. 이것은 최고 수준의 조리기술을 모두 동원한 것으로 음식을 입에 넣었을 때 육질이 진흙처럼 부드럽고 그 맛은 다른 어떤 것과도 비교할 수 없었다.

五珍 : 搗珍이라고 한다. 소·양·사슴·노루 등 짐승의 등심살을 여러 번 찧은 후 힘줄을 깨끗하게 가려내고 푹 삶은 후 조미하여 먹는다. 특히 이 과정에서 가장 중요한 작업은 고기를 가공하는 일이다. 이 가공방법을 搗라고 한다.

六珍 : 漬라고 한다. 금방 도살한 신선한 고기를 얇게 썰어 片을 만들고 섬유질을 제거한다. 이것을 맛있는 술에 담가서 하루 밤낮을 절인다. 먹을 때는 육즙과 매실 국물인 梅漿을 넣는다. 이것은 날로 먹을 수 있는 일종의 肉片이다.

七珍 : 熬라고 한다. 소·양·사슴·큰사슴·노루 등의 고기를 두드려 피막을 제거한 후 갈대 돗자리에 널어서 말린다. 그리고 다시 계핏가루와 생강가루를 고기 위에 뿌린 후 바람에 말려서 먹는다. 火

脯의 일종으로 육즙에 조려서 먹거나 말린 그대로 먹어도 된다.

八珍 : 肝膋라고 한다. 개의 간을 구해서 창자 속에 끼어있는 기름으로 덮은 다음 불 위에 올려놓고 굽는다. 기름이 다 타서 없어지면 완성된 것이다.

물론 후세의 미식가들이 새롭게 제시한 八珍도 많다. 예를 들면 뱀의 간인 용간(龍肝), 닭의 골수인 봉수(鳳髓), 표범의 태반인 표태(豹胎), 잉어의 꼬리인 이미(鯉尾), 부엉이 구이인 효적(鴞炙), 성성이 입술인 성순(猩脣), 곰 발바닥인 웅장(熊掌), 최고로 부드러운 동물의 젖인 수락선(酥酪蟬)을 八珍이라 부르기도 한다. (以上 『중국음식문화사』에서 뽑음.)

* 唐代 詩人은 八珍으로 鯉尾 猩脣을 꼽았다.

〈大堤曲〉 唐 李賀

妾家住橫塘, 紅紗滿桂香.
青雲教綰頭上髻, 明月與作耳邊璫.
蓮風起, 江畔春, 大堤上, 留北人.
郎食鯉魚尾, 妾食猩猩脣.
莫指襄陽道, 綠浦歸帆少.
今日菖蒲花, 明朝楓樹老.

제 집은 橫塘인데, 창의 붉은 깁 장막에 계수향 가득하죠.
푸른 구름으로 머리 쪽 틀어 올리고, 밝은 달로 귀고리 삼았지요.
연꽃에 바람일어, 강가는 봄날인데,
긴 둑 이 大堤에서, 북쪽 나그네 못 보내겠어요.
서방님은 잉어꼬리 드시고, 저는 성성이 입술 먹고……,

襄陽 가는 길은 손짓도 마세요, 푸른 포구에 돌아오는 배 드므니, 오늘 창포꽃 예뻐도, 내일이면 단풍잎 시든다구요.

解說

黃門들은 흙먼지 안 나게 날듯 말을 달리니 대궐의 수라간에서 팔진미를 끝도 없고 한도 없이 보내기 때문이다.

### ❖제19 · 20구 : 簫鼓哀吟感鬼神, 賓從雜遝實要津.

註

▸簫(소) : 관악기. 본래 수십 개의 대나무 관을 엮어서 만들었으며 밑이 막혔다. 12管, 24管 등 여러 종류가 있었으나 唐 · 宋때에는 대나무 하나짜리로 간소화되었으며 밑도 터졌으니 이른바 퉁소(洞簫)다. 즉 아래 위가 터졌다는 의미다. 우리나라에서는 현재 雅樂 연주에 쓰이며 16管으로 되어있다. 排簫 · 鳳簫라고도 한다. 번역할 때에는 간단히 피리라 한다.

簫와 鼓는 예부터 음악연주의 대표로 뽑혔다. 梁 · 江淹의 〈別賦〉에서도 "琴羽張兮簫鼓陳. 羽聲의 거문고 베풀었고 피리와 북도 벌여놓았네."라 하였다.

▸哀吟 : 슬퍼하며 지은 詩歌. 처량한 노래 소리. 사람들은 즐거운 놀이에도 처량한 노래를 좋아하는 이상한 버릇이 있다. 簫鼓와 歌聲은 잘 조화되니 漢 · 武帝 〈秋風辭〉에서도 "簫鼓鳴兮發棹歌, 피리와 북소리 내니 뱃노래도 울려 퍼져."라 하였다.

▸感鬼神 : 〈毛詩序〉에서 "天地를 울리고 鬼神도 느끼게 함에 詩만 한 것이 없다. 動天地, 感鬼神, 莫近於詩."라 했다. 杜先生은 옛글을 통째 갔다 쓰면서 그것이 어색하지 않고 잘 조화되게 하는데 一家見 정도가 아니라 그야말로 感鬼神하게 하였다.

▶賓從 : 賓客과 從者. 從은 從人, 隨從, 從僕의 뜻이다.

▶雜遝(잡답) : 衆多貌. 뒤섞인 모양. 遝字는 잘 안 쓰이는 듯하나 우리의 경우 "誠金이 遝至하다"로 꽤 쓰이는 편이다.

▶實要津 : 實은 채우다, 가득차다, 가득하다의 뜻으로 쓰였다. 要津은 중요한 나루터니 높고 중요한 地位·職位를 비유한다. 本 詩에서는 楊貴妃의 자매와 오라비 되는 楊國忠을 가리킨다. 해석상 "賓從은 雜遝하니 實로 要職에 있는 이들이다."로 할 수도 있으나 從字가 걸린다. 賓客들은 모두 다 要職에 있다고 하겠으나 侍從 隨從들이야 어디 감히!

* 要津은 國忠兄妹를 가리킨다. 이른바 "虢國門前鬧如市.虢國夫人의 門前은 저자처럼 붐빈다."다 實字는 탄식하는 말투다(嗟嘆之口氣). (蕭滌非 先生 말씀)

解說

피리소리 북소리에 맞춰 처량한 노랫소리 퍼지니 가히 귀신도 감동시킬만한데 손님들과 따라온 종자들이 와글 북적 높은 분들의 장막 안을 가득 채우고 있다.

## ❖제21·22구 : 後來鞍馬何逡巡, 當軒下馬入錦茵.

註

▶鞍馬 : 안장 얹은 말. 타고난 유목민이 아닌 이상 안장 얹은 말을 타는 것이 常例다. 따라서 그냥 말이라 해도 된다. 楊國忠이 탄 말을 가리킨다.

▶逡巡 ① 이 詩는 秦·虢國夫人이 前行하고 國忠이 隨後하는 모습을 서술했는데 풀이하기를 고삐·를 당기고 천천히 간다 하였다. 내 생각에 이것은 徐行이 아니고 驟馬 즉 말을 질주하는 것이다. 이것

으로 國忠의 교만과 횡포를 형용하는 것이니 逡巡은 바로 迅速의 뜻이다. 『太眞外傳』에서도 "매번 朝謁하러 들어갈 때에도 國忠과 韓・虢이 고삐를 나란히 하고 채찍을 휘둘러 말을 달리며 그것으로 장난을 삼았다. 每入朝謁, 國忠與韓・虢, 連轡揮鞭驟馬, 以爲諧謔."했으니 이것이 증거가 될 만하다.(張相 『詩詞曲語辭匯釋』) ② 逡巡은 徐行貌 이나 겸하여 大模大樣(느긋하고 거들먹거리는 모양. 거드름 피우는 모양)하고 傍若無人하는 意味를 가졌다.(蕭滌非의 『杜甫詩選注』)

▶軒 : 창문이란 뜻. 처마 밑이란 뜻이 있다. 따라서 장막의 출입하는 문 앞이 되겠다. 賓從들이 와글 북적하는데 말 탄 채 장막의 입구까지 가서야 말에서 내린다. 이른바 거만이요 거드름이다.

▶錦茵 : 蕭滌非 先生은 비단으로 만든 地毯 즉 융단・카페트라 하였다. 우리말로는 비단 보료쯤 되겠다.

* 丞相과 茵이 나오니 자연 떠오르는 인물이 있다. 前漢의 丙吉은 名宰相이었다. 따라서 그와 관련된 사건도 많다. 언젠가 外出하는데 떼 지어 싸우다 죽고 다친 자들이 길에 널려있었건만 묻지 않았다. 다시 가다가 소가 혀를 빼물고 숨을 몰아쉬는 것을 보자 자세하게 물어보았다. 혹자가 물어보는 것이 잘못 되었다 하자 말하기를 "민간의 싸움질과 死傷者는 長安令・京兆尹이 알아서 잡아들이고 처리할 것이며 연말에 丞相이 上等과 下等을 考課하여 상벌을 내리면 그뿐이다. 지금 봄이 와 少陽 의 때니 크게 덥지 않은데 소가 한여름처럼 헐떡거리니 時氣가 季節을 잃어 作物이 상할까 두렵다. 三公은 陰陽을 調和시키는 일을 맡았기에 직책상 마땅히 근심해야 하는 것이니 그래서 물은 것이다." 하니 감복하였다.

또한 그의 馬夫는 술을 즐겨 여러 번 근무 중 이탈하였으며 일찍이 丙吉을 모시고 나갔다가 취하여 丞相의 수레 안에 토하였다. 담당

관리가 내쫓자 하니 "잔뜩 취한 것으로 사람을 내보내면 이 사람이 어디 가서 용납 되리오? 담당자는 좀 참게 이 일은 승상 수레의 보료를 더럽힌 것에 불과하다네. 此不過汙丞相車茵耳." 하며 내쫓지 않았다.(『漢書 · 魏相 · 丙吉傳』에서 추렸다)

같은 丞相이며 같은 茵인데 생긴 일은 이렇게 차이가 난다.

**解說**

뒤에 등장하는 인물은 안장 없은 말 타고 거드름 피우며 느긋한 丞相이시니 장막 입구에 가서야 말에서 내려 곧장 비단 보료 위로 가신다.

### ❖제23 · 24구 : 楊花雪落覆白蘋, 青鳥飛去銜紅巾.

**註**

▸楊花 : 楊花는 노랗다. 이 꽃이 지고 열매가 맺혀 터지면 흰 솜이 날리니 이른바 柳絮다. 唐 · 宋 詩人들은 柳絮의 뜻으로 楊花를 쓰는 습관이 있었다. 本 詩에서도 雪落이라 했으니 楊의 花는 절대 아니고 柳絮인 것이다.

▸覆(부) : 덮다의 뜻으로 쓰이면 (부)라 읽어야 한다.

＊이 두 句는 예부터 말이 많았다. 유명한 사람들만 뽑으면 仇兆鰲의 『杜詩詳注』와 郭曾炘의 『讀杜劄記』는 단순한 風景描寫일 뿐이라 하였다. 浦起龍의 『讀杜心解』와 楊倫의 〈杜詩鏡銓』은 함축된 뜻이 있으니 楊氏兄妹의 추악한 일을 그린 것이라 하였다. 여기에서는 蕭滌非 『杜甫詩選注』의 풀이가 가장 타당하다고 생각되어 소개하겠다.

"23句와 24句 모두 隱語이며 또한 微詞(완곡한 비평)인데 교묘한 것은 當前의 경치와 결합하여 楊國忠과 從妹 虢國夫人의 通奸의 추악함을 폭로한 점이다. 여기에서 杜甫는 南朝民歌의 雙關語의 手法을 採用하여 楊花로 楊氏兄妹를 雙關하였다.『爾雅·釋草』에서 '萍·蓱, 그 큰 것은 蘋'이라 하였고『埤雅』의 卷16에서 '세상에서 말하기를 楊花가 물속에 들어가면 浮萍이 된다.'라 하였다. 이것을 따르면 楊花·萍·蘋은 비록 세 가지 사물이나 실은 하나의 몸에서 나온 것이다. 그래서 楊花가 蘋을 덮는다로 兄妹의 私通을 影射한 것이다. 또한 北魏의 胡太后가 楊白花를 윽박질러 奸通 하니 白花는 화가 미칠까 두려워 梁나라에 投降하였다. (楊華의 本名은 白花인데 梁에 投降한 뒤 華로 改名하였다.『南史』에 나옴.) 胡太后는 그를 그리워하며 〈楊白華歌〉를 지었는데 거기에 '가을에 갔다 봄에 오는 한 쌍의 제비여, 楊花를 물고 둥지에 들어가길. 秋去春還雙燕子, 願銜楊花入窠裡.'라는 句가 있다. 杜甫의 詩句는 또한 이 음란한 故事를 暗用한 것이다. 그런데 唐 章碣의 〈曲江〉詩에는 '지는 柳絮 다른 나무를 하얗게 덮네. 落柳却籠他樹白.'라는 句가 있으니 당시 曲江에 楊柳가 무성하여 楊花雪落이라는 경치가 있게 되는 것이다."

▸青鳥 : 西王母의 使者. 후에는 연인 사이에 소식을 전하는 심부름꾼으로 나온다. 여기에 李商隱의 〈無題〉 詩中에서도 유명한 것을 소개하겠다. "……春蠶到死絲方盡, 蠟炬成灰淚始乾. ……蓬山此去無多路, 青鳥殷勤爲探看. ……누에는 죽어야 그리움의 실을 안 뽑고, 촛불은 싸늘한 재 돼야 슬픈 눈물 마르네. ……님 계신 봉래산 여기에서 멀지 않으니, 파랑새야 나를 위해 살며시 찾아보렴."

▸紅巾 : 붉은 手巾. 붉은 頭巾일 때도 있으니 元나라 末에 河北에서 韓山童을 두목으로 하던 도둑의 무리는 머리에 붉은 두건을 쓴 까닭에 紅巾賊이라 불렀으며 두 차례에 걸쳐 고려에 까지 침범하였다. 붉은 마후라를 紅巾이라 한 예도 있으니 1960年代初 신상옥 감

독, 신영균, 최은희 주연의 〈빨간 마후라〉라는 영화는 대 히트를 쳐서 臺灣에 수출되었는데 그 때 그곳에서는 〈紅巾〉이라 하였다.
蕭滌非 先生이 唐 徐夤의 붉은 수건에 대한 詩를 찾아내셨다. 唐代 男女間에 요긴하게 쓰였음을 알 수 있었다. 감사드린다.

〈尙書筵中詠紅手帕〉 唐 徐夤

鶴綾三尺曉霞濃, 送與東家二八容.
羅帶繡裙輕好繫, 藕絲紅縷細初縫.
別來拭淚遮桃臉, 行去包香墜粉胸.
無事把將纏皓腕, 爲君池上折芙蓉.

▷藕 : 蓮根 즉 연뿌리인데 偶(짝, 쌍)과 音이 통한다. 藕는 툭 분지르면 가늘고 긴 실이 끊어지지 않고 이어지니 藕斷絲連 연뿌리는 끊어져도 絲는 끊어지지 않고 이어진다라 하였다. 이때 絲는 思(그리움)과 音이 통한다.
▷芙蓉은 蓮꽃이니 蓮은 戀(사모함)과 音이 통한다.

〈尙書의 연석에서 붉은 손수건을 읊다〉 당 서인

학처럼 흰 白綾 비단 석자를 짙은 새벽노을로 물들여,
미인으로 이름난 동쪽집 이팔 여인에게 보낸다.
가벼워서 비단 허리띠 수놓은 치마에 배달기 좋으니,
촘촘하게 연뿌리 실 같은 붉은 실로 막 꿰맨 것이네.
이별할 때는 눈물 닦고 복사 얼굴 가릴 수 있으며,
나다닐 때는 향을 싸서 분 같은 가슴에 늘어뜨려야겠지.

일 없을 때는 흰 팔뚝에 감아두오,
그대 위해 물가에서 연꽃 꺾어 올리리니.

解說

버들 솜 눈처럼 떨어져 흰 네가래 덮었는데, 파랑새 날아가며 붉은 손수건 물었다네.

### ❖제25·26구：炙手可熱勢絶倫，愼莫近前丞相嗔.

註

▶炙(자) : 불에 굽다. 불고기. 가까이하다. 친근히 하다.

▶炙手可熱(자수가열) : 熱은 타다, 데다의 뜻이 있다. 가까이 하면 손을 델 수 있다는 말이니 權勢 氣焰의 대단함을 말한다. 『新唐書·崔鉉傳』에서 "鉉의 친한 자는 鄭魯·楊紹復·段瓌·薛蒙인데 꽤 議論에 참여하였으므로 당시 말하기를 鄭·楊·段·薛은 炙手可熱이며 팔자가 피려면 魯·紹·瓌·蒙이라야. 鉉所善者鄭魯·楊紹復·段瓌·薛蒙, 頗參議論, 時語曰 : 鄭·楊·段·薛, 炙手可熱; 欲得命通, 魯·紹·瓌·蒙."이라 하였다.

▶勢 : 權勢.

▶絶倫 : 絶等. 아주 두드러지게 뛰어나다.

▶嗔(진) : 성내다. 화내다. 瞋과 통용되는데 우리가 글자모양을 보니 嗔은 입으로 욕하며 성내는 것 같고 瞋은 눈을 부릅뜨고 화내는 것 같다. 아닌 것 같다구요?

*『杜甫詩選注』에서 黃生의 말을 인용하였다. "승상이 오기 이전에는 구경하는 사람들이 그래도 가까이 갈 수 있었는데 그가 도착한 후에는 벌컥 화내며 금지하니 가까이 있던 사람 멀리 있던 사람 모두 피하였다. 이 대목은 문장을 통해 뜻을 나타냈으니 은연 중 상상할

수 있다. 先時丞相未至, 觀者猶得近前. 及其旣至, 則呵禁赫然, 遠近皆爲辟易. 此段具文見意, 隱然可想."

* 蕭滌非 先生 曰 : "楊은 놀이 나온 사람들이 엿보지 못하게 앞으로 가까이 오는 사람들에게 성을 냈으니 그 淫亂한 뜻이 이미 말밖에 드러났다. 함축인 듯하나 실은 尖銳함이요 유머인 듯 하지만 실은 辛辣함이다.

* 『杜詩鏡銓』에서 인용한 蔣弱六의 말씀. "美人相, 富貴相, 妖淫相, 그리고 뒤에 羅刹相이 출현한다. 정말 우습기도 하고 두렵기도 하다. 美人相, 富貴相, 妖淫相, 後乃現出羅刹相. 眞可笑可畏."

▷羅刹 : 佛敎에 나오는 괴물로 푸른 눈, 검은 몸, 붉은 머리를 하고서 사람을 잡아먹으며 지옥에서 죄인을 못살게 군다고 한다.

**解說**

가까이 가면 손을 델만큼 권세가 절륜하니 앞으로 가지 말아라 승상께서 진노하신다.

## 16. <歎庭前甘菊花>(七言古詩)

庭前甘菊移時晩, 靑蕊重陽不堪摘.
明日蕭條醉盡醒, 殘花爛漫開何益?
籬邊野外多衆芳, 采擷細瑣升中堂.
念玆空長大枝葉, 結根失所纏風霜.

### ❖詩題

註

▸甘菊 : 국화는 여러해살이로 높이는 1m정도며 주로 가을에 황색·백색·자주색의 꽃이 피는데 꽃의 크기에 따라 대국·중국·소국으로 나눈다. 오래전부터 관상용과 약용으로 키웠다. 국화는 상당히 강렬한 향을 지녔는데 나쁘게 말하면 독하다고도 한다. 따라서 除蟲菊처럼 殺蟲用으로 쓰이는 것도 있다. 甘菊은 높이가 30㎝에서 60㎝정도이며 꽃은 노란색으로 작으니 소국이다. 어린잎은 식용하고 꽃은 약용하거나 말려서 술에 넣는다. 즉 국화차 국화주를 만드는 것이다.

解說

〈뜰 앞의 甘菊花를 탄식한다〉

### ❖제 1·2구 : 庭前甘菊移時晩, 靑蕊重陽不堪摘.

註

▸靑 : 익지 않거나 여물지 않거나 제대로 다 되지 못한 것을 靑으로

나타낸다.

▸蕊(예) : 꽃술. 이것으로 꽃을 대신한다.

▸重陽 : 名節의 이름. 옛날에는 九를 陽數의 極이라 여겼다. 따라서 九月九日을 重九 重陽이라 하였다. 魏·晉 以後에는 이날 높은 곳에 올라 술자리를 벌였다. 陶淵明의 〈九日閑居〉, 李商隱의 〈九日〉이 유명하며 杜先生도 〈九日〉 〈九日五首〉가 있다.

▸摘 : 甘菊의 꽃을 따서 술에 띄워 먹는다는 것. 국화의 꽃은 延年益壽 즉 나이를 늘리고 수명을 보태준다는 약효가 있다고 하였다. 陶淵明 〈九日閑居〉의 序에서 "가을 국화 뜰에 가득하나 정작 술을 들려 해도 길이 없다. 부질없이 九日의 꽃인 국화나 먹으며 속마음을 詩言에 부친다. 秋菊盈園, 而持醪靡由, 空服九華, 寄懷於言."라 하였고 〈飮酒〉 二十首 其七에서 "가을 국화는 고운 빛 띠었는데 이슬 젖은 꽃송이를 딴다. 이것을 근심 잊게 하는 술에 띄워 나의 세상 버린 마음을 더 멀리 한다. 秋菊有佳色, 裛露掇其英. 汎此忘憂物, 遠我遺世情."이라 하였다.

解說

뜰 앞의 甘菊을 옮겨 심는 때를 놓쳐 늦어지더니 가장 요긴한 九月九日 重陽節에 여전히 파란 꽃술이라 따서 술에 띄울 수 없다.

### ❖제3·4구 : 明日蕭條醉盡醒, 殘花爛漫開何益?

註

▸蕭條 : ① 寂寞冷落. 凋零. ② 衰微. 衰退. ③ 逍遙. 閑逸貌.

▸殘花 : ① 殘餘之花. 아직도 남아있는 꽃. ② 衰殘之花. 시든 꽃.

▸爛漫 : ① 꽃이 활짝 많이 피어 화려함. ② 광채가 강하고 선명함.

▸何益 : 무슨 보탬·이익이 되리오? 써먹을 때가 지났다는 말씀.

* 그러나 우리생각에 菊花는 藥用 외에 감상용도 큰 功能이니 "公! 何必曰益? 亦有欣賞而已矣."라 할만하다. 呵呵.

解說

내일 취한 술 깨끗이 깨어 유유하고 한가하게 소요할 때에 남은 꽃들이 그제서야 흐드러지게 피어난들 時已晩矣라! 때가 이미 늦었구나. 무슨 보탬 · 이익이 되리오?

### ❖제 5 · 6구 : 籬邊野外多衆芳, 采擷細瑣升中堂.

註

▸籬邊 : 陶淵明 〈飮酒〉二十 其五에서 "採菊東籬下. 동쪽 울타리 밑에서 국화 딴다."라 하여 籬下 즉 울타리 밑이 菊花의 本貫 · 本鄕처럼 되고 말았다.

▸野外 : 野菊이 사는 곳이다. 唐 李商隱의 〈野菊〉을 보면 " 苦竹園南椒塢邊. 쓰디 쓴 苦竹 동산의 남쪽 맵고 매운 산초(山椒)밭의 가"를 野菊이 사는 곳이라 하였다. 꽤 거친 환경이라는 말이다.

▸衆芳 : 百花. 온갖 꽃들.

▸采擷(채힐) : 따고 뽑고 함.

▸細瑣(세쇄) : 자질구레한 것들. 하찮은 것들. 시시한 것들.

▸中堂 : ① 정 가운데의 대청. ② 正室. ③ 唐代에는 中書省에 政事堂을 설치하고 宰相이 일을 보게 하였으므로 이에 宰相을 中堂이라 불렀다.

唐 李商隱의 〈菊〉을 보면 자신이 장차 크게 쓰이길 희망하는 내용을 읊었는데 "願泛金鸚鵡, 升君白玉堂. 이 국화를 금으로 만든 앵무조개 모양의 술잔에 띄워 님의 白玉堂에 오르고저."라 함.

**解說**

울타리의 주변과 野外에는 온갖 꽃들이 많으니 그 시시하고 하찮은 것들을 따서 대청 한 가운데에 오르는구나. 잘 올라갔소 잘 해 보시오.

### ❖제 7·8구 : 念茲空長大枝葉, 結根失所纏風霜.

**註**

▸長 : 去聲으로 읽는다. (zhàng). 많다. 興盛하다.

▸結根 : 뿌리박다. 뿌리내리다.

▸失所 : 제자리를 잃다. 제 위치를 못 차지하다.

▸纏(전) : 얽다. 얽히다. 감다. 감기다. 묶다.

**解說**

생각한다. 이렇게 쓸데없이 가지만 많이 치고 잎만 컸으니…… 정작 뿌리내림이 제자리를 잃어 바람·서리에 얽히는 것을.

*『杜詩詳注』: "이 詩는 뜰의 국화를 빌려 감개를 기탁한 것이니 甘菊은 君子를 비유하고 衆芳은 小人을 비유하였으며 君子는 晩年에도 오히려 불우한데 小人들은 멋대로 자리에 진출함을 가슴 아파함이다. 此詩借庭菊以寄慨, 甘菊喩君子, 衆芳喩小人, 傷君子晩猶不遇, 而小人雜進在位也."

☛ **參考(一)**

〈九日閑居〉 幷序 晉 陶淵明

余閒居, 愛重九之名. 秋菊盈園, 而持醪靡由. 空服九華, 寄懷於言.

世短意常多, 斯人樂久生.
日月依辰至, 擧俗愛其名.
露凄暄風息, 氣澈天象明.
往燕無遺影, 來雁有餘聲.
酒能祛百慮, 菊爲制頹齡.
如何蓬廬士, 空視時運傾.
塵爵恥虛罍, 寒花徒自榮.
斂襟獨閒謠, 緬焉起深情.
棲遲固多娛, 淹留豈無成.

내 한가히 살면서 구월 구일이라는 重九의 이름을 좋아한다. 가을 국화가 뜰에 가득한데 정작 술을 들려 해도 길이 없다. 부질없이 九日의 꽃인 국화나 먹으며 속마음을 詩言에 부친다.

인생은 짧은데 생각은 늘 많으니, 그래서 사람들은 오래 살길 좋아한다.
9월 9일이 때에 따라 닥치니, 온 세상이 그 이름 아낀다.
이슬 차니 더운 바람 그쳤으며, 공기 맑아 하늘은 깨끗하다.
가는 제비는 그림자도 안 남기고, 오는 기러기는 소리가 남아돈다.
술은 온갖 근심 없애주고, 국화는 노쇠 하는 나이를 막아주는데,
어쩌다 쑥대 집의 선비는, 한 잔 없이 시절의 자나감만 보는가.
먼지 낀 술잔은 빈 술동이를 부끄럽게 하고, 추운 계절의 꽃은 부질없이 피어났다.
옷깃 여미고 홀로 한가로이 읊조리니, 아득히 깊은 정이 일어난다.
일 없이 사는 것 본디 즐거움 많으니, 은둔한다고 어찌 이룬 것 없으랴!

☛ **參考(二)**

〈飮酒〉 二十首 其七 晉 陶淵明

秋菊有佳色, 裛露掇其英.
汎此忘憂物, 遠我遺世情.
一觴雖獨進, 杯盡壺自傾.
日入群動息, 歸鳥趨林鳴.
嘯傲東軒下, 聊復得此生.

가을 국화가 고운 빛 띄니, 이슬 젖은 꽃송이를 따낸다.
이것을 근심 잊는다는 술에 띄워, 내 세상 버린 마음을 더욱 멀리 한다.
한 잔을 비록 홀로 든다지만, 잔이 비면 술병은 절로 기우는 것을…….
해 지면 뭇 움직이는 것 쉬고, 돌아가는 새 수풀 향해 소리 낸다.
동쪽 창 아래 마음껏 휘파람부니, 그런대로 또 다른 인생을 얻었구나.

☛ 參考(三)

〈菊〉 唐 李商隱

暗暗淡淡紫, 融融冶冶黃.
陶令籬邊色, 羅含宅裏香.
幾時禁重露, 實是怯殘陽.
願泛金鸚鵡, 升君白玉堂.

* 여기에서 菊花는 隱遁하고 세상을 버린 사람의 상징이 아니고 在野에 있지만 벼슬에 열중하고 적극적으로 出世하고자 하는 선비의 化身이다. 陶淵明의 隱士, 閑居, 棲遲와는 확연히 구별된다.

짙고 깊은 자줏빛 엷고 흐린 자줏빛, 환하고 밝은 노란빛 곱고 아리따운 노란빛.
사또 陶淵明 울타리 가의 빛 그대로고, 名士 羅含宅의 향기 여전하네.
짙은 이슬을 견딤이 얼마나 오래갈까? 정말 夕陽에 버려질까 겁난다네.

바라기는 금으로 된 앵무조개 술잔에 띄워, 님의 白玉堂에 오름이네.

☛ **參考(四)**

〈野菊〉唐 李商隱

苦竹園南椒塢邊, 微香冉冉淚涓涓.
已悲節物同寒雁, 忍委芳心與暮蟬.
細路獨來當此夕, 淸樽相伴省他年.
紫雲新苑移花處, 不取霜栽近御筵.

* 野菊이 나라동산에 들어가지 못하는 것으로 자신의 朝廷으로의 進出이 不可能함을 탄식하였다.

쓰디 쓴 苦竹동산의 남쪽 맵고 매운 山椒(산초)밭 가에 있는데,
미묘한 향기는 細細하고 눈물은 그렁그렁.
이 계절의 꽃이 추운 날 기러기처럼 버려짐을 슬퍼했으니,
차마 꽃다운 마음을 듣는 이 없는 저문 날 매미에 맡겨두겠는가.
오솔길을 홀로 와 이 저녁을 온몸으로 맞으니,
맑은 술로 나 알아주던 스승님 모시던 날 생각난다.
나라에서 紫雲苑이란 동산 새로 꾸며 꽃을 옮기는데,
서리 속에 사는 이것을 선택하여 임금님 자리에 가까이 두지는 않았단다.

☛ **參考(五)**

〈題菊花〉唐 黃巢

颯颯西風滿院栽, 蕊寒香冷蝶難來.

他年我若爲靑帝, 報與桃花一處開.

* 黃巢는 孤雲 崔致遠의 〈討黃巢檄〉 때문에 우리나라에서 이름났다. 지금 중국에서는 農民起義의 指導者로 대접받는다. 세상이 바뀐 것이다.

▶一處 : 一時.

쏴 쏴 西風이 분다 뜰 가운데 꽃에,
꽃술은 차고 향기는 싸늘하니 나비 오기 어렵지.
훗날 내가 만약 봄을 맡는 동방의 靑帝 임금이 된다면,
타이르겠다 복사꽃과 한때에 피라고.

講解

**崔年均**

서울대학교 중어중문학과 졸업
국립대만대학교 중문연구소 졸업
〈도연명시승습고〉

**鄭煥鍾**

국민대학교 한문학과 졸업
중국산동대학 중문학과 중국고전연구소 박사
박사학위논문 〈혜강연구〉
〈완적의 본유사상〉 등 다수 논문 발표
국민대학교 중어중문학과 조교수

監修

**鄭垣杓**

서울대학교 국어국문학과 졸업
서울대학교 국어국문학과 석사 · 박사
홍익대학교 국어국문학과 교수
홍익대학교 문과대학장, 대학원장 역임

## 두시강해 3

**초판 1쇄 인쇄** 2014년 11월 24일 **초판 1쇄 발행** 2014년 11월 28일
**강해** 崔年均·鄭煥鍾 **감수** 鄭垣杓
**펴낸이** 박성복 **펴낸곳** 도서출판 월인
등록번호 제6-0364호 등록일 1998. 5. 4.
주소 142-879 서울특별시 강북구 노해로25길 61(수유2동 252-9)
대표전화 (02) 912-5000 팩스 (02) 900-5036
e-mail worinnet@hanmail.net homepage http://www.worin.net

ISBN 978-89-8477-580-0 94810
ISBN 978-89-8477-455-1 (세트)

값 14,000원